本专著得到国家社会科学基金"老年人失能状态评估和
（22BTJ058）的资助

湖南师范大学 · 经济管理学科丛书
HUNANSHIFANDAXUE JINGJIGUANLIXUEKECONGSHU

再保险双方的资产配置
——基于鲁棒优化的投资—再保险策略

The Robust Optimal Investment-reinsurance Strategy towards Joint Interests of the Insurer and the Reinsurer

黄　娅　周杰明◎著

经济管理出版社
ECONOMY & MANAGEMENT PUBLISHING HOUSE

图书在版编目（CIP）数据

再保险双方的资产配置：基于鲁棒优化的投资—再
保险策略／黄娅，周杰明著．-- 北京：经济管理出版
社，2024. -- ISBN 978-7-5096-9921-8

Ⅰ. F840.3

中国国家版本馆 CIP 数据核字第 2024ZZ8471 号

组稿编辑：杨　雪
责任编辑：杨　雪
助理编辑：王　蕾
责任印制：许　艳
责任校对：蔡晓臻

出版发行：经济管理出版社
　　　　　（北京市海淀区北蜂窝 8 号中雅大厦 A 座 11 层　100038）
网　　址：www. E-mp. com. cn
电　　话：(010) 51915602
印　　刷：北京晨旭印刷厂
经　　销：新华书店
开　　本：710mm×1000mm/16
印　　张：13.75
字　　数：233 千字
版　　次：2024 年 10 月第 1 版　　2024 年 10 月第 1 次印刷
书　　号：ISBN 978-7-5096-9921-8
定　　价：88.00 元

总序 SEQUENCE

当历史的年轮跨入 2018 年的时候，正值湖南师范大学建校 80 周年之际，我们有幸进入到国家"双一流"学科建设高校的行列，同时还被列入国家教育部和湖南省人民政府共同重点建设的"双一流"大学中。在这个历史的新起点上，我们憧憬着国际化和现代化高水平大学的发展前景，以积极进取的姿态和"仁爱精勤"的精神开始绘制学校最新、最美的图画。

80 年前，随着国立师范学院的成立，我们的经济学科建设也开始萌芽。从当时的经济学、近代外国经济史、中国经济组织和国际政治经济学四门课程的开设，我们可以看到现在的西方经济学、经济史、政治经济学和世界经济四个理论经济学二级学科的悠久渊源。中华人民共和国成立后，政治系下设立政治经济学教研组，主要承担经济学的教学和科研任务。1998 年开始招收经济学硕士研究生，2013 年开始合作招收经济统计和金融统计方面的博士研究生，2017 年获得理论经济学一级学科博士点授权，商学院已经形成培养学士、硕士和博士的完整的经济学教育体系，理论经济学成为国家一流培育学科。

用创新精神研究经济理论构建独特的经济学话语体系，这是湖南师范大学经济学科的特色和优势。20 世纪 90 年代，尹世杰教授带领的消费经济研究团队，系统研究了社会主义消费经济学、中国消费结构和消费模式，为中国消费经济学的创立和发展做出了重要贡献；进入 21 世纪以后，我们培育的大国经济研究团队，系统研究了大国的初始条件、典型特征、发展形势和战略导向，深入探索了发展中大国的经济转型和产业升级问题，构建了大国发展经济学的逻辑体系。正是由于在消费经济和大国经济领域上的开创性研究，铸造了商学院的创新精神和学科优势，进而形成了我们的学科影响力。

目前，湖南师范大学商学院拥有比较完善的经管学科专业。理论经济学和工商管理是其重点发展领域，我们正在努力培育这两个优势学科。我们拥有充满活力的师资队伍，这是创造商学院新的辉煌的力量源泉。为了打造展示研究成果的平台，我们组织编辑出版经济管理学科丛书，将陆续推出商学院教师的学术研究成果。我们期待各位学术骨干编写出高质量的著作，为经济管理学科发展添砖加瓦，为建设高水平大学增光添彩，为中国的经济学和管理学走向世界做出积极贡献！

目录 CONTENTS

第六章　指数乘积效用下再保险双方的鲁棒最优投资—再保险策略研究　107

第七章　时间不一致框架下的再保险双方联合最优投资—再保险策略研究　133

第八章 风险相依下再保险双方的联合最优再保险策略研究 161

第九章 研究结论 189

绪　论

第一节
研究背景与研究意义

一、研究背景

各种自然灾害和意外事故时刻伴随着人类生存和发展的过程，人类社会为了寻求防灾避祸、安居乐业之道，产生了应对各种自然灾害和意外事故的保险思想和一些原始形态的类似保险行为的做法。

《礼记·礼运》中有这样一段话："大道之行也，天下为公，选贤与能，讲信修睦。故人不独亲其亲，不独子其子，使老有所终，壮有所用，幼有所长，矜、寡、孤、独、废疾者皆有所养"，这体现了我国古代人民谋求经济生活之安定的强烈愿望，是最古老的社会保险思想。此外，中国也是最早发明风险分散这一保险基本原理的国家。早在公元前三四千年，中国商人在货物运输中把自己的货物分装在几条船上，以免货物装在一条船上有遭受全部损失的风险，这其实就体现了现代保险和风险管理的基本原理——风险分散。历史悠久的各种仓储制度是我国古代原始保险的一个重要标志，这是以实物形式的救济后备制度，由政府统筹，带有强制性质，如春秋战国时代的"委积"制度、汉代的"常平仓"制度、隋唐的"义仓"制度等，这些都是原始形态的人身救济后备制度。镖局是我国特有的货物运输保险的原始形式，它是一种类似保险的民间安全保卫组织，其经营的主要业务之一是承运货物。商人托镖局承运的货物，俗称"镖码"（相当于保险标的），货物须经镖局检验，按贵贱分级，根据不同等级确定"镖力"（相当于保险费率），并据此收费签发"镖单"（相当于保险单）。镖局的这些手续与现代保险的承保手续大致相同。

中国有着如此源远流长的"保险"历史，现代保险业却由于战争及其导致的经济衰退等原因陷入了几近停滞的境地。从 1949 年到 1988 年以前，我国保险市场上只有中国人民保险集团股份有限公司独家经营。1988 年以来，随着中国平安保险(集团)股份有限公司的成立，保险市场独家垄断的格局被打破，中国的保险业有了长足的发展。时至今日，我国的保险市场规模日益壮大，不仅有近百家中资公司，还有几十家外资公司；保险公司的类型也越来越多样化，有财险公司、寿险公司和再保险公司等。

近年来，中国保险业的快速发展举世瞩目，这与我国国民经济持续快速发展密切相关。自1999年以来，我国GDP增速基本稳定在8%左右，但反映保险业发展速度的保险费年均增长速度却在30%左右，特别是伴随国家货币政策的调整和体制改革，人身险业务的发展更是突飞猛进，年均增速高达36.3%，远远高于同期GDP增长速度。2010~2022年，我国原保险保费收入呈逐年上升趋势，年均复合增速为10%左右，中国保险市场的资金规模达到了空前的地步。以2022年和2023年为例，2022年中国保险市场原保险保费收入为46957亿元，同比增长4.58%，总资产为271467亿元，较年初增长9.08%；2023年原保险保费收入为51247亿元，同比增长9.13%，总资产为299573亿元，较年初增长10.35%。① 中国保险行业快速发展，前瞻产业研究院预计，到2028年，中国原保险保费收入将超过8万亿元，并且在未来的若干年里，中国保险业仍将保持这种年均速度较高的增长趋势。

一方面手握如此巨额的保险资金，另一方面却不断爆出养老金面临巨大缺口等问题，原因除了人口老龄化等因素之外，还源于目前我国保险市场面临着保费收入快速增长和资金运用渠道狭窄、增值乏力的矛盾。其实，从美国1975~2002年保险行业的承保结果可以看出，保险费"入不敷出"的现象在保险业比较发达的美国也是常态(见图1-1)。由图1-1可以看出，自20世纪80年代以来，美国保险公司的承保利润可谓年年为负，即年年亏损。事实上，保险承保利润接近亏损临界点是短暂的，而低于亏损临界点则是长期的。那么，保险公司如何正常维持运作？股东是如何继续保持对保险公司投资的兴趣呢？

保险经营的自身规律回答了这个问题。其一，保险服务是通过保险单证的签署来实现的，即保险服务实际上是一种合同服务，服务的产生来自合同的签订和首期保险费的缴纳。除非购买保险服务的目的不是转移不可

---

① 资料来源：历年《中国统计年鉴》及国家金融监督管理总局的统计数据。

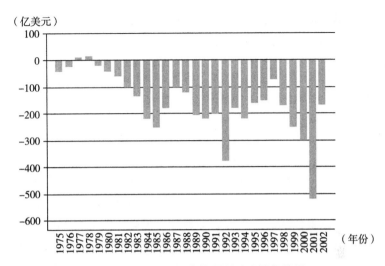

图 1-1 1975~2002 年美国保险业承保结果

资料来源：A. M. Best。

控制的损失，而是希望获取不当利益，否则购买者并不希望合同所指向的标的发生损失，会继续如同没有购买保险时一样，恪尽职守，防止该损失发生，或在损失事故发生后采取一切措施控制损失的进一步扩大。其二，保险经营的基本原则是，依大数法则行事。因此，巨灾损害事故不可能发生在所有的标的上，也不可能同时发生在保险签发时的瞬间，这就给保险经营者留下了可以运用保险费的时间和空间。表 1-1 展示了保险业受损最严重的 2001 年世界上保险业比较发达的国家非寿险公司的承保和投资情况。从表 1-1 可以看到，将保险投资收益与承保结果合并后，各国的保险公司仍然有客观的净利润。很难想象，在 1979~2002 年长达 24 年的时间里，如果没有投资作后盾，美国的保险业该何以为继。

表 1-1 2001 年各国非寿险公司的承保和投资情况　　　　　单位：%

具体情况	美国	加拿大	英国	德国	法国	意大利	日本
承保结果	-6. 5	-5. 7	-7. 9	1. 5	-8. 3	-14. 1	3. 3
投资收益	18. 8	16. 5	24. 6	15. 7	15. 4	15. 8	12. 4
净利润率	9. 6	7. 9	10. 7	4. 1	3. 4	0. 8	1. 0

资料来源：瑞士再保险公司(Swiss Re)。

包括美国在内的各国保险业的实践证明：投资，唯有投资才能支撑社会庞大的商业保险体系的正常竞争、发展，乃至生存。

根据精算原理，在较长的时期内，如 5 年甚至 20 年内，或更长时间，保险费收入与保险赔付是相等的，只不过现金流入与流出存在时间差。尤其对于保险业务发展处于上升时期的市场，这种时间差所带来的净现金流入是非常大的。期间影响因素有二：一是超出精算预期的巨灾性赔款；二是时间价值波动。正是这一特点决定了保险投资的必要性、空间性和稳定性。所谓必要性要求是指，借助有效的投资，促进保险产品开发，以满足现代经济社会人们对综合金融服务的需求。所谓空间性要求是指，投资资产组合应本着安全性、收益性和流动性原则，立体组合。所谓稳定性要求是指，由于保险责任的改造具有期权性质，保险投资必须"稳"字当头。而保险投资如何做到"稳"字当头，不仅是保险业的问题，它涉及整个证券市场，依赖于金融领域的各项有关政策和监管部门的合作、支持。

保险公司面临的问题除了资金运用渠道狭窄、增值乏力之外，还有前面提到的巨灾损害事故。当特大的自然灾害或者恐怖袭击发生后，保险赔偿金额是极其巨大的，没有一家保险公司能够独自承担，它们选择跟其他保险公司共同分担，这就产生了再保险的需求。再保险从海上保险开始萌芽，从 14 世纪开始，海上保险在西欧各地商业交易中流行，逐渐形成了保险的商业化和专业化。随着海外贸易和航运业的发展，保险人承担的风险责任越来越大，客观上产生了分保的需求。1370 年，首份由保险人签发的转嫁风险责任的保单诞生，在这份对海上航程的安全为标的物的保单中，保险人将全航程分作两段，自己只承担某一段航程的风险，而将另一航程的责任部分转嫁给其他保险人承担。这种做法从分散风险的原理来看，属再保险的开端。

从再保险的起源到发展的历史可知，再保险的产生，主要是基于保险人分散风险的需要。如果说保险是社会的稳定器，那么再保险则是保险经营的稳定器，从而也是社会的稳定器。图 1-2 展示了世界上部分非常严重的保险灾害事故对保险业造成的损失，可以说，面对自然灾害或恐怖袭击造成的损失，没有一家保险公司能独立承担。事实上，图 1-2 显示，在 2005 年的美国飓风的保险赔付中，其保险赔偿超过 605 亿美元，这对世界上任何一家保险公司来说都是灭顶之灾，由于美国再保险的体制非常完善，最后保险赔偿由几十家保险公司和再保险公司共同承担，因此避免了某一家或某几家保险公司破产的厄运。可见，再保险可以进一步而且更为彻底地分散风险，使保险人免遭巨额损失，从而保证保险经营的安全和稳定。许多国家的法律规定，对于大额保险业务，如航空险、核电站保险、大型的财产险、工程险等，保险人必须首先安排好分保合同才可接受承保。

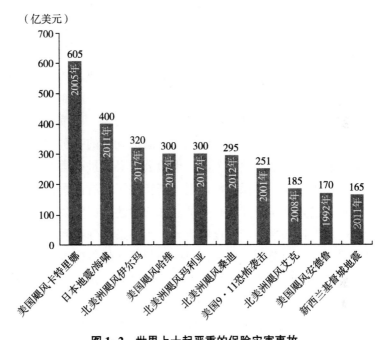

图 1-2 世界上十起严重的保险灾害事故

资料来源：美国保险信息研究所（Insurance Information Institute）。

纵观中国乃至全世界的保险历程并对当前中国保险业深入了解后可以知道，保险投资和保险公司进行再保险，是如今中国保险行业必须进行同时也必须完成好的两项业务。因此，有必要深入探讨研究保险公司投资和再保险等保险精算问题，形成科学的投资—再保险研究体系，寻求不同环境下保险公司投资—再保险问题的最优策略。

二、研究意义

自从瑞典精算师 Filip Lundberg 在 1903 年发表博士论文 *Approximerad Framstallning av Sannolikhetsfunktionen* 开始，经过瑞典学派 Harald Cramér 等

的努力，保险精算学慢慢走上了系统化的发展阶段，它与随机过程理论紧密结合在一起，对保险经营中的损失风险和经营风险进行定量的刻画，为现实保险经营中的风险分析和控制提供有效的技术支持。经过百余年的发展，保险精算已经成为一门以高等数学和统计学为基础、结合金融保险、财务理论和实务以及行为金融学等理论，对保险经营中的保费确定、准备金提取、利润分配、投资安排等问题做定量分析，对各种保险经济活动未来的财务风险进行分析、估价和管理，以保证保险企业经营的稳定性和安全的交叉学科。

在保险精算领域，再保险与投资问题是时下非常热门的研究问题。再保险作为保险业独有的经营现象，在理论研究中一直是独树一帜的，所以自19世纪以来，对于最优再保险问题的研究长盛未衰。事实上，再保险作为保险公司分担风险的重要手段，已成为保险活动中的一种趋势，甚至很多国家规定，在承接某些大额业务时，保险公司必须进行再保险，因此也有越来越多的学者投身于再保险的研究。其实除了独有的再保险问题，保险业的投资问题也是不同于其他行业的。如前所述，保险公司投资运作的主要目标是，维持流动性并产生投资收入，为将来的理赔和到期给付提供资金。也就是说，保险公司的最优投资问题与普通的投资组合问题并非完全相同，保险人在关注投资收益与投资风险的同时，还要警惕自身的赔付风险。这些特征决定了保险投资必须十分谨慎、稳健，需遵循安全性原则，以保证资金的保值和增值，这些在研究中都是需要重视的因素。

由于保险公司的再保险和投资问题十分重要，以及再保险和投资作为保险精算与金融数学等的交叉研究课题，国内外学者对再保险与投资相结合的资产配置问题的研究取得了很多成果，但是由于各种原因，仍然存在一些尚未涉足的研究领域，以及一些还需进一步深入研究的问题。例如，在面临瞬息万变的金融市场时，构建模型时会存在一个模型参数不确定的现象，如何解决这种不确定性引发的各种问题，是非常具有理论和现实意义的研究内容；作为保险公司一项非常重要的业务内容，再保险业务实质上还涉及再保险承保人，如何保证再保险人的收益进而提升再保险双方经营的稳定性，也是一个很少有研究者涉及但又非常重要的问题。本书在模型不确定的条件下，研究提升再保险双方共同收益的投资—再保险策略。

综上所述，再保险和投资问题作为近年来保险精算领域的研究热点，具有十分重要的理论意义和现实意义。选择热点研究问题，深入研究其本质，思考其内在规律，进而寻求研究的切入点，力图解决具有理论意义和应用价值的问题，正是本书研究的初衷。本书以随机控制理论为技术手段，考虑保险公司和再保险公司双方共同的收益，解决了它们联合鲁棒最优资产配置问题，这对于丰富保险风险模型具有重要的理论价值和实际意义。

第二节
研究内容与创新之处

一、研究内容

本书关于保险公司和再保险公司的联合鲁棒最优资产配置问题的研究，主要是解决不同的金融市场中，在面临模型不确定性的影响下，如何选取最优投资—再保险策略。首先构建刻画保险公司和再保险公司的资产变动过程的动态风险模型，对于决策者的模糊厌恶偏向建立鲁棒优化理论框架，针对最大化终端财富和动态均值—方差准则等优化目标，运用随机控制理论、动态规划原理等手段，在风险资产满足不同条件的金融市场中寻求最优的投资—再保险策略，并通过数值模拟对所求解的最优策略进行深入研究、分析，以便于更好地应用于保险精算领域。

本书在模型不确定的框架下，将鲁棒优化方法与随机控制理论相结合，构建鲁棒优化理论体系，研究了保险公司和再保险公司的联合投资—再保险问题。通过对最大化保险公司和再保险公司共同收益的优化目标的求解，寻求能够保证再保险公司收益进而提升再保险双方经营稳定性的策略，为保险实践提供理论依据。全书共九章，具体内容如下：

第一章：绪论。综合阐述了本书的研究背景及意义，对本书的研究思路、研究内容和研究创新等几个方面进行介绍。

第二章：文献综述与研究回顾。总结分析了最优再保险问题、投资—再保险问题、联合资产配置问题、鲁棒优化问题的研究现状。

第三章：保险风险管理中的随机控制理论。针对所研究的最优资产配置问题，介绍经典风险理论、最优再保险、最优投资组合等模型构建的理论基础，对于资产配置问题的优化目标，介绍效用函数理论、时间不一致理论等不同的优化方式，并详细介绍解决此优化问题所运用的技术手段——资产配置优化原理。

第四章：基于 Black-Scholes 模型的联合鲁棒最优投资—再保险策略研究。构建 Black-Scholes 市场中再保险双方的资产盈余模型和模型不确定条件下的优化目标，利用随机控制理论，分别推导保险公司和再保险公司的鲁棒最优投资—再保险策略，并通过数值例子对最优策略进行敏感性分析，深化研究结论。

第五章：基于 Heston 随机波动模型的终端资产效用最大化策略研究。本章在第三章的基础上进行深入研究，当风险资产的价格过程服从具有随机波动率的 Heston 模型时，构建保险公司和再保险公司的投资—再保险模型，确立保险公司和再保险公司联合资产配置的鲁棒优化目标，通过运用动态规划原理，得到了最优的投资—再保险策略，并对此最优策略进行深入研究、分析。

第六章：指数乘积效用下再保险双方的鲁棒最优投资—再保险策略研究。本章从一个全新的角度来研究再保险双方的投资—再保险问题，即在模型不确定框架下研究使保险公司和再保险公司终端财富在指数乘积效用函数下最大化的投资—再保险策略。利用动态规划原理得到指数乘积效用下的财富过程满足的扩展 HJB 方程，并求解出最优策略，最后通过数值分析深入研究此最优策略。

第七章：时间不一致框架下的再保险双方联合最优投资—再保险策略研究。在模型不确定框架下对期望效用的优化目标进行改进，转而研究最大化终端财富期望与方差之差的再保险—投资策略。这是一个时间不一致问题，它的难点在于动态规划原理并不成立。通过引入博弈论的思想定义均衡策略及均衡值函数的概念，在保险公司和再保险公司均投资金融市场的条件下，建立关于保险公司和再保险公司财富过程的扩展的 HJB 方程，求解扩展 HJB 方程的解并验证它确实为最优策略，最后再通过数值例子使结论更形象、丰富。

第八章：风险相依下再保险双方的联合最优再保险策略研究。本章结合保险人和再保险人的共同利益，研究了具有两类相依险种风险模型下的最优再保险问题。假定再保险公司采用方差保费原理收取保费，利用复合Poisson模型和扩散逼近模型两种方式去刻画保险公司和再保险公司的资本盈余过程，在期望效用最大准则下，证明了最优再保险策略的存在性和唯一性，通过求解HJB方程，得到了两种模型下相应的最优再保险策略及值函数的明晰解答，并给出了数值算例及分析。

第九章：研究结论。本章总结了本书研究的主要内容，揭示了本书研究主题今后的研究方向。

二、创新之处

本书在鲁棒优化的框架下，对于保险公司和再保险公司的联合投资—再保险策略的优化问题进行了系统研究，寻求到能够保证再保险公司收益进而提升再保险双方经营稳定性的策略，并对投资—再保险策略进行了深入的研究、分析，为将其应用于保险精算领域提供了更大的便利。主要的创新之处如下：

（1）将模型不确定性下优化策略的选取问题与动态的优化准则有机结合，寻求均衡的同时又具有稳健性的保险公司投资—再保险策略。相较于常见的财富期望效用最大化、均值—方差问题等"静态的"优化目标，引入动态均值—方差问题等时间不一致性的优化目标，以此寻求任意时刻下的策略，并且为解决普通优化方法所求的策略时间不一致性的问题，引入均衡博弈的思想，将求解最优策略问题转化为寻求纳什均衡点。本书将随机微分博弈方法与鲁棒优化方法相结合，以解决参数误差、市场波动等带来的模型不确定性，大大提升了研究的广度和深度。

（2）关注保险业的行业热点及发展趋势，结合保险公司关注收益高、风险大的风险资产这一行业趋势，构建更符合当前形势的保险风险模型，使保险风险理论发展能够与时俱进。在国家金融监督管理总局扩大保险资产的国际配置空间、优化配置结构的政策指导下，保险业出现了一些转型发展的新趋势。对于本书研究的保险风险模型的投资—再保险问题而言，在模型不确定环境中，时间不一致性优化准则下，有以下两方面问题值得探讨：一是同时兼顾保险公司和再保险公司利益的联合最优投资—再保险问题；二是从风险资产模型刻画、优化准则选取等角度进行创新。研究这些问题不仅使本书建立的保险风险模型能够更好地贴合实际，同时，对于保险精算领域风险理论的发展也有很大的推动作用。

（3）运用数值分析结合实证研究的方式，与现有风险模型的最优策略进行盗用损失对比分析，以此检验所求解最优策略的稳健性。理论上鲁棒优化可以使决策者所选择的最优策略更加的稳健，避免参数估计误差对于最优策略的影响，它所追求的是在决策者即使面临最差情况时，也能选取相对来说最优的策略，因此相对于所谓的理想状况，它不可避免地会产生一些损失。本书对决策者采取鲁棒最优投资—保险策略时所产生的效用损失进行数值分析，以此检验鲁棒优化的效用。它不仅能够丰富鲁棒优化理论的应用，还能使研究结论更为形象、丰富，从而对保险实务更具指导意义。

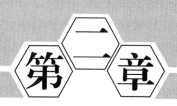

文献综述与研究回顾

第一节
最优再保险问题研究

再保险也称分保，指原保险人将部分保险分给再保险人。它是保险人之间分散风险损失的一种交易方式，可以使原保险人将其所承担的风险责任分摊给再保险人，因此，再保险可视为对原保险人的保险。由再保险的定义可以看出，它最初的作用就是分散风险，保险公司将超过一定标准的风险责任转移出去，对自留的同类业务保额实现均衡化。随着保险行业的发展，再保险业务占据着越来越重要的地位，它的作用除了最初的转移风险，还包括扩大承保能力、控制责任、稳定经营、降低营业费用、拓展新业务等。

自 19 世纪开始，学者就对再保险进行了全方位的研究，主要分为两个方面：一是对于最优再保险方式的讨论，常见的最优化方法是有效用理论下的最优再保险和方差理论下的最优再保险，常见的优化准则有最大期望利润、最小化方差、最小化破产概率和最大化调节系数；二是对于再保险的具体策略的确定，即选定了某种再保险的方式，在不同的优化目标或不同的保费收取原则下研究如何确定再保险的具体策略，常见的优化目标有保险公司的财富期望效用最大化、保险公司财富过程的均值—方差问题等，常见的保费收取原则有期望保费原理、方差保费原理等。本书中关于再保险的部分为后者，即对于再保险具体策略的确定。

一、不确定再保险形式的策略研究

这类研究不提前假设再保险的具体形式，而是先探讨最优再保险的具体形式，然后再确定最优的再保险策略。Borch 和 Arrow 做出了关于最优再保险的两项开创性工作。Borch(1960)表明，如果保险人用方差衡量风险，再保险人按期望保费原则对风险进行定价，则止损再保险是最优的。Arrow(1963)在期望保费原则下以最大化保险公司最终财富的期望效用为目标，得到止损再保险也是最优的结果。这些结论在许多方向上都得到一定推广。例如，Kaluszka(2001)通过考虑均值—方差保费原则扩展了 Borch 的结果，而 Young(1999)通过考虑王氏保费准则扩展了 Arrow 的结果。Hipp 和 Taksar(2010)表明，在期望值原则下，最优再保险策略为超额损失再保险；在方差保费原则下，最优再保险策略为比例再保险。Zhou 和 Cai(2014)在最小化绝对破产概率的目标下，证明了保费原理是期望保费时，超额损失再保险是最优形式。Zhang 等(2016)在破产概率最小化和终端财富期望效用函数最大化的准则下，研究了保险人购买一般再保险的最优再保险投资问题。Zhuang 等(2016)在扭曲保费原理下，研究了扭曲风险度量最小化的再保险优化问题。Meng 等(2019)提出了一种混合型保费原理(期望值保费原理、方差保费原理及指数保费原理作为其特殊情形)，在扩散保险风险模型和复合泊松保险风险模型中，基于最小破产概率及最大期望效用目标，得到了新颖的具有曲线结构的最优再保险形式。Tan 等(2020)提出了考虑尾部风险的均值-CVaR 保费原理，此保费原理扩展了 Denneberg 的绝对偏差保费原理且是风险的期望与条件价值风险 CVaR 的加权平均，满足Young(2004)给出的保费原理的一些性质。Tan 等(2020)利用动态规划原理，得到双重超额损失再保险策略是最优的。Liang 和 Young(2020a)推导了当风险过程遵循复合泊松索赔过程时，保险公司的最优按损失再保险策略。Han 等(2020)在均值方差保费原则下找到了使 Drawdown 概率最小化的一般最优再保险策略，并观察到该最优再保险策略与使破产概率最小化的再保险策略相同。Jiang 和 Ren(2022)研究了失真风险约束下决策者期望效用最大化的最优保险策略。

二、确定再保险形式的策略研究

常见的再保险形式主要有比例再保险和超额损失再保险。比例再保险是指保险人与再保险人按照保险金额的一定比例分担责任，并按此比例分出保费和分摊赔付款。超额损失再保险是指保险人和再保险人约定一个数额，未来索赔超过这个数额的部分由再保险人承担，不高于这个数额的部分由保险人承担。

在比例再保险的保费形式下，Hipp 和 Vogt(2003)在最小化保险人破产概率的目标下，采用期望保费原理，分析了最优比例再保险策略。Luo 等

(2008)在借贷约束下研究最优投资再保险问题。Bai 和 Guo(2008)在多维风险资产下研究最优控制策略问题。Zhou 等(2015)在方差保费原理下，研究了盈余过程是跳跃扩散过程且目标函数是使保险公司终端财富期望效用最大化的最优比例再保险和投资策略。Hu 和 Wang(2019)基于损失依赖保费准则研究最优再保险问题。Zhang(2023)在具有延迟的跳跃风险模型下，关注了模型参数的不确定性，同时考虑了保险人和再保险人双方的利益，以最大化保险人和再保险人的终端财富指数效用为目标，研究了带有模糊厌恶的最优再保险和投资策略。在超额损失再保险的保费形式下，Gu 等(2012)在 CEV 模型下研究保险公司的最优投资再保险问题。假设保险公司的盈余过程近似于具有漂移的布朗运动，保险公司可以购买超额损失再保险，并将其盈余投资于由一种无风险资产和一种风险资产组成的金融市场，其价格由 CEV 模型建模，其目标保险公司将最大限度地提高终端财富的预期指数效用。Liang 和 Young(2018)假设保险公司投资于一个以固定利率计息的无风险资产和一个价格过程遵循几何布朗运动的无风险资产，索赔过程遵循复合泊松过程，再保险保费采用期望保费准则，探究最小破产概率问题。Li 等(2022a)研究了当风险市场由平方根随机因子过程驱动时，一般保险公司的均衡超额损失再保险和投资问题。

第二节
投资—再保险问题研究

在保险公司的日常经营中，保险公司除了通过再保险将索赔风险分摊一部分至再保险公司，还可以同时将一部分资产投资至金融市场中。对于这类问题最优策略的研究一般称为保险公司最优投资—再保险问题的研究。投资—再保险问题由于更贴近实际，很好地刻画了保险公司的经营状况，因此是近年来保险精算领域中的研究热点。随着随机控制理论的发展，对于保险公司投资—再保险策略的研究也越来越深入。在连续时间情形下，Browne(1995)研究了扩散过程风险模型中的最小化破产概率和最大化保险公司终端财富的指数期望效用的优化问题，这是研究保险公司投资问题的开端。国内外学者主要从以下几个方面研究了保险公司最优投资—再保险问题。

一、概率准则下的最优投资—再保险问题研究

在以破产概率最小化为优化目标的情况下，学者进行了深入研究。Hipp 和 Plum（2000）研究了经典风险模型中投资至一种风险资产的最小化破产概率的保险公司投资问题。Schmidli（2002）考虑了投资和再保险策略下的破产概率估计，通过测度变换等技巧得到了破产概率最小的 Lundberg 界和 Cramer-Lundberg 逼近，同时还证明了最优再保险策略的收敛性。上述文献保险公司只可投资于一种风险资产。Yang 和 Zhang（2005）允许保险公司同时投资至风险资产和无风险资产，在索赔额服从不同分布的情形下研究了破产概率最小化问题，通过数值方法得到了最优策略。Promislow 和 Young（2005）在以扩散逼近模型刻画保险公司盈余过程的条件下，以最小化破产概率为目标研究了保险公司的最优投资和再保险问题。Luo 等（2008）在不能借贷和卖空的约束条件下，研究了以最小化破产概率为优化目标的最优投资—再保险问题。Azcue 和 Muler（2009）在有借贷约束的条件下，研究了以最小化破产概率为目标的保险公司最优投资策略。曾燕和李仲飞（2010）引入了一种新型的破产定义，即保险公司盈余首次跌至最低准备金水平，以最小化破产概率为目标，研究了线性约束下的投资策略。罗琰和杨招军（2011）在几类约束条件下，研究了以最小化破产概率为优化目标的普通投资者的投资—消费问题。Cao 和 Zeng（2012）研究了破产概率最小下的最优比例再保险与投资策略。Zhang 等（2016）研究了广义均值方差保费原则下的最优投资再保险策略。Liang 和 Young（2018）研究了均值保费原则下破产概率最小化的最优再保险问题。郑梦佳（2018）研究了多维风险资产及模糊厌恶下最小化破产概率的最优投资再保险策略。Tan 等（2020）研究了 Denneberg 绝对偏差保费原则下的最优再保险问题。Yu 等（2023）研究了金融市场中超额损失再保险与投资联合决策下的破产概率最小化问题。他们应用随机控制理论，得到了联合再保险和投资决策的最优策略，以及最小破产概率函数的封闭形式。

Ferguson（1965）认为最小化破产概率与最大化盈余的期望指数效用应

当是等价的。Browne（1995）研究了扩散风险模型在风险资产的价格过程为几何布朗运动情形下的最小化破产概率和最大化终端财富的期望指数效用，证明了这个猜测并得到了对应的最优投资策略。Bai 等（2013）采用二维复合 Poisson 过程刻画相依风险模型，给出了最小化破产概率目标下保险人的最优再保险策略。王雨薇（2020）在模型不确定环境下，研究了以最小化破产概率为目标的保险人最优投资再保险问题；根据动态规划原理建立相应的 HJB 方程，并给出了保险人的最优鲁棒投资再保险策略和价值函数的解析解。

在金融市场中，投资者往往还会关注其财富过程是否保持在某种正水平之上，财富过程首次达到其最大盈余过程的某个函数值时对应的停时称为 Drawdown 时。Drawdown 时是破产时的推广，近几年引起了一些学者的关注和研究。Chen 等（2015）研究了投资者的 Drawdown 风险最小化问题。Angoshtari 等（2016）研究了无限时域内经典风险模型下的最优投资最小 Drawdown 概率问题。Luo 等（2016）研究了优化目标为首次达到某个给定水平的时间最短对应的最优再保险问题。Han 等（2018）解决了在相依索赔与系数相依结构下的最小 Drawdown 概率的最优再保险问题。Han 和 Liang（2020）研究了分别在危险区域和安全区域内的最优投资再保险问题，目标为保险公司 Drawdown 概率最小化。Han 等（2022）研究了最小 Drawdown 概率目标下，在不指定再保险形式的情况下得到方差保费原理条件下的最优再保险形式为超额损失再保险，以及均值保费原理条件下的最优再保险形式为比例再保险。Liang 等（2023）研究了 Drawdown 限制下的最优投资消费问题。以金融保险决策者关心的一些有意义的停时对应的一些代价泛函为优化目标的研究还不多，这方面的部分工作还可以参考 Liang 和 Young（2020a，2020b）、Jeon 和 Park（2021）、Li 等（2022b）、Albrecher 等（2023）、Azcue 等（2023）等的研究。

二、期望准则下的最优投资—再保险问题研究

在期望准则随机控制问题中，最常见的优化目标是终端期望效用最大化和均值—方差问题。以终端期望效用最大化为目标，通过改进和推广效用函数或者风险资产价格过程的形式使研究结果更加多样化，这类关于保险公司的最优投资问题的研究工作如下：Wang（2007）研究了索赔过程为单

增的纯跳跃过程下保险公司的投资问题，得到最大化指数效用下的最优投资策略，结论表明最优投资策略的形式与索赔过程的分布类型无关。Wang等（2007）研究了二次效用函数下保险公司的投资问题，利用鞅方法得到了最大化终端财富期望效用的最优投资策略，结果表明最优投资策略的形式与索赔过程的分布类型相关。Zhou（2009）则研究了风险资产价格由 Lévy 过程描述的终端财富期望效用最大化的保险公司投资问题。郭文旌和李心丹（2009）在终端财富达到预定期望的条件下研究了使保险公司面临的投资风险和赔付风险最小的最优投资策略。Liang 和 Bayraktar（2014）假设索赔的大小与强度不可观测，基于终端财富的期望指数效用最大化的目标得到了保险人的最优投资—再保险策略。Yang 和 Zhang（2005）研究了保险公司在跳扩散盈余模型下的最优投资问题，得到了指数效用情况的解析解。Liang 和 Yuen（2014）以终端时刻的期望效用最大化为优化目标，通过动态规划原理的方法，分别获得了在不同金融市场模型中的最优再保险与投资策略。Gu 等（2012）、Guan 和 Liang（2014）、Zhang 等（2016）研究了在不同的金融市场投资环境中，期望效用最大化下的最优再保险与投资问题。Chen 和 Zhuo（2020）以最终财富的期望效用最大化为目标，利用鞅方法和对偶方法研究了保险公司的最优投资和比例再保险问题，推导出各种效用函数的最优投资—再保险策略的表达式。Xu 等（2020）研究了支付高额利得税的保险公司的最优投资和比例再保险策略。他们通过投资和再保险使期望终端效用最大化，利用弱动态规划原理（WDPP）证明了具有一阶导数边界约束的耦合 HJB 方程的值函数是唯一粘性解；利用 HJB 方程的马尔可夫（Markov）链逼近方法，构造了一个数值格式，用于逼近耦合 HJB 方程的粘性解。Hata 和 Yasuda（2024）研究了 4/2 随机波动率模型下具有延迟的保险人的最优投资策略和再保险策略，该策略可以在有限时间内最大化终端财富和平均财富的期望效用。

基于均值—方差准则，相关研究如下：郭文旌等（2011）在终端财富期望效用最大、方差最小的均值—方差准则下，研究了保险公司的最优投资策略及有效前沿面。Zeng 和 Li（2011）在时间不一致框架下研究了均值—方差准则下的均衡投资—再保险策略。Bi 和 Guo（2013）研究了均值—方差准则下带约束控制的最优投资—再保险问题。奚晓军（2013）假设保险公司的盈余为跳跃扩散过程，保险人投资于债券和股票，且股票的价格服从跳跃扩散过程的最优投资组合。其在均值—方差准则下，通过随机最优控制方法，建立并求解保险资金投资模型的 HJB 方程，获得了保险资金最优投资模型和有效边界的闭式解，并进行了数值模拟。王川妹（2016）在资本市场禁止卖空及风险资产价格带跳的市场环境下考虑了保险公司的最优投资决策问题，基于均值—方差优化准则建立了不允许卖空的投资模型，利用动态规划原理及粘性解理论求解模型。Chen 和 Shen（2018）假设两家保险公司的再保险费率按广义均值—方差原理计算，将两家保险公司之间的竞争考虑为非零和随机微分博弈，证明了均衡策略的存在性并得到了最优投资—再保险均衡策略。这方面的成果很多，可见 Wang 和 Zhou（2018）、Zhang 等（2019）、黄晴等（2020）、孙庆雅等（2020）、Gu 等（2022）、季锟鹏和彭幸春（2022）、杨鹏（2022）等的研究。

三、不同风险模型下的最优投资—再保险问题研究

通过推广风险模型的形式，研究不同优化目标下的保险公司最优投资问题也是保险精算领域的研究热点。学者将被研究得最广泛的 Cramer - Lundberg 风险模型推广到一些更加符合实际的风险模型中来研究保险公司的投资问题。Browne（1995）在风险过程为带漂移的布朗运动的情形下，研究了保险公司的最优投资问题。Cao 和 Wan（2009）、Gu 等（2010）研究了带漂移的布朗运动描述的风险模型下的保险公司最优投资问题，得到了最优投资—再保险策略的显式表达式。张彩斌等（2021）研究了 Markov 调节中基于时滞和相依风险模型的最优投资与再保险问题。陈凤娥等（2024）研究了具有损失厌恶特征的保险公司在仅拥有部分信息时的最优投资与再保险策略。慕蕊等（2024）在具有共同冲击相依风险模型下，研究了保险公司和再保险公司共同利益的最优再保险和投资问题，应用随机控制理论，建立了鲁棒 HJB 方程并且得到了最优再保险和投资策略以及相应的值函数。

部分学者以经典风险模型为基础，构建了一些其他的带跳跃项的盈余过程模型，常见的还有对偶风险模型、带干扰的复合 Poisson 风险模型和 Lévy 保险风险模型等。在各种不同的优化准则下，学者用这些模型去刻画保险公司的盈余过程，取得了一系列丰富的研究成果。Irgens 和 Paulsen（2004）研究了带干扰的经典风险模型下的最优投资组合与再保险问题，并得到了最优策略的显式表达式。他们将风险模型中的扩散项解释为受外部

市场或经济环境影响所产生的一些额外的小额索赔。Yang 和 Zhang(2005)研究了跳跃扩散风险模型下的最优投资问题，得到了最优投资策略的显式表达式及相应的值函数的解析式。与以往文献不同，他们将此跳跃扩散风险模型中的扩散项视为保险公司的不确定性的盈余。

此外，很多学者都假设索赔过程是齐次的复合 Poisson 过程或 Lévy 过程，而现实中索赔的到达强度及索赔额的分布均与时间有关，因此一些学者研究了索赔过程为时间非齐次的风险模型。Kötter 和 Bäuerle(2006)研究了 Markov 调整的风险模型的投资问题。随后，Kötter 和 Bäuerle(2008)又研究了 Beard 等(1984)以及 Asmussen 和 Rolski(1994)提出的周期风险模型下的保险公司最优投资问题。在投资组合研究领域中，对于动态的均值—方差问题的研究从未中断，只是由于它的时间不一致性，使动态规划原理这样强大的理论工具无用武之地。在预先承诺机制下，下列文献对于时间不一致的消费选择问题进行了研究：Peleg 和 Yaari(1973)、Goldman(1980)、Harris 和 Laibson(2001)、Krusell 和 Smith(2003)。而后，学者通过引入博弈论的思想定义均衡策略和均衡函数，由此可以构建推广的 HJB 方程，进而应用随机控制理论这样强有力的工具进行求解。Ekeland 和 Lazrak(2006)研究了非常数折现率下的子博弈均衡策略。Ekeland 和 Pirvu(2008)对非指数折现下的 Merton 投资管理问题进行了探讨。Ekeland 等(2012)允许投资者还可以进行消费和购买寿险产品，在不同的折现率下，讨论了相应的时间不一致问题中的时间一致性策略。Basak 和 Chabakauri(2010)则对一个动态的均值—方差问题进行了研究。Björk 和 Murgoc(2010)对时间不一致的随机控制问题给出了一个基本的理论框架，该理论框架能够包含前人已经研究过的非指数折现下的投资组合问题，动态的均值—方差问题等时间不一致问题，它的出现是对时间不一致问题研究的关键节点。此外，还涌现出了很多关于时间不一致问题的文献，如 Wang 和 Forsyth(2011)、Yong(2011，2012)、Hu 等(2012)、Björk 等(2014)。在保险精算领域，时间不一致问题的研究主要是在均值—方差准则下展开的。其中，Zeng 和 Li(2011)研究了由 Black-Scholes 模型刻画的风险资产的价格过程的投资—再保险问题；Li 等(2012)研究了基于 Heston 随机波动率模型的投资—再保险问题；Zeng 等(2013)研究了跳跃扩散风险模型的时间不一致资产配置问题。

上述保险公司投资问题的研究通常假设风险资产的价格过程服从几何布朗运动，这意味着风险资产价格的随机波动率是常数。这与金融市场中波动率呈现尖峰厚尾和聚类的特性相悖，因此学者提出了一系列随机波动率的模型，如随机波动率（SV）模型（Bates，1996；Duffie 等，2000；Liu 等，2003；Branger 等，2008）、均值回归（Mean Reversion）模型（Hull 和 White，1987；Stein 和 Stein，1991；Heston，1993；Jonsson 和 Sircar，2002；Munk 等，2004）和常方差弹性（CEV）模型（Cox 和 Ross，1976；Cox，1996）。与前两类随机波动率模型相比，CEV 模型既有着它们的优点，又具有便于解析分析和解释的特点，它比 Black 和 Scholes 提出的几何布朗运动资产价格模型更贴合实际。Beckers（1980）、MacBeth 和 Merville（1980）、Emanuel 和 MacBeth（1982）等的研究均表明风险资产价格的波动率与价格过程本身有关，由此在理论上提供了 CEV 模型合理性依据。早期 CEV 模型多用于期权定价等领域，文献可见 Lo 等（2000）、Davydov 和 Linetsky（2001）、Hsu 等（2008）。随着研究的深入，Xiao 等（2007）和 Gao（2009a，2009b）将 CEV 模型应用于养老金的组合投资问题研究中，通过随机控制的方法得到了最优投资策略。其余基于 CEV 模型的保险公司最优投资问题的研究可见 Liang 等（2011）、Lin 和 Li（2011）、荣喜民和范立鑫（2012）等。描述风险资产的价格过程除了上述几种随机波动率模型，很多学者还采用跳跃扩散模型，如 Zhou（2009）、Lin 和 Yang（2011）、Bi 和 Guo（2013）、Zeng 等（2016）、李国柱等（2023）的研究。

自 Hamilton（1989）将体制转换模型引入金融计量学领域以来，马氏调制的体制转换模型受到了学界和业界的青睐。在保险风险理论中，马氏调制的风险模型的优点在于能够体现保险公司随外界环境（天气、宏观经济条件、商业周期、政府政策等）的改变而调节自身的保险政策。近几年来，涌现出了很多研究马氏调制的金融保险模型中的随机控制问题的学者。Elliott 和 Siu（2011）、Xu 等（2014）分别研究了相应的马氏调制的金融保险模型中的随机微分博弈问题。Zhang 和 Siu（2012）、Liu 等（2013）、Liang 和 Bayraktar（2014）、Li 和 Liu（2015）的研究以期望效用最大化为优化目标，分别探讨了相应的马氏调制的体制转换模型中的最优再保险与投资策略或者最优投资策略。Wang 和 Bi（2011）、Liang 和 Song（2015）的研究则以均值—方差准则为优化目标，分别研究了相应的受马氏调制环境影响的最优再保险与投资问题。Vallejo-Jiménez(2022)模拟了不确定性下的投资组合决策，当风险资产的扩散参数和债券的短期利率都由时间非齐次马尔可夫链调制时，其转移概率取决于状态、时间和资产价格。该研究解决了理性消费者通过使用与马尔可夫链相关的相应无穷小生成器来做出投资组合和消费决策的问题。有关 Markov 调整的风险模型的保险公司投资问题还可参见 Vallejo-Jiménez 和 Venegas-Martínez(2017)、Goel 和 Mehra(2021)等的研究。

第三节
联合资产配置问题研究

综观风险理论的研究现状，对保险公司的投资—再保险问题的研究已成为当下的热点，而值得学者注意的一点在于，再保险策略所涉及的利益方除了保险公司，还有它的分保对象——再保险公司，故在研究再保险策略时忽略再保险人的利益，这很难说是一种完美的考量。目前风险理论的研究中，对于保险风险管理中的随机控制问题的研究还集中在考虑保险公司的再保险及投资组合的策略上，对于同时考虑保险公司和再保险公司的联合随机控制问题研究得比较少。

其实早在 1960 年，Borch 就指出，在再保险优化问题中，被一方所接受的最优策略并非一定能被另一方认为是最优的选择。随后 Borch(1969)研究了以最大化共同财富为目标的固定比例再保险策略和止损再保险策略。Kaishev(2004)在最大化保险公司和再保险公司的联合有限时间生存概率的目标下，研究了最优超额损失再保险策略，并得到了最优再保险策略的精确表达式。Kaishev 和 Dimitrova(2006)研究了超额损失再保险原则下的保险公司及再保险公司的联合生存概率问题，并在索赔过程为复合泊松过程的情形下得到了联合生存概率的显式表达式。Dimitrova 和 Kaishev(2010)在他们 2006 年论文的模型中，找到了求得保险公司和再保险公司联合生存概率更简便的方法。Cai 等(2013)研究了在比例再保险原则及止损再保险原则下，保险公司与再保险公司获得最大联合生存概率以及联合盈利概率的充分必要条件。Fang 和 Qu（2014）在期望保费原理下，研究了保险公司与再保险公司的最大联合生存概率。Li 等（2014，2015，2016a，2016b）在连续时间模型中考虑保险公司和再保险公司的联合利益在不同优化目标下的随机控制问题研究方面获得了一系列的成果。杨鹏程（2022）研究了均值—方差准则下，保险集团的时间一致性最优投资再保险问题，通过保险公司和再保险公司财富的加权求和来刻画保险集团的利益，推导出了均衡再保险投资策略的解析解。

除了上述研究之外，在考虑保险人和在再保险人共同利益的研究中，部分学者还加入了模型不确定性、博弈等条件。Zhou 等（2017）和 Huang 等（2018）研究了模型不确定下兼顾保险公司和再保险公司的共同利益的最优投资和再保险问题。Yuan 等（2022a）考虑了持有保险公司和再保险公司股份的保险集团的最优稳健投资和再保险问题，利用随机控制理论，求解相应的边值问题，推导出了最优策略的封闭表达式。Chen 和 Shen（2018）在最大化保险人和再保险人的双方的终端财富效用最大化的目标下，研究了从一般效用函数和随机系数的情况到指数效用和常系数的特殊情况下的最优再保险策略。Yuan 等（2022b）在 Stackelberg 微分对策框架下，从保险人和再保险人的共同利益出发，确定了一个鲁棒再保险合同。他们在时间一致的均值—方差准则下，通过求解耦合扩展的 HJB 系统，得到了鲁棒再保险合同。

第四节
鲁棒优化问题研究

对于线性规划问题采用鲁棒优化的方式进行研究始于 1973 年 Soyster 在 Operations Research 上发表的论文，该论文"在某种程度上"解决了参数不确定的线性规划问题。而后经 Ben-Tal 等（2009）的深入研究，构造了对应的鲁棒线性规划等模型，逐步完善了鲁棒优化理论体系。进入 21 世纪后，Bertsimas 和 Sim（2004）在鲁棒优化方面做出了杰出的成果，他们提出了从全新角度解决鲁棒线性规划的方式。

在金融工程等领域中，鲁棒优化主要被应用于研究投资组合问题。均值—方差模型是现代投资组合理论发展的基石，因此，鲁棒投资组合决策优化的研究首先围绕均值—方差模型展开。Lobo 等（1998）首次在均值—方差模型框架下通过最差情况分析进行鲁棒投资组合决策建模。Goldfarb 和 Iyengar（2003）通过构建资产收益的多因子模型，对各个因子的不确定收益给出某置信水平的区间，研究了均值—方差鲁棒投资组合策略优化模型。Lu（2011a，2011b）改进和发展了 Goldfarb 和 Iyengar 的模型，构建了均值—方差鲁棒投资组合策略优化模型，通过考虑不同参数估计误差之间的相关性对投资组合决策实现保护。Chen 和 Tan（2009）对不确定参数给出了非对称的随机不确定区间，建立了均值—方差鲁棒投资组合策略优化模型并研究设计求解的混合智能算法。Chen 和 Yang（2020）研究了稳健最优投资和再保险策略选择问题，并使用外推偏差对相关索赔进行建模。有关均值—方差鲁棒投资组合策略的更多研究可以参考 Tütüncü 和 Koenig（2004）、李仲飞和袁子甲（2010）、Zhu 等（2011）、Ye 等（2012）、Li 和 Young（2019）的研究。

除了均值—方差框架下的投资组合策略优化问题，鲁棒优化同样被应用于基于 VaR 与 CVaR 风险度量下的投资组合决策优化问题。Ghaoui 等（2003）在已知资产收益分布部分信息的条件下，构建了在最差情形下的 VaR 取最小值的鲁棒投资组合策略模型，并将其转化为线性规划或二次锥规划问题并求解。Zhu 和 Fukushima（2009）在资产收益服从混合不确定分布的假定下，构建了在最差情形下的 CVaR 取最优的鲁棒投资组合策略优化模型，并将其转化为可处理的半定规划问题。更多有关 VaR 与 CVaR 风险度量下的投资组合决策鲁棒优化问题的研究可以参考 Huang 等（2007，2008，2010）、Chen 等（2011）、Goh 等（2012）等。

随着研究的深入，学者认为，面临复杂多变的金融市场，决策者对于所选取模型时参数的不确定性的看法也应纳入寻求最优决策时所考虑的因素。Anderson 等（1999）结合行为金融学等方面的思想，将投资者具有模糊厌恶偏向的情况作为影响风险资产价格过程的因素，研究了期权定价问题。Uppal 和 Wang（2003）在 Anderson 等（1999）的基础上进行深入研究，他们对模糊厌恶的量化分析构建了更细致的框架，在这个框架下不仅刻画了投资组合中所有股票的联合收益的模糊不确定性，还对其中单支股票的边际收益的不确定性加以区分和量化。Maenhout（2004）将鲁棒优化方法应用至投资组合选择优化问题，研究了恒定投资率下模型不确定性对于投资组合策略的影响。随后 Maenhout（2006）研究了随机风险溢价条件下的模型不确定性对投资组合策略的影响，并建立了量化模型不确定性的体系。在此研究成果的基础上，出现了一系列研究模型不确定性对于投资组合策略影响的文献，可以参考 Liu（2010）、Xu 等（2010）、Flor 和 Larsen（2014）、Munk 和 Rubtsov（2014）、Neufeld 和 Nutz（2018）、Bo 和 Capponi（2016）、Luo 等（2019）、Yuan 等（2022a，2022b）的研究。

鲁棒优化的思想被保险精算学者吸收、利用和发展，从而逐渐形成了保险风险模型中的鲁棒优化研究的分支，也产生了一系列的研究成果。Zhang 和 Siu（2009）研究了模型不确定下的投资—再保险问题，并将此问题转化为一个零和随机微分博弈问题进行研究。Korn 等（2012）研究了最差条件下大额赔付的鲁棒最优再保险策略，并验证了最优策略对于赔付数量、模型参数以及效用函数的鲁棒性。Zeng 等（2016）研究了风险资产为跳跃扩散模型的鲁棒最优投资—再保险问题，利用随机动态规划理论，得到了鲁棒均衡投资—再保险策略。Hao 和 Chang（2023）研究了在随机利率和随机通货膨胀环境下，均值—方差准则下具有最小保证的固定缴款养老金计划的鲁棒时间一致投资策略。Yuan 等（2024）研究了在均值—方差保费原则下具有模糊厌恶的两个竞争保险人的随机微分再保险博弈问题。有关保险风险模型中的鲁棒优化研究可以参考 Lin 等（2012）、Yi 等（2013）、Yi 等（2015）、Pun 和 Wong（2015）、Zheng 等（2016）、Kang 等（2023）。

第五节
文献述评

保险公司的资产配置问题一直是保险精算领域的研究热点，其主要的配置方式包括再保险、投资、分红等。如何选择合理的投资、再保险策略，以分摊风险、稳定经营、提升保险公司的企业实力，一直是保险精算学者的重要研究内容。20世纪70年代以来，对保险公司资产配置问题的模型构建都是基于模型参数等完全确定且只考虑保险公司本身的利益的角度。近年来，随着随机控制理论的发展及学科间交流的增多，对保险公司资产配置的研究进入了多元化发展的阶段。本书结合行为金融学等理论的思想，以随机控制理论为技术手段，针对模型不确定性建立鲁棒优化体系，同时考虑保险公司和再保险公司双方的收益，研究了投资和再保险等的资产配置问题，这对丰富保险风险模型理论体系具有重要的实际意义和理论价值。

本书将做以下六个方面的深化和拓展：

(1)考虑模型不确定性这一因素对模型构建、目标求解等方面的影响，结合行为金融学的思想，通过将保险公司和再保险公司视为模糊厌恶偏向的决策者，量化模型不确定性这一影响因素，将普通投资—再保险问题转化为鲁棒最优投资—再保险问题进行研究。同时，考虑到保险公司开展的再保险业务涉及再保险公司的利益，故本书研究立足于解决保险公司和再保险公司的联合最优投资—再保险问题，在风险资产的价格过程发生不同变化的情形下对问题进行系统研究。

(2)通过引入博弈论的思想定义均衡策略及均衡值函数的概念，在保险公司和再保险公司均投资至金融市场的条件下，确立保险公司和再保险公司联合资产配置的鲁棒优化目标，建立关于保险公司和再保险公司财富过程的扩展的HJB方程，求解扩展HJB方程的解并验证它确实为最优策略，最后再通过数值例子使结论更形象、丰富。

(3)在考虑模型不确定的因素下，构建针对保险公司和再保险公司的投资—再保险的鲁棒优化体系。选取具代表性的风险资产价格过程——Black-Scholes模型和Heston随机波动模型来刻画保险公司和再保险公司的投资行为，保险公司为转移风险采取比例再保险的再保险策略。

(4)对保险公司和再保险公司的联合投资—再保险问题进行多层次的研究。对于同时考虑双方利益的投资和再保险问题，在构建鲁棒优化模型的过程中，采取了多种方式来刻画其联合收益。

(5)在再保险双方的联合鲁棒最优投资—再保险问题的研究中，相较于常见的均值—方差问题，引入动态均值—方差准则，由此可以寻求任意时刻下的最优投资—再保险策略，提升了研究的广度和深度。

（6）结合保险人和再保险人的共同利益，研究了具有两类相依险种最优再保险问题。假定再保险公司采用方差保费原理收取保费，利用复合Poisson模型和扩散逼近模型两种方式去刻画保险公司和再保险公司的资本盈余过程，在期望效用最大准则下，证明了最优再保险策略的存在性和唯一性。

保险风险管理中的随机控制理论

随着保险行业的发展以及随机控制理论本身的发展，保险精算领域成为随机控制理论应用的一个非常热门又极其重要的领域。1967 年，Karl Borch 在伦敦皇家统计学会的一个报告中就对随机控制理论在保险数学中的应用前景提出了下面的观点，他认为控制理论对于保险精算领域中的很多问题来说是一种强有力的工具，若是精算师和工程师能够更早意识到他们研究的是同一类问题并且通力合作的话，这个理论将会发展到令人惊叹的程度。

其实早在 1957 年，De Finetti 就提出了风险管理中的一种随机控制问题。之后 Gerber 在 1969 年解决了这个问题，他的研究是基于离散时间模型和经典风险模型的。1984 年，Shreve 等考虑了扩散逼近模型下的类似问题，由此将风险管理中的随机控制问题推广到连续时间的情形。随着学者们不断加入这个领域的研究，至 20 世纪 90 年代，随机控制理论开始被广泛应用于保险精算领域，并迅速发展成为研究保险问题的主要工具之一。目前应用至保险精算领域的随机控制方法主要是由动态规划原理发展而来的 HJB 方程理论，此外还有鞅方法、Pontryagin 极大值原理方法等。

本章详细介绍了接下来的研究中将用到的保险风险管理中的随机控制理论，首先介绍保险风险管理中基本的概念、模型以及最优资产分配问题的模型构建，其次对保险公司各种资产分配的优化目标进行介绍和分析，最后介绍求解保险风险管理中最优策略的基本知识和基础框架，这将为接下来的研究工作提供理论依据。

第一节
最优资产分配问题

一、经典风险理论

保险公司与一般投资者不一样，它的主营业务是承保，一方面收取保费，另一方面根据保险合同对受保人索赔给予赔付。受保人索赔的发生以及每次索赔的金额都是随机的，所以保险公司的盈余是随机变化的。研究保险公司的资产配置问题，首要面临的问题是，如何将保险公司随机变动的资产状况用完备的数学模型刻画出来。所谓完备，是指它既能提炼出保险公司盈余变动的特性，又能去掉细枝末节以便人们探寻其内在的规律。目前为止，保险精算领域研究最深入、应用最广泛的刻画保险公司盈余过程的模型是 Cramer－Lundberg 风险模型，也称经典风险模型，具体内容如下：

记保险公司的初始盈余为 u，则它的盈余过程可用下式刻画：

$$R(t) = u + ct - C(t) = u + ct - \sum_{i=1}^{N(t)} X_i \tag{3-1}$$

其中，常数 $c > 0$，表示保险公司单位时间内收取的保费。$C(t)$ 表示概率空间上的复合 Poisson 过程，其中 $\{N(t)\}_{t>0}$ 是强度参数为 λ 的 Poisson 过程，表示 $(0, t]$ 时刻索赔发生的次数；$\{X_i, i = 1, 2, \cdots\}$ 表示独立同分布且取值为正的随机变量序列，服从分布 $F(x)$，且有 $E(X_i) = \mu$，X_i 表示第 i 次索赔的金额，与过程 $\{N(t)\}_{t>0}$ 独立。因此，随机过程 $\{C(t)\}_{t>0}$ 表示至时刻 t 的累积赔付额。保险公司为了运作上的安全，对于保费的收取还应满足净利条件：

$$E\left(ct - \sum_{i=1}^{N(t)} X_i\right) = (c - \lambda\mu)t > 0$$

记安全负荷 $\eta_1 = \dfrac{c - \lambda\mu}{\lambda\mu} > 0$，故有 $c = (1 + \eta_1)\lambda\mu$。

模型（3-1）的微分形式为：

$$dR(t) = cdt - dC(t) = cdt - d\sum_{i=1}^{N(t)} X_i \tag{3-2}$$

根据 Browne（1995）可知，式（3-2）中 $dC(t)$ 经变换可得到一个扩散逼近过程的微分形式：

$$d\widetilde{C}(t) := adt - \sigma_0 dW^0(t) \tag{3-3}$$

其中，$a = \lambda E(X_i) = \lambda\mu$，$\sigma_0 = \lambda E(X_i^2)$，$W^0$ 为一个标准布朗运动。

将式（3-3）代入式（3-2）可得：

$$dR(t) = (c - a)dt + \sigma_0 dW^0(t) = a\eta_1 dt + \sigma_0 dW^0(t) \tag{3-4}$$

式（3-4）被称为扩散逼近模型。扩散逼近模型为微分的形式，它既保留了经典风险模型的二阶矩性质，又在各种优化问题的处理上有着技术上的优势，能够运用更多的数学工具来解决问题，得到更为深刻的结果，因此在保险精算领域也被广泛地研究。本书后续将研究经典风险模型的扩散逼近形式。

二、最优再保险问题

保险公司为转移风险、稳定经营、扩大承保范围，进而提升企业实力，会与再保险公司实行合作，将一部分保费收入分给再保险公司，同时转移相应的赔付风险。常见的再保险方式有成数再保险、溢额再保险等比例再保险，以及超额损失再保险、险位超额损失再保险等非比例再保险。对于各种再保险方式，学者们都进行了深入的研究，研究主要分两部分：一是对于最优再保险方式的讨论，即在不同的优化方法和优化准则下研究再保险的方式，常见的优化准则有最大期望利润、最小化方差、最小化破产概率和最大化调节系数；二是对于再保险的具体策略的确定，在不同的优化目标或不同的保费收取原则下研究应采取何种具体策略。本节主要介绍扩散逼近模型下保险公司的比例再保险问题。

假定保险公司采取比例再保险的方式，记比例再保险策略为 q，则此时保险公司的盈余过程为：

$$R_t^q = u + \int_0^t (q_s\eta_2 - (\eta_2-\eta_1)) ds + \sigma_0 \int_0^t q_s dW_s \qquad (3-5)$$

其中，比例再保险策略应满足 $q \in [0,1]$，它意味着对任意一次索赔 X_i，再保险公司将赔付 $(1-q)X_i$。保险公司将购买再保险而支付的金额为 $(1+\eta_2)\lambda E[(1-q)X_i] = (1+\eta_2)(1-q)\lambda\mu$，其中 η_2 为再保险公司的安全负荷。

记终端时刻为 T，一般的目标函数可以表示如下：

$$V(x) = \sup_{q\in\Pi} V^q(x) = \sup_{q\in\Pi} E\left[\int_0^\tau g(R(t),q(t)) dt + h(R(\tau),q(\tau))\right] \qquad (3-6)$$

其中，τ 为 $[0,T]$ 上任一停时；Π 为所有可允许的再保险策略集合；$g(\cdot)$，$h(\cdot)$ 为实值函数。学者们通常考虑两种情形：一种情形是令 $g=0$，$h(\infty)=1$，$h(x)=0$，$x<\infty$，此时 $V^q(x)$ 就是破产概率，学者们对于最小化破产概率，亦即最大化生存概率进行了深入的研究，获得了使生存概率最大的再保险策略；另一种情形是令 $h=0$，g 取一个效用函数，相应的

最优策略就是寻找使终端财富的期望效用达到最大的再保险策略。本书以终端财富的期望效用最大化作为其中一个优化目标进行研究。

三、最优投资问题

由于保险市场的竞争越来越激烈，保险公司采用了降低保费、给予投保人分红等一系列措施来吸引投保人，因此运用保险资金进行投资在保险公司的收入渠道中占据越来越重要的位置，而作为投资者的保险公司对于投资策略的选择将极大地影响其收益。国家金融监督管理总局公布的数据显示，截至 2023 年 12 月底，我国保险资产为 29.9573 万亿元，而保险业的资金运用余额有 27.6738 万亿元。由于保险资金投资在保险公司日常经营中的重要性以及投资数额的规模性，很多保险公司甚至设立了专门的资产管理部门进行资产运作。保险资产投资活动的广泛性和重要性决定了其在保险风险管理中的地位，是风险控制的必要因素之一。

在保险公司的盈余过程满足扩散逼近模型的框架下，Browne(1995)假设投资的风险资产价格服从几何布朗运动，在没有购买再保险合约的情况下，对终端财富的期望指数效用最大化和破产概率最小化两种目标函数进行了讨论；Promislow 和 Young(2005)讨论了风险资产投资和成数再保险问题，并给出了最小破产概率和最优控制的解析形式。本节将介绍扩散逼近模型下保险公司的最优投资问题的模型构建。

由上节可知，保险公司的盈余过程满足扩散逼近模型(3-4)：

$$dR(t) = a\eta_1 dt + \sigma_0 dW^0(t)$$

假设保险公司投资的风险资产的价格满足如下方程：

$$\begin{cases} dS_t = bS_t dt + \sigma_1 S_t dW_t^1 \\ S_0 = 1 \end{cases} \tag{3-7}$$

进一步地，假设保险公司在时刻 t 的投资额为 A_t，则在进行投资的情形下保险公司的盈余过程为：

$$\begin{cases} dR_t^A = (a\eta_1 + A_t b) dt + \sigma_0 dW^0(t) + \sigma_1 A_t dW_t^1 \\ R_0^A = u \end{cases} \tag{3-8}$$

其中，常数 a、η_1、b、σ_0、σ_1 均大于 0，W^0、W^1 为两个相互独立的布朗运动。

这里假设风险资产的价格过程是一个几何布朗运动，也就是经典的

Black-Scholes 模型，容易证明这个方程满足强解存在的唯一条件，且它的解为

$$S_t = \exp\left\{ \left(b - \frac{\sigma_1^2}{2} \right) t + \sigma_1 W_t^1 \right\} \tag{3-9}$$

式（3-9）即为风险资产由 Black-Scholes 模型刻画的价格过程，它被广泛应用于期权定价、投资组合选择等问题的研究。

第二节
资产分配问题的优化目标

1952 年，Markowitz 发表了一篇题为"投资组合选择"的文章，这篇文章的发表揭开了现代金融理论发展的序幕。短短半个世纪，现代金融理论已经经历了从简单的定量分析到系统化、工程化的发展历程。在这个过程中，形成了组合投资、资产定价、风险管理等一系列的分支理论。这些分支经过几十年的发展，其研究体系已十分完善，而目前新兴的保险精算研究也从这些理论中汲取了很多影响深远的思想和方法。

在保险公司的资产配置问题的研究中，学者们引入了投资组合理论中常用的效用函数方法。效用函数方法的内容主要是最大化投资者在投资期内的消费期望效用和最终财富效用。它的应用使一系列现代数学工具，如随机控制理论、鞅理论、倒向随机微分方程理论、随机微分博弈理论等强大的理论工具可以应用到现代金融理论中，并且在一些复杂的情形下也能得到比较好的理论结果。此外，在投资—消费领域的研究中，学者们发现当效用函数为二次函数且无消费的情形下，运用效用函数方法所得到的最优策略与均值—方差准则下的最优策略是一致的（Zhao 和 Ziemba，2000）。而为了弥补经典均值—方差方法的不足，学者们将优化目标由财富过程期望最大化及方差最小化改进为加权条件下期望与方差的差最大，即时间不一致框架下的均值方差问题。本节研究了这两种不同优化目标下保险公司和再保险公司的资产分配问题。

一、效用理论

效用理论的思想源于著名科学家 Danie Bernoulli 对圣彼得堡悖论给出的完美解答。圣彼得堡游戏中收益的期望值是无穷大，但参与者为得到这一机会所愿意支付的钱却很少。它告诉我们，在对风险的度量中，行为主体的主观感受也应当是需要被考虑的因素。Bernoulli 指出，对行为个体来说，赌博游戏的价值通常并不等于预期货币价值，而是等于个体以货币收入形式反映的主观价值，这就是效用。效用是指决策者对期望收益和损失的独特兴趣、感受或取舍的反应，实质上也是决策者对在风险情况下获得一定期望损益的态度和偏好。这就是效用理论中效用的由来，随着效用理论发展的理论化和体系化程度越来越深，人们了解到效用应满足两个基本原理，即边际效用递减原理和最大期望效用原理。

对效用进行量化分析则始于 1944 年，John von Neumann 和 Oskar Morgenstern 提出了当风险未知的情形下，理性决策者拥有一个效用函数，称之为 VNM 效用函数。这是对效用函数的数学描述，为将效用进行量化分析提供了基础。设财富水平为 x，相应的效用记为 $u(x)$。效用函数衡量的是人的主观感受和满足程度，对于它的性质有如下定理：

定理 3.1 设为决策者的财富效用函数，则它应连续，有一阶和二阶导数，且满足如下条件：

(1)一阶导数 $u'(x) > 0$，即 $u(x)$ 是一个增函数。

(2)当决策者为保守型时，其二阶导数 $u''(x) < 0$，即 $u(x)$ 是一个严格上的凸函数。

(3)当决策者为冒险型时，其二阶导数 $u''(x) > 0$，即 $u(x)$ 是一个严格下的凸函数。

(4)当决策者为中立型时，其二阶层数 $u''(x) = 0$，即 $u(x)$ 是一个线性函数。

同时，效用函数还有相容性、传递性、相对性以及等价性。此外，效用函数的类型有多种形式，除了最简单的线性效用函数外，常见的效用函数还包括指数效用函数、平方效用函数、对数效用函数等。

在保险精算领域，在最优控制问题中将效用理论应用至优化问题中通常的方式是最大化终端财富值的期望效用。在一般效用函数下，学者们对于最大化财富效用进行了深入的研究，他们发现，对财富过程的模型进行推广后对最优投资策略的求解变得越来越复杂。Merton（1990）发现，对于指数效用函数，可以通过随机动态规划原理将问题转化为求解一个 HJB 方程以获得最优解，因此 Browne（1995）等学者对于保险公司的效用函数为指数效用的情形下进行了研究，即：

$$u(x) = \lambda - \frac{\gamma}{p} e^{-pz} \tag{3-10}$$

其中，参数 $\gamma>0$，$p>0$。这类指数效用函数不仅具有可加性、光滑性等优良性质，将之应用至保险风险模型时，在保险公司盈余波动较大的情形下还能很好地体现其效用变化，因此它是保险风险理论研究中被应用最广泛的效用函数形式，本书后几章研究了这种指数效用或指数乘积效用下的资产分配优化问题。

二、时间不一致理论

关于动态优化中的时间不一致性概念，最早是由 Strotz（1955）正式提出的，他在研究跨期消费问题时发现，当选取的折现因子不是指数函数形式时会导致消费策略的时间不一致。此外，动态的均值—方差投资组合选择问题也属于时间不一致问题，由于它不满足动态规划意义下的可分性，故不能用动态规划方法求解。不仅如此，在期望效用的框架下，也会产生时间不一致性随机控制问题。例如，在最优投资问题中，最优控制问题的目标泛函为最大化终端财富的对数效用，并且设置一个终端财富的最低可接受水平，它依赖于随时间推移的财富值，这就是一个时间不一致的优化问题。解决时间不一致问题的一个最大的难点在于，与标准的随机控制问题不同，当控制问题的时间不一致时，全局最优的策略在局部未必仍然是最优的。

时间不一致性控制问题在工程技术、自然科学、经济金融决策等领域中有着很广泛的应用。但在很长一段时间内，关于它的研究并没有特别广泛和深入，主要原因是缺乏理论支撑，不能像解决时间一致的控制问题那样应用动态规划原理这样强大的理论工具。进入 21 世纪以来，在众多学者的努力下，处理时间不一致控制问题逐渐形成了一套理论框架。它的一大突破在于引入博弈论的思想来定义均衡策略及均衡值函数的概念，并在此基础上发展出类似于时间一致性随机控制问题中的动态规划方程，但实质上是有所扩展的 HJB 方程系统。下面介绍随机控制理论中关于时间不一问题的理论框架。

本书只针对连续时间下的资产分配问题，连续时间下标准的随机最优控制问题是指，对于一个满足下列随机微分方程的控制扩散过程 $X(t)$：

$$dX(t) = b(X^\pi(t), \pi(t))dt + \sigma(X^\pi(t), \pi(t))dW(t) \tag{3-11}$$

考虑目标泛函：

$$J(0, x_0, \pi) = E_{0, x_0}\left[\int_0^T L(s, X_s, \pi_s)ds + F(T, X_T)\right] \tag{3-12}$$

在给定初值 $X(0) = x_0$ 时，确定一个最优控制策略 π 使目标泛函最小，即求解优化问题 $\min_\pi J(0, x_0, \pi)$。

在具体的求解过程中，由于优化目标形式的多样化和复杂化，会导致一部分优化问题不能用 Bellman 方程求解，这类问题被称为时间不一致问题。产生时间不一致问题的原因很多，如目标函数中折现因子非指数形式，或者优化目标为动态的均值—方差问题等，下面介绍本书研究的均值—方差优化问题，即目标泛函的形式为：

$$J(t, x, \pi) = E_{t, x}[X_T] - \frac{\gamma}{2}Var_{t, x}[X_T] \tag{3-13}$$

注意到 $Var[X_T] = E[X_T^2] - E^2[X_T]$，即目标泛函中出现了期望的非线性函数，它不满足条件期望的迭代性质 $E[E(X|F_t)|F_s] = E[E(X|F_s)|F_t] = E(X|F_s), F_s \subset F_t$。

也就是说方差不满足迭代性质，故目标泛函不满足动态规划原理的可分性，这类问题属于一种典型的时间不一致问题。

解决时间不一致问题的基本思想是当决策者在时刻选择决策时应考虑在之后的时刻将面临一个与当前时刻不同的目标泛函，因此将整个问题看作一个非合作博弈问题，从而可以定义均衡策略及相应的均衡值函数，进而寻找这个博弈的纳什均衡点。主要思路如下：

过程 $X(t)$ 在策略 π 下的无穷小生成元 ℓ^π 由下式定义，对于任意实值函数 $\phi(t, x)$，有：

$$\ell^\pi\phi(t, x) = \frac{\partial\phi}{\partial x}(t, x) + b(x, \pi)\frac{\partial\phi}{\partial x} + \frac{1}{2}tr\left(\sigma(x, \pi)\sigma'(x, \pi)\frac{\partial^2\phi}{\partial x^2}\right)(x, \pi)$$

$$\tag{3-14}$$

对于固定 $(t,x) \in [0,T] \times R^n$ 的及固定的控制策略 $\pi \in \Pi$，目标泛函为：

$$J(t,x,\pi) = E_{t,x}\left[\int_0^T C(t,x,s,X_s^\pi,\pi(X_s^\pi))ds + F(t,x,X_T^\pi)\right] + G(t,x,E_{t,x}[X_T^\pi])$$

$$(3-15)$$

定义 3.1 称一个控制策略 $\hat{\pi}$ 为均衡控制策略，若对于任意给定的 $\pi \in \Pi$，Π 为可允许策略集，以及 $h>0(t,x) \in [0,T] \times R^n$，都有：

$$\liminf_{h\to 0} \frac{J(t,\ x,\ \hat{\pi}) - J(t,\ x,\ \pi_h)}{h} \geq 0 \qquad (3-16)$$

其中，控制策略 π_h 为：

$$\pi_h(s,y) = \begin{cases} \pi, & t \leq s < t+h, y \in R^n \\ \hat{\pi}(s,y), & t+h \leq s \leq T, y \in R^n \end{cases}$$

对应的均衡值函数 $V(t,x)$ 为：

$$V(t,x) = J(t,x,\hat{\pi}) \qquad (3-17)$$

定理 3.2 对于给定的目标泛函(3-15)，关于均衡值函数 $V(t,x)$ 的扩展 HJB 方程为：

$$\sup_{\pi \in \Pi}\left\{ (\ell^\pi V)(t,x) + C(t,x,s,x,\pi) - \int_t^T (\ell^\pi c^s)(t,x,t,x)ds + \int_t^T (\ell^\pi c^{txs})(t,x)ds - \right.$$
$$\left. (\ell^\pi f)(t,x,t,x) + (\ell^\pi f^{tx})(t,x) - (\ell^\pi(G \diamond g))(t,x) + (H^\pi g)(t,x) \right\} = 0$$

$$(3-18)$$

且有边界条件 $V(T,x) = F(T,x,x) + G(T,x,x)$。

其中，$f(t,x,s,y) = f^{sy}(t,x), c^s(t,x,t,x) = c^{txs}(t,x)$

$$(G \diamond g)(t,x) = G(t,x,g(t,x))$$

$$(H^\pi g)(t,x) = G_y(t,x,g(t,x)) \cdot (\ell^\pi g)(t,x)$$

(1)对固定的 s 和 y，函数 $f^{sy}(t,x)$ 定义为 $\begin{cases} (\ell^{\hat{\pi}}f^{sy})(t,x) = 0, 0 \leq t \leq T \\ f^{sy}(T,x) = F(s,y,x) \end{cases}$。

(2)函数 $g(t,x)$ 定义为 $\begin{cases} (\ell^{\hat{\pi}}g)(t,x) = 0, 0 \leq t \leq T \\ g(T,x) = x \end{cases}$。

(3)对固定的 s,r 和 y，函数 $c^{syr}(t,x)$ 定义为 $\begin{cases} (\ell^{\hat{\pi}}c^{syr})(t,x) = 0, 0 \leq t \leq r \\ c^{syr}(r,x) = C(s,y,r,x,\hat{\pi}_r(x)) \end{cases}$。

定理 3.3(验证定理) 假定 (V,f,g) 是上述扩展 HJB 方程的一个解，且控制策 $\hat{\pi}$ 能取它的上确界，则 $\hat{\pi}$ 是一个均衡策略，V 是相应的均衡函数。

通过验证定理可以证实由扩展的 HJB 方程所解得的策略为目标泛函所对应的均衡策略, 这样就完整地解决了上述时间不一致的优化问题。

第三节
资产分配问题中的随机控制理论

本节介绍了伊藤随机微分方程描述的动力系统, 即扩散模型的随机最优控制原理。首先介绍扩散模型随机最优控制的一般形式, 其次给出求解最优策略的方法。在接下来的几章中, 求解最优目标时都将以此为理论依据。

一、扩散模型最优控制问题的构建

设 $W(t), t \in [0, T]$ 是概率空间 (Ω, F, F_t, P) 上一个 m 维布朗运动, 考虑如下值的受控随机微分方程:

$$\begin{cases} dX(t) = b(X^\pi(t), \pi(t)) dt + \sigma(X^\pi(t), \pi(t)) dW(t) \\ X(0) = x_0 \in R^n \end{cases} \tag{3-19}$$

在更一般的情况下, b, σ 可以依赖于时间 t, 取为 $b(t, x, \pi), \sigma(t, x, \pi)$。$\pi(\cdot)$ 称为一个控制过程, 表示决策者所作出的决策, 设 $\pi(t)$ 取值于 R^d 中的一个子集 A。显然, 决策 π_t 的选择不能依赖于将来的信息, 用数学方法表示就是要求 $\pi(t)$ 为 F_t 适应过程。并非所有的适应过程都能作为一个控制过程, 它还应满足可允许条件, 见 Yong 和 Zhou(1999)。将可容许控制过程类记为 Π, 对于可允许控制过程 $\pi(\cdot) \in \Pi$, 称 $(X(\cdot), \pi(\cdot))$ 为一个可允许组。特别地, 当 $\pi_t = \pi$ 为一个常数控制时, 过程 X^π 是一个生成元为 A_π 的马氏过程。

设 $g: [0, T] \times R^n \times A \to R^n$ 过程为运行成本, $h: R^n \to R^n$ 为终端成本, 则可定义目标函数为:

$$J(t, x, \pi) = E \left[\int_t^T g(s, X_s^{t,x}, \pi_s) ds + h(X_T^{t,x}) \right] \tag{3-20}$$

随机最优控制问题为最大化上述目标函数，因此可引入如下的值函数：

$$V(t,x) = \sup_{\pi \in \Pi} J(t,x,\pi) \qquad (3\text{-}21)$$

在随机最优控制问题中，成本函数 g，h 需要满足下有界、平方增长等条件，这将在具体的模型构建中进行说明。

当 $T<\infty$ 时，称求解 J 的问题为有限时间最优控制问题。当 $J(\pi(\cdot)) = E\left\{\int_0^{\infty} g(t,X^{\pi}(t),\pi(t))dt\right\}$ 时，相应求解 J 的问题称为无限时间最优控制问题。对于无限时间最优控制问题，通常要求 b、σ 与时间 t 无关，从而值函数 $V(x)$ 与 t 也无关。

上述扩散模型是由一个受控制的随机微分方程给出的，因此必须考虑这个方程的解的存在性，可允许策略也必须保证方程的解存在。

二、HJB 方程及最优策略的求解

求解上述最优控制问题的方法主要有三种：一是动态规划方法；二是 Pontryagin 极大值原理方法；三是凸对偶鞅方法。本节采用动态规划原理求解最优策略。下面介绍随机控制理论中的动态规划方法。

扩散模型的动态规划求解的步骤如下：首先将问题转化为一组具有不同初始时间和初始状态的方程（称为 HJB 方程），其次求解这组方程，再对 HJB 方程的解进行最大（小）化来得到一个控制策略，最后验证这个控制策略就是原最优问题的解。

首先，给出一般情况下的动态规划原理（Bellman 方程）。

定理 3.4（动态规划原理）　令 $T_{t,T}$ 表示取值在 $[t,T]$ 的停时全体，则对于任意的 $(t,x) \in [0,T] \times R^n$，值函数 $V(t,x)$ 满足：

$$V(t,x) = \sup_{\pi \in \Pi} \sup_{\tau \in T_{t,T}} E\left[\int_t^{\tau} g(s,X_s^{t,x},\pi_s)ds + V(\tau,X_{\tau}^{t,x})\right]$$

$$= \sup_{\pi \in \Pi} \inf_{\tau \in T_{t,T}} E\left[\int_t^{\tau} g(s,X_s^{t,x},\pi_s)ds + V(\tau,X_{\tau}^{t,x})\right]$$

其中，$X^{t,x}$ 指受控过程 X 在 t 时刻的取值为 x。对于无限时间最优控制问题，令 T 表示停时全体。对 $x \in R^n$，值函数 $V(x)$ 满足：

$$V(x) = \sup_{\pi \in \Pi} \sup_{\tau \in T} E\left[\int_t^\tau e^{-\delta s} g(X_s^{t,x}, \pi_s) ds + e^{-\delta T} V(\tau, X_\tau^{t,x})\right]$$

$$= \sup_{\pi \in \Pi} \inf_{\tau \in T} E\left[\int_t^\tau e^{-\delta s} g(X_s^{t,x}, \pi_s) ds + e^{-\delta T} V(\tau, X_\tau^{t,x})\right]$$

证明：只对有限时间情形下的动态规划原理进行证明，无限时间的证明类似可得。

(1) 证明 $V(t,x) \leqslant \sup\limits_{\pi \in \Pi} \inf\limits_{\tau \in T_{t,T}} E\left[\int_t^\tau g(s, X_s^{t,x}, \pi_s) ds + V(\tau, X_\tau^{t,x})\right]$。

对于可允许策略 $\pi \in \Pi$，由随机微分方程(3–19)所生成的过程 X 的轨道唯一性可知，对于 $[t, T]$ 上的任一停时 τ，它应满足如下马氏性：

$$X_s^{t,x} = X_s^{\tau, X_\tau^{t,x}}, s > \tau$$

由条件期望的迭代法则，有：

$$J(t, x, \pi) = E\left[\int_t^T g(s, X_s^{t,x}, \pi_s) ds + h(X_T^{t,x})\right]$$

$$= E\left[\int_t^\tau g(s, X_s^{t,x}, \pi_s) ds + \int_\tau^T g(s, X_s^{t,x}, \pi_s) ds + h(X_T^{t,x})\right]$$

$$= E\left[\int_t^\tau g(s, X_s^{t,x}, \pi_s) ds + J(\tau, X_\tau^{t,x}, \pi)\right]$$

由定义可知 $J(t,x,\pi) \leqslant V(t,x)$，故：

$$J(t, x, \pi) \leqslant \inf_{\tau \in T_{t,T}} E\left[\int_t^\tau g(s, X_s^{t,x}, \pi_s) ds + V(\tau, X_\tau^{t,x})\right]$$

$$\leqslant \sup_{\pi \in \Pi} \inf_{\tau \in T_{t,T}} E\left[\int_t^\tau g(s, X_s^{t,x}, \pi_s) ds + V(\tau, X_\tau^{t,x})\right]$$

由于上式对于任意的 $\pi \in \Pi$ 均成立，故有：

$$V(t,x) \leqslant \sup_{\pi \in \Pi} \inf_{\tau \in T_{t,T}} E\left[\int_t^\tau g(s, X_s^{t,x}, \pi_s) ds + V(\tau, X_\tau^{t,x})\right]$$

(2) 证明 $V(t,x) \geqslant \sup\limits_{\pi \in \Pi} \sup\limits_{\tau \in T_{t,T}} E\left[\int_t^\tau g(s, X_s^{t,x}, \pi_s) ds + V(\tau, X_\tau^{t,x})\right]$。

对于固定的策略 $\pi \in \Pi$ 和停时 $\tau \in T_{t,T}$。由值函数的定义，对于任意的 $\varepsilon > 0$ 及 $\omega \in \Omega$，存在 $\pi^{\varepsilon, \omega}$，它是值函数 $V(\tau(\omega), X_{\tau(\omega)}^{t,x}(\omega))$ 的一个 ε-控制，故有：

$$V(\tau(\omega), X_{\tau(\omega)}^{t,x}(\omega)) - \varepsilon \leqslant J(\tau(\omega), X_{\tau(\omega)}^{t,x}(\omega), \pi^{\varepsilon, \omega}) \qquad (3\text{--}22)$$

定义过程：

$$\hat{\pi}_s(\varpi) = \begin{cases} \pi_s(\varpi), s \in [0, \tau(\varpi)] \\ \pi_s^{t,x}(\omega), s \in [\tau(\varpi), T] \end{cases}$$

由 Bertsekas 和 Shreve（1978）可知，它是循序可测的，故 $\pi^{\varepsilon,\omega} \in \Pi$。由条件期望的迭代法则及式（3-23），有：

$$V(t,x) \geq J(t,x,\hat{\pi}) = E\left[\int_t^\tau g(s, X_s^{t,x}, \pi_s) ds + J(\tau, X_\tau^{t,x}, \pi^\varepsilon)\right]$$

$$\geq E\left[\int_t^\tau g(s, X_s^{t,x}, \pi_s) ds + V(\tau, X_\tau^{t,x})\right] - \varepsilon$$

由 π 和 τ 的任意性，可得：

$$V(t,x) \geq \sup_{\pi \in \Pi} \sup_{\tau \in T_{t,T}} E\left[\int_t^\tau g(s, X_s^{t,x}, \pi_s) ds + V(\tau, X_\tau^{t,x})\right]$$

联合（1）和（2），Bellman 方程得证。

由值函数 $V(t,x)$ 的定义可知，其边界条件为 $V(T,x) = h(x)$，$\forall x \in R^n$。在实际运用中，对于上述动态规划原理通常采用它的如下形式：

一是对于任意的策略 $\pi \in \Pi$ 和停时 $\tau \in T_{t,T}$，有：

$$V(t,x) \geq E\left[\int_t^\tau g(s, X_s^{t,x}, \pi_s) ds + V(\tau, X_\tau^{t,x})\right] \tag{3-23}$$

二是对于任意的 $\varepsilon > 0$，存在 $\pi \in \Pi$，使对于所有的 $\tau \in T_{t,T}$，有：

$$V(t,x) - \varepsilon \leq E\left[\int_t^\tau g(s, X_s^{t,x}, \pi_s) ds + V(\tau, X_\tau^{t,x})\right]$$

故对于任意的停时，有：

$$V(t,x) = \sup_{\pi \in \Pi} E\left[\int_t^\tau e^{-\delta s} g(X_s^{t,x}, \pi_s) ds + e^{-\delta T} V(\tau, X_\tau^{t,x})\right] \tag{3-24}$$

在连续时间的情形下，为了刻画值函数在无穷小时间段上的性质，通过引入过程的最小生成元，得到了上述动态规划原理更为深刻的版本，即 HJB 方程，也称动态规划方程。

定理 3.5（HJB 方程） 当值函数 $V(t, x)$ 为二次连续可导函数时，它满足如下 HJB 方程：

$$\frac{\partial V}{\partial t}(t,x) - \sup_{\pi \in \Pi}\{\ell^a V(t,x) + g(t,x,\pi)\} = 0, \ \forall (t,x) \in [0,T) \times R^n$$

其中，ℓ^a 为过程 X 在取常数控制策略 $\pi = a$ 时的最小生成元。

证明：假定停时 $\tau = t+h$，且控制策略 π 取为 A 中任一常数 a，即 $\pi_s = a$，由式（3-24），有：

$$V(t,x) \geq E\left[\int_t^{t+h} g(s, X_s^{t,x}, a)\, ds + V(t+h, X_{t+h}^{t,x})\right] \tag{3-25}$$

由于值函数 $V(t,x)$ 二次连续可导，在时间 t 至 $t+h$ 内对过程 X 应用伊藤公式可得：

$$V(t+h, X_{t+h}^{t,x}) = V(t,x) + \int_t^{t+h}\left(\frac{\partial V}{\partial x}(t,x) + \ell^a V\right)(s, X_s^{t,x})\, ds + 局部鞅$$

其中，ℓ^a 为控制策略 π 取常数值 a 时的无穷小算子，有如下形式：

$$\ell^a V = b(x,a)\frac{\partial V}{\partial x} + \frac{1}{2}tr\left(\sigma(x,a)\sigma'(x,a)\frac{\partial^2 V}{\partial x^2}\right)$$

将它代入式(3-26)，可得：

$$0 \geq E\left[\int_t^{t+h}\left(\frac{\partial V}{\partial x} + \ell^a V\right)(s, X_s^{t,x})\, ds + g(s, X_s^{t,x}, a)\, ds\right]$$

两边同时除 h，再令 $h \to 0$，由中值定理有：

$$0 \geq \frac{\partial V}{\partial x}(t,x) + \ell^a V(t,x) + g(t,x,a)$$

由于上式对于任意的 $a \in A$ 均成立，故可得如下不等式：

$$-\frac{\partial V}{\partial x}(t,x) - \sup_{\pi \in \Pi}\left[\ell^a V(t,x) + g(t,x,a)\right] \geq 0 \tag{3-26}$$

另一方面，记 π^* 为最优控制策略，应用式(3-25)可得：

$$V(t,x) = E\left[\int_t^{t+h} g(s, X_s^*, \pi_s^*)\, ds + V(t+h, X_{t+h}^*)\right]$$

其中，X^* 为控制策略 π^* 下方程(3-27)的解。类似地，可得：

$$-\frac{\partial V}{\partial x}(t,x) - \ell^{\pi_t^*} V(t,x) - g(t,x,\pi_t^*) = 0$$

由式(3-27)，值函数应满足：

$$\frac{\partial V}{\partial t}(t,x) - \sup_{\pi \in \Pi}\left\{\ell^a V(t,x) + g(t,x,\pi)\right\} = 0, \ \forall (t,x) \in [0,T) \times R^n$$

定理证毕。

上式可改写为：

$$\frac{\partial V}{\partial t}(t,x) - H\left(t,x,\frac{\partial V}{\partial x}(t,x),\frac{\partial^2 V}{\partial x^2}(t,x)\right) = 0, \ \forall (t,x) \in [0,T) \times R^n$$

其中，$H(t,x,p,M) = \sup_{\pi \in \Pi}\left[b(x,a)p + \frac{1}{2}tr(\sigma\sigma'(x,a)M) + g(t,x,a)\right]$。函

数 $H(t,x,p,M)$ 称为控制问题的哈密顿函数。

在对模型控制问题的求解中，当 HJB 方程导出后，想要求解最优策略，还需要一个关键的步骤：若 HJB 方程有光滑的解，需要验证这个解和所求的值函数是相同的。这个步骤称为验证最优解，通过这一步骤将会得到一个验证定理。下面给出验证定理的内容和证明。

定理 3.6（验证定理） 设 $\omega \in C^{1,2}([0,T]\times R^{n})$ $\left(即\dfrac{\partial \omega}{\partial t}, \dfrac{\partial \omega}{\partial x}, \dfrac{\partial^{2}\omega}{\partial t^{2}}关于\right.$

(t,x) 均连续$\Big)$，且满足平方增长条件，即 $|\omega(t,x)| \leqslant C(1+|x|^{2})$，$\forall (t,x)$

$\in [0,T]\times R^{n}$，则：

（1）如果 $\begin{cases} -\dfrac{\partial \omega}{\partial t}(t,x)-\sup\limits_{\pi \in \Pi}\{\ell^{a}V(t,x)+g(t,x,a)\} \geqslant 0, (t,x) \in [0,T]\times R^{n} \\ \omega(T,x) \geqslant h(x), x \in R^{n} \end{cases}$，

则 $\omega(t,x) \geqslant V(t,x)$，$(t,x) \in [0,T]\times R^{n}$。

（2）如果 $\omega(T,x) \geqslant h(x)$，且存在一个取值在 A 上的可测函数 $\pi^{*}(t,x)$，$(t,x) \in [0,T]\times R^{n}$ 使：

$$-\frac{\partial \omega}{\partial t}(t,x)-\sup_{\pi \in \Pi}\{\ell^{a}V(t,x)+g(t,x,a)\}$$

$$=-\frac{\partial \omega}{\partial t}(t,x)-\ell^{\pi^{*}(t,x)}V(t,x)-g(t,x,\pi^{*}(t,x))=0$$

以及受控随机微分方程

$$\begin{cases} dX(t)=b(X(t),\pi^{*}(t,X(t)))dt+\sigma(x(t),\pi(t,X(t)))dW(t) \\ X(0)=x_{0} \in R^{n} \end{cases}$$

有唯一强解 $X^{*}(t,x)$，则 $\omega(t,x)=V(t,x)$，$(t,x) \in [0,T]\times R^{n}$，且 $\pi^{*}(t,x)$ 是最优策略。

证明：（1）因为 $\omega \in C^{1,2}([0,T]\times R^{n})$，对于 $(t,x) \in [0,T]\times R^{n}, \pi \in \Pi$，$s \in [0,T)$ 以及任意取值在 $[t,\infty)$ 的停时 τ，利用伊藤公式有：

$$\omega(s \wedge \tau, X_{s \wedge \tau}^{t,x})=\omega(t,x)+\int_{t}^{s \wedge \tau}\frac{\partial \omega}{\partial t}(u,X_{u}^{t,x})+\ell^{\pi_{u}}\omega(u,X_{u}^{t,x})du+$$

$$\int_{t}^{s \wedge \tau}\left(\frac{\partial \omega}{\partial x}(u,X_{u}^{t,x})\right)'\sigma(X_{u}^{t,x},\pi_{u})dW_{u}$$

取一列 $\tau_n = \inf\left\{ s \geq t : \int_t^s \left| \left(\dfrac{\partial \omega}{\partial x}(u, X_u^{t,x}) \right)' \sigma(X_u^{t,x}, \pi_u) \right|^2 du \geq n \right\}$，则当 $n \to$

∞ 时，$\tau_n \to \infty$。由于停止过程 $\left\{ \int_t^{s \wedge \tau_n} \left(\dfrac{\partial \omega}{\partial x}(u, X_u^{t,x}) \right)' \sigma(X_u^{t,x}, \pi_u) dW_u, t \leq s \leq T \right\}$ 是

一个鞅，故对上式取期望有：

$$E\left[\omega(s \wedge \tau_n, X_{s \wedge \tau_n}^{t,x}) \right] = \omega(t,x) + E\left[\int_t^{s \wedge \tau_n} \dfrac{\partial \omega}{\partial t}(u, X_u^{t,x}) + \ell^{\pi_u} \omega(u, X_u^{t,x}) du \right]$$

由于 ω 满足 $-\dfrac{\partial \omega}{\partial t}(t,x) - \sup\limits_{\pi \in \Pi} \left\{ \ell^a V(t,x) + g(t,x,a) \right\} \geq 0$，有：

$$\dfrac{\partial \omega}{\partial t}(u, X_u^{t,x}) + \ell^{\pi_u} \omega(u, X_u^{t,x}) + g(X_u^{t,x}, \pi_u) \leq 0, \forall \pi \in \Pi$$

从而，

$$E\left[\omega(s \wedge \tau_n, X_{s \wedge \tau_n}^{t,x}) \right] \leq \omega(t,x) - E\left[\int_t^{s \wedge \tau_n} g(X_u^{t,x}, \pi_u) du \right], \forall \pi \in \Pi$$

而 $\left| \int_t^{s \wedge \tau_n} g(X_u^{t,x}, \pi_u) du \right| \leq \int_t^T |g(X_u^{t,x}, \pi_u)| du$ 对于可允许策略有上式右端积

分存在。

由于 ω 满足平方增长条件，有：

$$\left| \omega(s \wedge \tau_n, X_{s \wedge \tau_n}^{t,x}) \right| \leq C\left(1 + \sup\limits_{s \in [t,T]} |X_s^{t,x}|^2\right)$$

上式右端积分也存在，从而令 $n \to \infty$，根据控制收敛定理有：

$$E\left[\omega(s, X_s^{t,x}) \right] \leq \omega(t,x) - E\left[\int_t^s g(X_u^{t,x}, \pi_u) du \right], \forall \pi \in \Pi$$

由于 ω 在 $[0,T] \times R^n$ 上连续，令 $s \to T$，根据控制收敛定理以及 $\omega(T,x) \geq$

$h(x)$，有：

$$E\left[h(X_s^{t,x}) \right] \leq \omega(t,x) - E\left[\int_t^s g(X_u^{t,x}, \pi_u) du \right], \forall \pi \in \Pi$$

由 $\pi \in \Pi$ 的任意性推出 $\omega(t,x) \geq V(t,x), (t,x) \in [0,T] \times R^n$。

(2) 对 $\omega(u, X_u^{*,t,x})$ 应用伊藤公式，应用与上面类似的局部化求期望

再求极限的步骤可得：

$$E\left[\omega(s, X^{*,t,x}(s)) \right] = \omega(t,x) + E\left[\int_t^s \dfrac{\partial \omega}{\partial t}(u, X_u^{*,t,x}) + \ell^{\pi^*(t,x)} \omega(u, X_u^{*,t,x}) du \right]$$

根据 $\pi^*(t,x)$ 的定义有：

$$-\dfrac{\partial \omega}{\partial t} - \ell^{\pi^*(t,x)} \omega(t,x) - g(t,x,\pi^*(t,x)) = 0$$

从而，

$$E\big[\omega(s,X^{*,t,x}(s))\big]=\omega(t,x)-E\left[\int_t^s g(X_u^{*,t,x},\pi^*(u,X_u^{*,t,x}))\,du\right]$$

令 $s\to T$ 得到：

$$\omega(t,x)=E\left[\int_t^T g(X_u^{*,t,x},\pi^*(u,X_u^{*,t,x}))\,du+h(X_T^{*,t,x})\right]=J(t,x,\pi^*)\leqslant V(t,x)$$

这就证明了 $\omega(t,x)=V(t,x)$ 且 π^* 是最优策略。

定理证毕。

在很多情况下，HJB 方程的解不是二次可导的，也就是不满足光滑条件，上述验证定理就不适用了，需要引入"黏性解"的概念。此时，在 HJB 方程的解不满足光滑条件情况下也可以建立类似于一般情况下的验证定理，由于本书研究不涉及黏性解，故此处不展开说明。

上述内容即为保险风险领域中的部分随机控制理论，它为接下来的研究提供了理论支撑及求解方法，熟练掌握它们可以解决很多复杂的随机控制问题。

基于Black-Scholes模型的
联合鲁棒最优投资—再保险策略研究

20 世纪 70 年代初，期权定价领域有了重大突破，被称为 Black-Scholes 的模型被提出来。该模型对于期权定价与对冲产生了重大影响，并且对于近年来金融工程领域的发展与成功起到决定性的作用。1997 年，Myron Scholes 和 Robert Merton 荣获诺贝尔经济学奖，这充分说明了这一模型的重要性。在期权定价、投资组合等金融领域，Black-Scholes 模型的应用极其广泛，而保险精算领域对于保险公司投资问题的研究也都无法忽视 Black-Scholes 模型在理论研究和实际应用方面的重要意义。本章研究保险公司及再保险公司将资产投入至股票价格过程为 Black-Scholes 模型的金融市场时的投资和再保险问题。

模型不确定性在理论研究中是一个不容忽视的问题，它的成因很复杂，比如数据缺失或数据污染造成的参数估计误差，或者环境、市场中各种因素的异常波动，甚至是当前技术手段的局限性等。为解决或者在某种程度上削弱它对于优化结果的影响，学者们进行了诸多研究。鲁棒优化是解决带有不确定参数的决策问题的一种强有力的方法，它在工程设计、投资组合优化、供应链管理等方面已有非常广泛的应用。面临复杂多变的金融市场，研究者找到了巧妙而强大的工具用以衡量模型的不确定性，形成了金融领域中独特的鲁棒优化方法，它能够很好地解决保险精算中风险模型的参数不确定性问题，进而求解出稳健的最优策略。在这里，稳健性的本质是指对于模糊厌恶倾向的决策者来说，他们可以寻求一种未必最好，但必定不是最差的策略，这种策略对于模型参数的估计误差有着良好的性质。

此外，与通常的投资—再保险问题的不同之处在于，本章研究的是同时考虑保险公司及再保险公司双方共同利益的资产分配问题。在再保险优化问题中，被某一方所接受的最优策略并非一定能被另一方认为是最优的选择。作为再保险合同的双方当事人，它们甚至有可能是属于同一家保险集团，很难将彼此的利益完全地区分开来，所以考虑在动态平衡中谋取整体的利益最大化是一种理所应当的明智选择。

本章首先构建鲁棒优化框架下的再保险双方联合资产分配模型，其次求解鲁棒最优资产分配策略及验证定理，再次通过数值模拟对最优策略进行敏感性分析并探究其经济含义，最后对本章内容进行总结。

第一节
模型分析

一、再保险策略下的资产盈余过程

研究保险公司的资产分配问题，首先应当构建一个合理的动态模型来模拟保险公司的资产变化过程，本节采用经典风险模型的扩散逼近形式。假设 (Ω, F, P) 为带域流 $\{F_t\}_{t\in[0,T]}$ 的完备概率空间，其中 T 为有限正常数，表示终端时刻。F_t 可视为至 t 时刻市场上的信息，域流 $\{F_t\}_{t\in[0,T]}$ 则为市场上 0 至时刻 T 的信息流，故任意策略应为 F_t 可测的。根据 Promislow 和 Young（2005）的研究，可假设赔付过程 $C(t)$ 由如下带漂移的布朗运动刻画：

$$dC(t) = adt - \sigma_0 dW^0(t) \qquad (4-1)$$

其中，a、σ_0 为正常数，$W^0(t)$ 为一个标准的布朗运动。假设保险公司向投保人收取的保费费率为常数 $c = (1+\eta_1)a$，其中 $\eta_1 > 0$ 表示保险公司的安全负荷，则保险公司的盈余过程为：

$$dR_1(t) = a\eta_1 dt + \sigma_0 dW^0(t) \qquad (4-2)$$

在保险公司的经营过程中，再保险是保险公司控制风险的一种直接有效的手段。本章假设保险公司可以向再保险公司购买一定份额的比例再保险来控制其自身的经营风险。记保险公司购买的比例再保险水平为 $q(t)$，其中 $t \in [0,T]$，则 $1-q(t)$ 为风险敞口（或称为"自留水平"）。按照这份再保险合同，保险公司享受了一份权利——在保险公司面临投保人的保险索赔时，保险公司有权利要求再保险公司按照再保险合同中的规定对投保人赔付其索赔额的 $q(t)$ 倍，它自己则赔付剩余的比例为 $1-q(t)$ 的赔付额；当然保险公司也有义务向再保险公司缴纳保费，假定再保险公司按照期望保费原理收取保费，其保费率为 $a(1+\eta_2)q(t)$，其中 η_2 表示再保险公司的安全负荷，它应满足 $\eta_2 > \eta_1$。由于保险公司和再保险公司均需满足净利条件，

故有 $0 \leqslant q(t) \leqslant \dfrac{\eta_1}{\eta_2} < 1$。综上，在保险公司向再保险公司购买了一份比例再保险水平为 $q(t)$ 的比例再保险后，保险公司和再保险公司的盈余过程分别为：

$$dR_1^q(t) = a(\eta_1 - \eta_2 q(t))dt + \sigma_0(1 - q(t))dW^0(t) \qquad (4\text{-}3)$$

$$dR_2^q(t) = a\eta_2 q(t)dt + \sigma_0 q(t)dW^0(t) \qquad (4\text{-}4)$$

上述两式分别刻画了保险公司和再保险公司在采取比例再保险策略时的资产盈余变化过程，通过它们可以进一步构建投资—再保险策略下的资产盈余过程。

二、基于 Black-Scholes 模型的联合资产盈余过程

为实现资产的最优配置，保险公司和再保险公司均选择把自己的财富投资至金融市场。金融市场分为无风险资产及风险资产两大类，其中，无风险资产的价格过程如下：

$$dB(t) = rB(t)dt \qquad (4\text{-}5)$$

其中，$r > 0$，为利率。不失一般性地，假设保险公司和再保险公司分别投资至风险资产 1 和风险资产 2。保险公司投资的风险资产 1 的价格过程由如下随机微分方程描述：

$$dS_1(t) = S_1(t)[b_1 dt + \sigma_1 dW^1(t)] \qquad (4\text{-}6)$$

再保险公司投资的风险资产 2 的价格过程由如下随机微分方程给出：

$$dS_2(t) = S_2(t)[b_2 dt + \sigma_2 dW^2(t)] \qquad (4\text{-}7)$$

其中，b_i, σ_i 分别为资产 $i(i = 1, 2)$ 的收益率及瞬时波动率，并且满足 $b_i > r, \sigma_i > 0 (i = 1, 2)$。$W^1(t)$ 和 $W^2(t)$ 为两个标准的布朗运动，且假设 $W^0(t)$、$W^1(t)$ 和 $W^2(t)$ 之间两两相互独立。

记保险公司在 t 时刻投资至风险资产 1 的资金数额为 $\pi_1(t)$，再保险公司在 t 时刻投资至风险资产 2 的资金数额为 $\pi_2(t)$，再记向量 $\pi = (q(t), \pi_1(t), \pi_2(t))$ 表示保险公司和再保险公司的一个投资—再保险策略。若保险公司和再保险公司的初始资产分别为 x, y，且它们采取投资—再保险策略 $\pi = (q(t), \pi_1(t), \pi_2(t))$ 后，它们的财富过程分别记为 $X^\pi(t)$ 和 $Y^\pi(t)$，那么 $X^\pi(t)$ 和 $Y^\pi(t)$ 分别满足下面的两个随机微分方程：

$$\begin{cases} dX^{\pi}(t) = \left[rX^{\pi}(t) + (b_1 - r)\pi_1(t) + a(\eta_1 - \eta_2 q(t)) \right]dt + \\ \qquad \sigma_1 \pi_1(t)dW^1(t) + \sigma_0(1 - q(t))dW^0(t) \\ X^{\pi}(0) = x \end{cases} \quad (4\text{-}8)$$

$$\begin{cases} dY^{\pi}(t) = \left[rY^{\pi}(t) + (b_2 - r)\pi_2(t) + a\eta_2 q(t) \right]dt + \\ \qquad \sigma_2 \pi_2(t)dW^2(t) + \sigma_0 q(t)dW^0(t) \\ Y^{\pi}(0) = y \end{cases} \quad (4\text{-}9)$$

在接下来的阐述中，考虑包括此保险公司和再保险公司在内的保险集团的资产配置问题。为使保险公司和再保险公司的联合资产得到最优配置，受 Li 等（2014）等文献启发，将它们的财富进行加权和处理：

$$Z^{\pi}(t) = \alpha X^{\pi}(t) + \beta Y^{\pi}(t) \quad (4\text{-}10)$$

其中，α，β 为加权系数，满足 α，$\beta \in [0,1]$，$\alpha + \beta = 1$。特别地，当 $\alpha = 1$ 时，最优策略与只考虑保险公司的最优资产分配问题时的最优策略是一致的。

将式（4-8）和式（4-9）代入式（4-10），并使用伊藤公式，可得：

$$dZ^{\pi}(t) = \left[rZ^{\pi}(t) + \alpha(b_1 - r)\pi_1(t) + \beta(b_2 - r)\pi_2(t) + \alpha a\eta_1 - \right.$$
$$\left. (\alpha - \beta)a\eta_2 q(t) \right]dt + \left[\alpha\sigma_0 - (\alpha - \beta)\sigma_0 q(t) \right]dW^0(t) +$$
$$\alpha\sigma_1 \pi_1(t)dW^1(t) + \beta\sigma_2 \pi_2(t)dW^2(t)$$

$$(4\text{-}11)$$

式（4-11）即为保险公司和再保险公司在投资—再保险策略 $\pi(t) = (q(t), \pi_1(t), \pi_2(t))$ 下的联合资产盈余过程。通过对投资和再保险策略下资产盈余过程的构建，可以很好地刻画保险公司和再保险公司的盈余变化。

第二节
最优资产分配策略

指数效用函数自提出至今，被广泛地应用至定价、优化等领域，它不仅具有可加性、光滑性等优良性质，且在财富过程波动较大的情形下还能够很好地刻画其效用变化。因此，假定优化目标是保险公司和再保险公司的联合终端财富 $Z^\pi(T)$ 在指数效用下达到最大。指数效用函数由下式给出：

$$U(z) = -\frac{1}{p}e^{-pz} \tag{4-12}$$

其中，$p>0$，为绝对风险厌恶系数。传统意义上，一个模糊中性(Ambiguity-Neutral)的投资者(以下简称ANI)的终端财富指数效用最大化的目标函数可以写为：

$$\sup_{\pi \in \Pi} E_{t,z}\left[U(Z^\pi(T))\right] = \sup_{\pi \in \Pi} E\left[U(Z^\pi(T)) \mid Z^\pi(t) = z\right] \tag{4-13}$$

其中，Π 为市场中所有可允许策略 π 的集合，$E(\cdot)$ 为在概率测度 P 下的期望。

事实上，当面临瞬息万变的金融市场时，源于由数据缺失或数据污染等导致的参数估计误差，以及市场的异常波动等的模型不确定因素是投资者关注的焦点。本节研究了面临模型不确定性时模糊厌恶(Ambiguity-Aversion)的投资者(以下简称AAI)的最优资产分配问题。

一、鲁棒优化框架的构建

假定 AAI 用一个理想模型(也称之为参考模型)去刻画索赔过程和风险资产过程，由于模型不确定性(如数据采集不够、参数估计有误差、市场的异常波动等原因造成的)，AAI 通过引入一系列备选模型的方式来寻求稳健的最优策略，而备选模型与理想模型之间的差异将通过不同概率测度之间的变换来体现。假定理想模型由概率测度 P 刻画，某一备选模型可由一概率测度 Q 刻画，则应满足 $Q \sim P$，即测度 Q 和测度 P 之间总是等价的，故这一系列备选模型可由概率测度集 $Q := \{Q \mid Q \sim P\}$ 刻画。

定义 4.1 称策略 $\pi(t) = (q(t), \pi_1(t), \pi_2(t))$ 为可允许的，若：

(1)对于几乎所有 $(t, \omega) \in [0, T] \times \Omega$，$\pi(t) : [0, T]^3 \to [0, \eta_1/\eta_2] \times R^2$ 为循序可测的。

(2)$E^{Q^*}\left[\int_0^T \|\pi(t)\|^2 dt\right] < \infty$，其中 $\|\pi(t)\|^2 = q^2(t) + \pi_1^2(t) + \pi_2^2(t)$。

(3)对 $\forall (t, z) \in [0, T] \times R$，随机微分方程(4-11)有唯一(强)解 $\{Z^\pi(t), t \in [0, T]\}$，并且满足 $E_{t,z}^{Q^*}\left[U(Z^\pi(T))\right] < \infty$，其中 Q^* 为系列备选模型中最差情形的模型所对应的概率测度。

对于概率测度 Q，它与测度 P 是等价的，由测度论的知识，可通过如下方式产生。首先构造一个随机过程 $\{\theta(t)=(\theta_0(t),\theta_1(t),\theta_2(t))\,|\,t\in[0,T]\}$ 使如下条件成立：

（1）对于 $t\in[0,T]$，$\theta(t)$ 为 F_t-可测。

（2）$E\left\{\exp\left[\dfrac{1}{2}\int_0^T\|\theta(t)\|^2dt\right]\right\}<\infty$，其中 $\|\theta(t)\|^2=\theta_0^2(t)+\theta_1^2(t)+\theta_2^2(t)$。

记所有满足上述条件的随机过程 θ 构成的空间为 Θ。

对于每一个 $\theta\in\Theta$，定义在概率空间 (Ω,F,P) 上的实值过程 $\{\Lambda^\theta(t)\,|\,t\in[0,T]\}$：

$$\Lambda^\theta(t):=\exp\left\{-\int_0^t\theta(u)dW(u)-0.5\int_0^t\|\theta(u)\|^2du\right\}$$

其中，$W(t)=(W^0(t),W^1(t),W^2(t))'$。由伊藤微分法则，有：

$$d\Lambda^\theta(t)=\Lambda^\theta(t)\left[-\theta(t)dW(t)\right]$$

由过程 $\theta(t)$ 的定义可知，$\Lambda^\theta(t)$ 为 P-鞅。故 $E[\Lambda^\theta(t)]=1$。

对每一个 $\theta\in\Theta$，可定义 F_T 上对于 P 绝对连续的概率测度 Q 为：

$$\left.\dfrac{dQ}{dP}\right|_{F_T}:=\Lambda^\theta(T)$$

因此，可产生一族概率测度 $\wp$，它与参数 θ 的选取有关。

由 Girsanov 定理可知，在备选测度 Q 下，随机过程 $W_Q(t)$ 为一个标准的三维布朗运动，并且满足 $dW_Q(t)=dW(t)+\theta(t)'dt$。注意到集类 $\wp$ 中的概率测度对应的备选模型相互间只有漂移项不同，故备选模型中保险集团的盈余过程为：

$$dZ^\pi(t)=\{rZ^\pi(t)+\alpha(b_1-r)\pi_1(t)+\beta(b_2-r)\pi_2(t)+\alpha a\,\eta_1-(\alpha-\beta)a\,\eta_2q(t)-$$
$$[\alpha\sigma_0-(\alpha-\beta)\sigma_0q(t)]\theta_0(t)-\alpha\sigma_1\pi_1(t)\theta_1(t)-\beta\sigma_2\pi_2(t)\theta_2(t)\}dt+$$
$$[\alpha\sigma_0-(\alpha-\beta)\sigma_0q(t)]dW_Q^0(t)+\alpha\sigma_1\pi_1(t)dW_Q^1(t)+\beta\sigma_2\pi_2(t)dW_Q^2(t)$$

$$(4\text{-}14)$$

由 Maenhout（2004）和 Yi 等（2013），目标函数（4-13）对应的鲁棒优化问题为：

$$V(t,z)=\sup_{\pi\in\Pi}\left\{\inf_{Q\in\mathcal{Q}}E_{t,z}^Q\left[U(Z^\pi(T))+\int_t^T\varPsi(u,Z^\pi(u),\theta(u))du\right]\right\}\quad(4\text{-}15)$$

其中，$E^Q(\,\cdot\,)$ 为备选测度 Q 下的期望，惩罚项 $\displaystyle\int_t^T\varPsi(u,Z^\pi(u),\theta(u))$

du 称为贴现相对熵。由于 AAI 引入的备选模型在预期后续回报上会产生负面影响，因此引入它作为惩罚项来刻画备选模型与理想模型间的差异。它应满足：

$$\Psi(t, Z^\pi(t), \theta(t)) = \frac{\|\theta(t)\|^2}{2\varphi(t, Z^\pi(t))}$$

其中，$\varphi(t, z) = \dfrac{-m}{pV(t, z)} \geq 0, m \geq 0$ 为模糊厌恶系数，它刻画了投资者面对扩散风险时的态度。

为求解问题（4-15），利用动态规划原理，可得如下 HJBI 方程：

$$\sup_{\pi \in \Pi} \inf_{\theta \in \Theta} \{ A^{\theta, \pi} V(t, Z^\pi(t)) + \Psi(t, Z^\pi(t), \theta(t)) \} = 0 \qquad (4\text{-}16)$$

并有边界条件 $V(T, z) = U(z)$，其中：

$$A^{\theta, \pi} V = V_t + [rz + \alpha(b_1 - r)\pi_1 + \beta(b_2 - r)\pi_2 + \alpha a \eta_1 - (\alpha - \beta) a \eta_2 q -$$
$$(\alpha \sigma_0 - (\alpha - \beta)\sigma_0 q)\theta_0 - \alpha \sigma_1 \pi_1 \theta_1 - \beta \sigma_2 \pi_2 \theta_2] V_z +$$
$$0.5[(\alpha \sigma_0 - (\alpha - \beta)\sigma_0 q)^2 + \alpha^2 \sigma_1^2 \pi_1^2 + \beta^2 \sigma_2^2 \pi_2^2] V_{zz}$$

其中，V_t、V_z 和 V_{zz} 表示值函数对应的偏导数。

二、求解最优投资—再保险策略

上一小节构建了模型不确定下的鲁棒优化理论框架，通过引入贴现相对熵来度量经测度变换后终端财富效用损失，由此构建的鲁棒优化问题（4-15）不仅符合再保险双方的共同利益，也消除了决策者对于模型参数估计有误导致最优策略选择错误的担忧。求解它所得到的最优投资—再保险策略对于各种不稳定因素引发的模型不确定性都有着很强的稳健性。下述定理给出了最优策略的显式表达式以及求解问题（4-15）的具体过程。

定理 4.1 记 $t_0 := T - \dfrac{1}{r}\ln\Delta_0$，$t_1 := T - \dfrac{1}{r}\ln\Delta_1$，其中：

$$\Delta_0 = \frac{a\eta_2^2}{(p+m)\sigma_0^2[\alpha(\eta_2 - \eta_1) + \beta\eta_1]}, \quad \Delta_1 = \frac{a\eta_2}{\alpha(p+m)\sigma_0^2}$$

对于鲁棒最优投资—再保险问题（4-15），通过最小生成元构建的 HJBI 方程（4-16）有如下形式的解：

$$G(t, z) = -\frac{1}{p}\exp\{-p[e^{r(T-t)}z + h(T-t)]\} \qquad (4\text{-}17)$$

且满足边界条件 $G(T,z)=U(z)$。

最差情形时对应的 $\theta^*=(\theta_0^*,\theta_1^*,\theta_2^*)$ 具体形式为：

$$\begin{cases} \theta_0^*=me^{r(T-t)}\left[\alpha\sigma_0-(\alpha-\beta)\sigma_0 q^*(t)\right] \\ \theta_1^*=me^{r(T-t)}\alpha\sigma_1\pi_1^*(t) \\ \theta_2^*=me^{r(T-t)}\beta\sigma_2\pi_2^*(t) \end{cases} \tag{4-18}$$

保险公司及再保险公司的最优投资策略分别为：

$$\pi_1^*(t)=\frac{b_1-r}{\alpha(p+m)\sigma_1^2 e^{r(T-t)}}, \quad \pi_2^*(t)=\frac{b_2-r}{\beta(p+m)\sigma_2^2 e^{r(T-t)}} \tag{4-19}$$

最优再保险策略 $q^*(t)$ 及 $h(T-t)$ 在不同情形下有如下表达式：

（1）若 $\alpha>\beta$，$\Delta_1>1$，$e^{rT}>\Delta_0$，则

$$(h(T-t),q^*(t))=\begin{cases} (h_3(T-t),\eta_1/\eta_2), & 0\leqslant t\leqslant t_0 \\ (h_2(T-t),q^0(t)), & t_0\leqslant t\leqslant t_1 \\ (h_1(T-t),0), & t_1\leqslant t\leqslant T \end{cases}$$

此处，$q^0(t)$、$h_1(T-t)$、$h_2(T-t)$、$h_3(T-t)$ 分别由式（4-26）、式（4-28）、式（4-29）和式（4-31）给出。

（2）若 $\alpha>\beta$，$\Delta_1>1$，$\Delta_1\leqslant e^{rT}\leqslant\Delta_0$，则

$$(h(T-t),q^*(t))=\begin{cases} (h_2(T-t),q^0(t)), & 0\leqslant t\leqslant t_1 \\ (h_1(T-t),0), & t_1\leqslant t\leqslant T \end{cases}$$

（3）若 $\alpha>\beta$，$\Delta_1>1$，$e^{rT}<\Delta_1$，则

$$(h(T-t),q^*(t))\equiv(h_1(T-t),0), \quad \forall\,0\leqslant t\leqslant T$$

（4）若 $\alpha>\beta$，$\Delta_1\leqslant 1$，$\Delta_0>1$，$e^{rT}>\Delta_0$，则

$$(h(T-t),q^*(t))=\begin{cases} (h_4(T-t),\eta_1/\eta_2), & 0\leqslant t\leqslant t_0 \\ (\tilde{h}_2(T-t),q^0(t)), & t_0\leqslant t\leqslant t_1 \end{cases}$$

其中，$h_4(T-t)=\tilde{h}_3(T-t)+M_3$，$M_3=\tilde{h}_2(T-t_0)-\tilde{h}_3(T-t_0)$，$\tilde{h}_2(T-t)$，

$\tilde{h}_3(T-t)$ 分别由式（4-30）和式（4-32）给出。

（5）若 $\alpha>\beta$，$\Delta_1\leqslant 1$，$\Delta_0>1$，$e^{rT}\leqslant\Delta_0$，则

$$(h(T-t),q^*(t))\equiv(\tilde{h}_2(T-t),q^0(t)), \forall\,t\in[0,T]$$

（6）若 $\alpha>\beta$，$\Delta_1\leqslant 1$，$\Delta_0\leqslant 1$，则

$$\left(h\left(T-t\right),q^{*}\left(t\right)\right)\equiv\left(\widetilde{h}_{3}\left(T-t\right),\eta_{1}/\eta_{2}\right),\forall\,t\in\left[0,T\right]$$

（7）若 $\alpha<\beta,\Delta_{0}>1,e^{rT}>\Delta_{1}$，则

$$\left(h\left(T-t\right),q^{*}\left(t\right)\right)=\begin{cases}\left(h_{6}\left(T-t\right),0\right),&0\leqslant t\leqslant t_{1}\\\left(h_{5}\left(T-t\right),q^{0}\left(t\right)\right),&t_{1}\leqslant t\leqslant t_{0}\\\left(\widetilde{h}_{3}\left(T-t\right),\eta_{1}/\eta_{2}\right),&t_{0}\leqslant t\leqslant T\end{cases}$$

其中，

$$h_{5}\left(T-t\right)=\widetilde{h}_{2}\left(T-t\right)+M_{4},M_{4}=\widetilde{h}_{3}\left(T-t_{0}\right)-\widetilde{h}_{2}\left(T-t_{0}\right),$$
$$h_{6}\left(T-t\right)=h_{1}\left(T-t\right)+M_{5},M_{5}=h_{5}\left(T-t_{1}\right)-h_{1}\left(T-t_{1}\right)$$

（8）若 $\alpha<\beta,\Delta_{0}>1,\Delta_{0}\leqslant e^{rT}\leqslant\Delta_{1}$，则

$$\left(h\left(T-t\right),q^{*}\left(t\right)\right)=\begin{cases}\left(h_{5}\left(T-t\right),q^{0}\left(t\right)\right),&0\leqslant t\leqslant t_{0}\\\left(\widetilde{h}_{3}\left(T-t\right),\eta_{1}/\eta_{2}\right),&t_{0}\leqslant t\leqslant t_{1}\end{cases}$$

（9）若 $\alpha<\beta,\Delta_{0}>1,e^{rT}<\Delta_{0}$，则

$$\left(h\left(T-t\right),q^{*}\left(t\right)\right)\equiv\left(\widetilde{h}_{3}\left(T-t\right),\eta_{1}/\eta_{2}\right),\forall\,t\in\left[0,T\right]$$

（10）若 $\alpha<\beta,\Delta_{0}\leqslant 1,\Delta_{1}>1,e^{rT}>\Delta_{1}$，则

$$\left(h\left(T-t\right),q^{*}\left(t\right)\right)=\begin{cases}\left(h_{7}\left(T-t\right),0\right),&0\leqslant t\leqslant t_{1}\\\left(\widetilde{h}_{2}\left(T-t\right),q^{0}\left(t\right)\right),&t_{1}\leqslant t\leqslant T\end{cases}$$

其中，

$$h_{7}\left(T-t\right)=h_{1}\left(T-t\right)+M_{6},M_{6}=\widetilde{h}_{2}\left(T-t_{1}\right)-h_{1}\left(T-t_{1}\right)$$

（11）若 $\alpha<\beta,\Delta_{0}\leqslant 1,\Delta_{1}>1,e^{rT}\leqslant\Delta_{1}$，则

$$\left(h\left(T-t\right),q^{*}\left(t\right)\right)\equiv\left(\widetilde{h}_{2}\left(T-t\right),q^{0}\left(t\right)\right),\quad\forall\,t\in\left[0,T\right]$$

（12）若 $\alpha<\beta,\Delta_{1}\leqslant 1,\Delta_{0}\leqslant 1$，则

$$\left(h\left(T-t\right),q^{*}\left(t\right)\right)\equiv\left(h_{1}\left(T-t\right),0\right),\quad\forall\,t\in\left[0,T\right]$$

（13）若 $\alpha=\beta$，则任意可测函数 $q^{*}\left(t\right):\left[0,T\right]\rightarrow\left[0,\eta_{1}/\eta_{2}\right]$ 均为最优再保险策略，且对任意 $t\in\left[0,T\right]$，有 $h\left(T-t\right)=h_{1}\left(T-t\right)$。

证明：由 HJBI 方程的形式可知，它的解应满足如下形式：

$$G\left(t,z\right)=-\frac{1}{p}\exp\left\{-p\left[e^{r\left(T-t\right)}z+h\left(T-t\right)\right]\right\}\tag{4-20}$$

其中，$h(T-t)$ 为一个能够使式$(4-20)$是方程$(4-16)$的一个解的待定函数。由边界条件 $G(t,z)=U(z)$ 可知 $h(0)=0$。根据式$(4-20)$，对 $G(t,z)$ 求偏导数，可得：

$$\begin{cases} G_t = p\left[rze^{r(T-t)}+h'(T-t)\right]G \\ G_z = -pe^{r(T-t)}G \\ G_{zz} = p^2e^{2r(T-t)}G \end{cases} \quad (4-21)$$

将式$(4-21)$代入方程$(4-16)$，可得：

$$0 = \inf_{\pi\in\Pi}\sup_{\theta\in\Theta}\left\{h'(T-t)-e^{r(T-t)}\left[\alpha(b_1-r)\pi_1+\beta(b_2-r)\pi_2+\alpha a\eta_1-(\alpha-\beta)a\eta_2 q-\right.\right.$$
$$\left(\alpha\sigma_0-(\alpha-\beta)\sigma_0 q\right)\theta_0-\alpha\sigma_1\pi_1\theta_1-\beta\sigma_2\pi_2\theta_2\right]+0.5pe^{2r(T-t)}\left[\alpha^2\sigma_1^2\pi_1^2+\right.$$
$$\left.\left.\beta^2\sigma_2^2\pi_2^2+(\alpha\sigma_0-(\alpha-\beta)\sigma_0 q)^2\right]-\frac{1}{2m}(\theta_0^2+\theta_1^2+\theta_2^2)\right\}$$

$$(4-22)$$

下面分步求解式$(4-22)$，即先固定 π，取关于 θ 的上确界。由式$(4-22)$，可得关于最小值点 θ^* 的一阶方程组：

$$\begin{cases} \theta_0^*(q) = me^{r(T-t)}\left[\alpha\sigma_0-(\alpha-\beta)\sigma_0 q\right] \\ \theta_1^*(\pi_1) = me^{r(T-t)}\alpha\sigma_1\pi_1 \\ \theta_2^*(\pi_2) = me^{r(T-t)}\beta\sigma_2\pi_2 \end{cases} \quad (4-23)$$

将式$(4-23)$代入式$(4-22)$，可得：

$$\inf_{\pi\in\Pi}\left\{h'(T-t)-e^{r(T-t)}\left[\alpha(b_1-r)\pi_1+\beta(b_2-r)\pi_2+\alpha a\eta_1-\right.\right.$$
$$(\alpha-\beta)a\eta_2 q\right]+0.5(p+m)e^{2r(T-t)}\left[\alpha^2\sigma_1^2\pi_1^2+\right.$$
$$\left.\left.\beta^2\sigma_2^2\pi_2^2+(\alpha\sigma_0-(\alpha-\beta)\sigma_0 q)^2\right]\right\}=0$$

$$(4-24)$$

由 π 的一阶条件，可得：

$$\pi_1^*(t) = \frac{b_1-r}{\alpha(p+m)\sigma_1^2e^{r(T-t)}}, \quad \pi_2^*(t) = \frac{b_2-r}{\beta(p+m)\sigma_2^2e^{r(T-t)}}, \quad (4-25)$$

$$q^0(t) = \frac{1}{\alpha-\beta}\left(\alpha-\frac{a\eta_2}{(p+m)\sigma_0^2e^{r(T-t)}}\right) \quad (4-26)$$

将式$(4-25)$代入式$(4-24)$，可得：

$$h'(T-t) = a\alpha\eta_1 e^{r(T-t)} - \frac{1}{2}(p+m)\alpha^2\sigma_0^2 e^{2r(T-t)} + \frac{(b_1-r)^2}{2(p+m)\sigma_1^2} +$$

$$\frac{(b_2-r)^2}{2(p+m)\sigma_2^2} - \inf_{0\le q(t)\le \eta_1/\eta_2} g(q(t)) \tag{4-27}$$

其中，

$$g(q) = \frac{1}{2}(p+m)\sigma_0^2(\alpha-\beta)^2 e^{2r(T-t)} q^2 + (\alpha-\beta)\left[a\eta_2 - \alpha(p+m)\sigma_0^2 e^{r(T-t)}\right] e^{r(T-t)} q$$

下面对(1)进行分情况讨论：

若 $\alpha>\beta$，方程(4-26)表明 $q^0(t) \in [0, \eta_1/\eta_2]$ 等价于 $t_0 \le t \le t_1$。若 $\Delta_1 > 1$，且 $e^{rT} > \Delta_0$，则必有 $t_1 < T$，且 $t_0 > 0$。

当 $t_1 \le t \le T$ 时，有 $q^0(t) \le 0$，故 $q^*(t) = 0$。将 $q^*(t) = 0$ 代入式(4-27)，有：

$$h'_1(T-t) = a\alpha\eta_1 e^{r(T-t)} - 0.5(p+m)\alpha^2\sigma_0^2 e^{2r(T-t)} + \frac{(b_1-r)^2}{2(p+m)\sigma_1^2} + \frac{(b_2-r)^2}{2(p+m)\sigma_2^2}$$

再由边界条件 $h(0) = 0$，可得：

$$h_1(T-t) = \frac{a\alpha\eta_1}{r}(e^{r(T-t)} - 1) - \frac{1}{4r}(p+m)\alpha^2\sigma_0^2(e^{2r(T-t)} - 1) +$$

$$\frac{(b_1-r)^2}{2(p+m)\sigma_1^2}(T-t) + \frac{(b_2-r)^2}{2(p+m)\sigma_2^2}(T-t) \tag{4-28}$$

当 $t_0 \le t \le t_1$ 时，有 $q^0(t) \in [0, \eta_1/\eta_2]$，故 $q^*(t) = q^0(t)$。将它代入式(4-27)，可得：

$$h'_2(T-t) = \frac{a^2\eta_2^2}{2(p+m)\sigma_0^2} + \frac{(b_1-r)^2}{2(p+m)\sigma_1^2} + \frac{(b_2-r)^2}{2(p+m)\sigma_2^2} + a\alpha(\eta_1-\eta_2)e^{r(T-t)}$$

两边同时积分，可得：

$$h_2(T-t) = \widetilde{h}_2(T-t) + M_1 \tag{4-29}$$

其中，

$$\widetilde{h}_2(T-t) = \frac{1}{2(p+m)}\left(\frac{a^2\eta_2^2}{\sigma_0^2} + \frac{(b_1-r)^2}{\sigma_1^2} + \frac{(b_2-r)^2}{\sigma_2^2}\right)(T-t) + \frac{a\alpha(\eta_1-\eta_2)}{r}(e^{r(T-t)} - 1)$$

$$\tag{4-30}$$

由于在 $t=t_1$ 处 $h(T-t)$ 为连续的，故 $M_1 = h_1(T-t_1) - \widetilde{h}_2(T-t_1)$。

当 $0 \leqslant t < t_0$ 时，有 $q^0(t) \geqslant \eta_1/\eta_2$，故有 $q^*(t) = \eta_1/\eta_2$。将 $q^*(t) = \eta_1/\eta_2$ 代入式（4-27），可得：

$$h'_3(T-t) = a\beta\eta_1 e^{r(T-t)} - \frac{(p+m)\sigma_0^2}{2\eta_2^2}[\alpha(\eta_2-\eta_1)+\beta\eta_1]^2 e^{2r(T-t)} +$$

$$\frac{(b_1-r)^2}{2(p+m)\sigma_1^2} + \frac{(b_2-r)^2}{2(p+m)\sigma_2^2}$$

两边同时积分，有：

$$h_3(T-t) = \widetilde{h}_3(T-t) + M_2 \tag{4-31}$$

其中，

$$\widetilde{h}_3(T-t) = \frac{a\beta\eta_1}{r}(e^{r(T-t)}-1) - \frac{(p+m)\sigma_0^2}{4r\eta_2^2}[\alpha(\eta_2-\eta_1)+\beta\eta_1]^2(e^{2r(T-t)}-1) +$$

$$\frac{(b_1-r)^2}{2(p+m)\sigma_1^2}(T-t) + \frac{(b_2-r)^2}{2(p+m)\sigma_2^2}(T-t)$$

$$\tag{4-32}$$

由于在 $t=t_0$ 处 $h(T-t)$ 连续的，故 $M_2 = h_2(T-t_0) - \widetilde{h}_3(T-t_0)$。

综上所述，（1）得证。（2）~（13）的证明类似可得。

至此，在模型不确定条件下，对于保险公司和再保险公司的联合最优投资—再保险策略的求解已完成。在寻求最优值函数的方法中，对于 HJBI 方程的求解采用了待定系数法，因此必须对所解得的最优值函数进行验证。

三、最优投资—再保险策略的验证定理

定理 4.1 给出了问题（4-15）的解，为验证形如式（4-17）的函数确实为所求值函数，给出如下验证定理。

定理 4.2 令 $\mathcal{O} := (0,T) \times R$，记 $\mathcal{O}$ 的闭包为 $\overline{\mathcal{O}}$。若存在一个函数 $G \in C^{1,2}(\mathcal{O}) \cap C(\overline{\mathcal{O}})$ 及一个马氏控制策略 $(\theta^*, \pi^*) \in \Theta \times \Pi$ 使如下条件成立：

（1）对所有 $\theta \in \Theta$，有 $A^{\theta,\pi^*}G(t,Z^{\pi^*}(t)) + \Psi(t,Z^{\pi^*}(t),\theta(t)) \geqslant 0$。

（2）对所有 $\pi \in \Pi$，有 $A^{\theta^*,\pi}G(t,Z^\pi(t)) + \Psi(t,Z^\pi(t),\theta^*(t)) \leqslant 0$。

（3）$A^{\theta^*,\pi^*}G(t,Z^{\pi^*}(t)) + \Psi(t,Z^{\pi^*}(t),\theta^*(t)) = 0$。

（4）对所有 $(\theta,\pi) \in \Theta \times \Pi$，有 $\lim_{t \to T^-} G(t,Z^\pi(t)) = U(Z^\pi(T))$。

（5）$\{G(\tau,Z^\pi(\tau))\}_{\tau \in T}$ 和 $\{\Psi(t,Z^\pi(\tau),\theta(\tau))\}_{\tau \in T}$ 一致可积，其中 T 为

停时 $\tau < T$ 的集合，则 $G(t,z) = V(t,z)$ ，且 (θ^*, π^*) 为最优马氏控制策略。

证明：按如下定义选取序列 $\{\tau_n\}$ ， $n = 1,\ 2,\ \cdots$

$$\tau_n = T \wedge n \wedge \inf\{s > t; \ |Z^\pi(s)| \geqslant n\}$$

由于 $G \in C^{1,2}(\mathcal{O}) \cap C(\mathcal{O})$ ，因此可对 $G(\tau_n, Z^\pi(\tau_n))$ 应用伊藤公式，取 $(\theta, \pi) \in \Theta \times \Pi$ 可得：

$$G(\tau_n, Z^\pi(\tau_n)) = G(t,z) + \int_t^{\tau_n} A^{\theta,\pi} G(s, Z^\pi(s)) ds +$$

$$\int_t^{\tau_n} G_z [\alpha\sigma_0 - (\alpha-\beta)\sigma_0 q(s)] dW_Q^0(s) +$$

$$\int_t^{\tau_n} G_z \alpha\sigma_1 \pi_1 dW_Q^1(s) + \int_t^{\tau_n} G_z \beta\sigma_2 \pi_2 dW_Q^2(s)$$

$$(4\text{-}33)$$

由于偏导数 G_z 为连续函数，且在 $[t, \tau_n] \times R$ 上有界，故存在两任意常数 $C_1 > C_2 > 0$ ，使：

$$\int_t^{\tau_n} 0.5 G_z^2 [\alpha\sigma_0 - (\alpha-\beta)\sigma_0 q(s)]^2 ds \leqslant C_1 \int_t^{\tau_n} [\alpha\sigma_0 - (\alpha-\beta)\sigma_0 q(s)]^2 ds$$

$$\leqslant C_2 \int_t^{\tau_n} [\alpha^2\sigma_0^2 + (\alpha-\beta)^2 \sigma_0^2 q^2(s)] ds$$

由可允许策略的性质(2)(见定义4.1)，可得：

$$E_{t,z}^Q \left[\int_t^{\tau_n} 0.5 G_z^2 [\alpha\sigma_0 - (\alpha-\beta)\sigma_0 q(s)]^2 ds \right] < \infty$$

类似地，有：

$$\begin{cases} E_{t,z}^Q \left[\int_t^{\tau_n} 0.5 G_z^2 \alpha^2 \sigma_1^2 \pi_1^2(s) ds \right] < \infty \\ E_{t,z}^Q \left[\int_t^{\tau_n} 0.5 G_z^2 \beta^2 \sigma_2^2 \pi_2^2(s) ds \right] < \infty \end{cases}$$

故可对等式(4-33)两端取期望，得：

$$G(t,z) = E_{t,z}^Q \left[G(\tau_n, Z^\pi(\tau_n)) - \int_t^{\tau_n} A^{\theta,\pi} G(s, Z^\pi(s)) ds \right]$$

由定理4.2的条件(1)，可知，对于 $\theta \in \Theta$ ，有：

$$G(t,z) \leqslant E_{t,z}^Q \left[G(\tau_n, Z^\pi(\tau_n)) + \int_t^{\tau_n} \Psi(u, Z^{\pi^*}(u), \theta(u)) du \right]$$

令 $n \to \infty$ ，由定理4.2的条件(4)和条件(5)，可得：

$$G(t,z) \leqslant E_{t,z}^Q \left[U(Z^{\pi^*}(T)) + \int_t^T \Psi(u, Z^{\pi^*}(u), \theta(u)) du \right]$$

由于上式对于所有的 $\theta \in \Theta$ 均成立，故有：

$$G(t,z) \leqslant \inf_{\theta \in \Theta} E_{t,z}^Q \left[U(Z^{\pi^*}(T)) + \int_t^T \Psi(u, Z^{\pi^*}(u), \theta(u)) du \right]$$

再由上确界的定义，有：

$$G(t,z) \leqslant \sup_{\pi \in \Pi} \inf_{\theta \in \Theta} E_{t,z}^Q \left[U(Z^{\pi}(T)) + \int_t^T \Psi(u, Z^{\pi}(u), \theta(u)) du \right] = V(t,z)$$

$$(4-34)$$

下证 $G(t,z) \geqslant V(t,z)$。

由定理 4.2 条件(2)，对于 $\pi \in \Pi$，有：

$$G(t,z) \geqslant E_{t,z}^Q \left[G(\tau_n, Z^{\pi}(\tau_n)) + \int_t^{\tau_n} \Psi(u, Z^{\pi}(u), \theta^*(u)) du \right]$$

令 $n \to \infty$，由定理 4.2 的条件(4)和条件(5)，可得：

$$G(t,z) \geqslant E_{t,z}^Q \left[U(Z^{\pi}(T)) + \int_t^T \Psi(u, Z^{\pi}(u), \theta^*(u)) du \right]$$

$$\geqslant \inf_{\theta \in \Theta} E_{t,z}^Q \left[U(Z^{\pi}(T)) + \int_t^T \Psi(u, Z^{\pi}(u), \theta(u)) du \right]$$

上式对于所有的 $\pi \in \Pi$ 均成立，故有：

$$G(t,z) \geqslant \sup_{\pi \in \Pi} \inf_{\theta \in \Theta} E_{t,z}^Q \left[U(Z^{\pi}(T)) + \int_t^T \Psi(u, Z^{\pi}(u), \theta(u)) du \right] = V(t,z)$$

$$(4-35)$$

结合式（4-34）与式（4-35），有 $G(t,z) = V(t,z)$。

对于策略 (θ^*, π^*) 同样地应用上述方法，可得：

$$G(t,z) = E_{t,z}^{Q^*} \left[U(Z^{\pi^*}(T)) + \int_t^T \Psi(u, Z^{\pi^*}(u), \theta^*(u)) du \right] = V(t,z)$$

故 (θ^*, π^*) 为最优控制策略。

定理 4.2 也称为验证定理，它为接下来的验证提供理论依据。如果能够说明笔者寻找到的值函数 $G(t,z)$ 和最优策略 (θ^*, π^*) 满足它的条件(1)~条件(5)，即可证明它们确实是鲁棒优化问题的最优解。因为条件(1)~条件(4)是成立的，所以只需说明条件(5)成立。由一致可积的定义，需要证明如下引理成立。

引理 4.3 对于最优控制问题(4-15)，若式(4-17)所给出的 $G(t,z)$ 为 HJBI 方程(4-16)的解，且满足边界条件 $G(T,z) = U(z)$，则有：

$E^{Q^*}\left[\sup_{t\in[0,T]}|G(t,Z^{\pi^*}(t))|^4\right]<\infty$ 及 $E^{Q^*}\left[\sup_{t\in[0,T]}|\Psi(t,Z^{\pi^*}(t),\theta^*(t))|^2\right]<\infty$ 。

证明：将 $\theta^*(t)$ 和 $\pi^*(t)$ 代入式(4-14)，可得：

$$Z^{\pi^*}(t)=(\alpha x+\beta y)e^{rt}+\int_0^t e^{r(t-u)}\left[\alpha(b_1-r)\pi_1^*(u)+\beta(b_2-r)\pi_2^*(u)-\right.$$

$$(\alpha-\beta)a\eta_2 q^*(u)+\alpha a\eta_1-(\alpha\sigma_0-(\alpha-\beta)\sigma_0 q^*(u))\theta_0^*(u)-$$

$$\alpha\sigma_1\pi_1(t)\theta_1^*(u)-\beta\sigma_2\pi_2^*(u)\theta_2^*(u)\left.\right]du+\int_0^t e^{r(t-u)}\left[\alpha\sigma_0-\right.$$

$$(\alpha-\beta)\sigma_0 q^*(u)\left.\right]dW_{Q^*}^0(u)+\int_0^t e^{r(t-u)}\alpha\sigma_1\pi_1^*(u)dW_{Q^*}^1(u)+$$

$$\int_0^t e^{r(t-u)}\beta\sigma_2\pi_2^*(u)dW_{Q^*}^2(u)$$

$$(4-36)$$

将式(4-36)代入式(4-17)，存在适当的常数 $K_2>K_1>0$，有如下不等式成立：

$$|G(t,Z^{\pi^*}(t))|^4=\frac{1}{p^4}\exp\left\{-4p\left[e^{r(T-t)}Z^{\pi^*}(t)+h(T-t)\right]\right\}$$

$$\leqslant K_1\exp\left\{-4pe^{r(T-t)}Z^{\pi^*}(t)\right\}$$

$$\leqslant K_2\exp\left\{-4p\int_0^t e^{r(T-u)}\beta\sigma_2\pi_2^*(u)dW_{Q^*}^2(u)-\right.$$

$$4p\int_0^t e^{r(T-u)}\alpha\sigma_1\pi_1^*(u)dW_{Q^*}^1(u)-$$

$$4p\int_0^t e^{r(T-u)}\left[\alpha\sigma_0-(\alpha-\beta)\sigma_0 q^*(u)\right]dW_{Q^*}^0(u)\left.\right\}$$

$$=K_2\exp\left\{E_1(t)+E_2(t)+E_3(t)+E_4(t)\right\}$$

$$(4-37)$$

其中，

$$\begin{cases}E_1(t)=-4p\int_0^t e^{r(T-u)}\beta\sigma_2\pi_2^*(u)dW_{Q^*}^2(u)-F_1(t)\\[2mm]E_2(t)=-4p\int_0^t e^{r(T-u)}\alpha\sigma_1\pi_1^*(u)dW_{Q^*}^1(u)-F_2(t)\\[2mm]E_3(t)=-4p\int_0^t e^{r(T-u)}\left[\alpha\sigma_0-(\alpha-\beta)\sigma_0 q^*(u)\right]dW_{Q^*}^0(u)-F_3(t)\\[2mm]E_4(t)=F_1(t)+F_2(t)+F_3(t)\end{cases}$$

$$\begin{cases} F_1(t) = 32p^2 \int_0^t e^{2r(T-u)} \beta^2 \sigma_2^2 \pi_2^*(u)^2 du \\[2mm] F_2(t) = 32p^2 \int_0^t e^{2r(T-u)} \alpha^2 \sigma_1^2 \pi_1^*(u)^2 du \\[2mm] F_3(t) = 32p^2 \int_0^t e^{2r(T-u)} \left[\alpha\sigma_0 - (\alpha-\beta)\sigma_0 q^*(u) \right]^2 du \end{cases}$$

事实上,由于 $h(T-t)$, $\theta^*(t)$ 和 $\pi^*(t)$ 均为确定的函数,且在 $[0,T]$ 上有界,容易验证式(4-37)中不等式部分成立。下面需证明 $K_2 \exp\{E_1(t) + E_2(t) + E_3(t) + E_4(t)\}$ 为有限的。

首先,由于 $\pi^*(t)$ 为确定性的函数且在 $[0,T]$ 上有界,故有

$$E^{Q^*}\left[\exp\{4E_4(t)\} \right] < \infty \tag{4-38}$$

其次,由 Zeng 和 Taksar(2013)中的引理 4.3 可知,$\exp\{4E_k(t)\}$,$k=1,2,3$ 为鞅,故有

$$E^{Q^*}\left[\exp\{4E_k(t)\} \right] < \infty \tag{4-39}$$

结合式(4-37)、式(4-38)和式(4-39)可知,存在一个常数 $K_3 > 0$,使下式成立。

$$E^{Q^*}|G(t,Z^{\pi^*}(t))|^4 \leqslant K_2 E^{Q^*}\left[\exp\{E_1(t) + E_2(t) + E_3(t) + E_4(t)\} \right]$$
$$\leqslant K_2 \left(\prod_{j=1}^4 E^{Q^*}\left[\exp\{4E_j(t)\} \right] \right)^{\frac{1}{4}} < \infty$$

$$\tag{4-40}$$

综上,$E^{Q^*}\left[\sup_{t \in [0,T]} |G(t,Z^{\pi^*}(t))|^4 \right] < \infty$ 成立。

将 $\theta^*(t)$ 和 $\pi^*(t)$ 代入 $\Psi(t,Z^{\pi^*}(t),\theta^*(t))$,由 Cauchy-Schwarz 不等式及式(4-40)可得

$$E^{Q^*}\left[|\Psi(t,Z^{\pi^*}(t),\theta^*(t))|^2 \right] = E^{Q^*}\left[|G(t,Z^{\pi^*}(t))|^2 \left(\frac{p}{2m}\|\theta^*(t)\|^2 \right)^2 \right]$$
$$\leqslant \left\{ E^{Q^*}\left[|G(t,Z^{\pi^*}(t))|^4 \right] E^{Q^*}\left[\left(\frac{p}{2m}\|\theta^*(t)\|^2 \right)^4 \right] \right\}^{\frac{1}{2}} < \infty$$

定理证毕。

结合定理 4.2 和引理 4.3,可得如下结论:对于最优投资—再保险问题(4-15),若 $G(t,z)$ 为 HJBI 方程(4-16)的解,且有边界条件 $G(T,z) = U(z)$,则最优值函数满足 $V(t,z) = G(t,z)$,且最优策略 $\pi^*(t)$ 为定理 4.1 所给形式。这样就完成了对值函数和最优策略的验证。

第三节
敏感性与效用损失分析

第二节对于再保险双方的联合鲁棒投资—再保险问题进行了求解，通过随机控制理论中的动态规划方法构建了最优策略所满足的 HJBI 方程，并求得了最优投资—再保险策略的显式表达式。本节对最优投资—再保险策略$(q^*(t), \pi_1^*(t), \pi_2^*(t))$进行敏感性分析。通过数值例子，进一步研究模型各参数对最优策略的影响。

一、最优再保险策略的敏感性分析

由定理 4.2 可知，最优再保险策略 $q^*(t)$ 在不同时间阶段有不同的形式，它不仅与各参数的大小相关，也与各参数间的关系相关。而在实际的金融活动中，最优策略确实跟市场环境、经济政策密不可分。为了进一步研究最优策略与各参数的关系，本节利用数值例子进行敏感性分析，相关参数及取值如表 4-1 所示。

表 4-1　敏感性分析中模型各参数取值

参数	α	a	σ_0	σ_1	σ_2	η_1	η_2	b_1	b_2	r	p	m	T
取值	0.4	1.5	1	1	1	0.8	2	0.08	0.08	0.06	1	3	10

在接下来的敏感性分析中，均是改变表 4-1 中某一参数的取值，其余参数取表中的数值，以此来分析某一参数的变化对最优策略的影响。

图 4-1(a)表明当 $\alpha > 0.5$ 时，最优再保险策略 $q^*(t)$ 由初期恒定的比例 η_1/η_2 转变为关于时间 t 的递减函数最后再变为 0。初期恒定及后期为 0 是因为根据假设，比例再保险水平 $q(t)$ 只能在 0 至 η_1/η_2 之间取值。在其他参数确定的情况下，随着时间的推移，保险公司和再保险公司都会获得其投资所带来的收益。而 $\alpha > 0.5$ 意味着在进行决策时保险公司占有优势，他们在初期为转移风险，会尽可能多地进行再保险，而当投资的回报慢慢显露时

则可以选择尽可能少的再保险份额，将更多的保费用于投资。图4-1(a)同时还表明，当 α 取不同值时，最优再保险策略 $q^*(t)$ 的取值是随着 α 的增大而增大的，这是因为当保险公司在与再保险公司组成的联合利益体中所拥有的决策权越大，就越倾向于提高再保险 $q(t)$ 的份额，将风险更多地转移至再保险公司。图4-1(b)展示了当 $\alpha<0.5$ 时，最优再保险策略 $q^*(t)$ 与时间 t 以及 α 的关系。它与 $\alpha>0.5$ 时的情形相反，这是由于在其他参数为表4-1中的取值时，决策权越大的一方越倾向于追求更大的投资利润及承担更小的索赔风险，因而再保险比例水平关于时间递增。

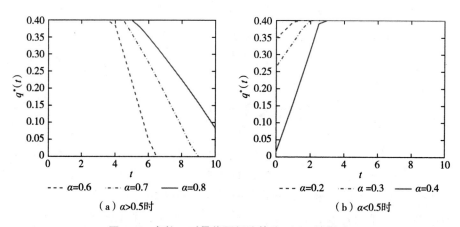

图4-1　参数 α 对最优再保险策略 $q^*(t)$ 的影响

接下来考虑当 $\alpha>0.5$ 时，各参数对最优再保险策略 $q^*(t)$ 的影响。由于模型的净利条件，以及对于风险资产的价格过程参数的假定，可知随着时间的推移，投资收益会慢慢累积，所以在 $\alpha>0.5$ 时，保险公司会降低购买再保险比例，即 $q^*(t)$ 关于时间 t 为递减的(见图4-2和图4-3)。

图4-2(a)研究了索赔期望值 a 对最优再保险策略 $q^*(t)$ 的影响。当其他参数固定时，索赔的期望值 a 越大，在保险公司以期望保费原理收取保费时，它获得的保费收入越多。尽管较大的索赔期望意味着较高的赔付风险，但是由于保费的收取必须满足净利条件，在面临大量的保单时，保险公司仍然是可以获取更多的收益的。因此，当保险公司在保险集团中处于相对优势时，索赔的期望值 a 越大，保险公司会选择越低的最优再保险策略取值。

图4-2(b)展示了赔付过程 $C(t)$ 所满足的布朗运动的漂移系数 σ_0 与最

优再保险策略 $q^*(t)$ 的关系。观察后可得出结论，当其他参数固定时，赔付过程的漂移系数 σ_0 越大，对应的最优再保险策略 $q^*(t)$ 也越大。不同于索赔期望值与最优再保险策略的关系，漂移系数 σ_0 越大，意味着赔付额及赔付次数的波动范围越大，也就意味着承保人面临着较大的赔付风险，而依据期望保费原理收取的保费并没有因此增加，所以保险公司为了分担风险，会选取更高的再保险比例。

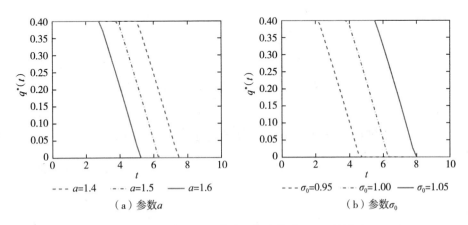

图4-2　参数 a、σ_0 对最优再保险策略 $q^*(t)$ 的影响

图4-3(a)表明当再保险公司的安全负荷 η_2 增加时，最优再保险策略的取值会减少。事实上，由再保险公司的保费收入 $a(1+\eta_2)q(t)$ 的构成可知，在其他参数不变的情况下，再保险公司的安全负荷越高，保险公司应支付的再保险保费也越高，此时保险公司会在自己能承受的风险范围内选取尽量低的再保险比例 $q(t)$。在实际中，安全负荷的选取并非由保险公司或再保险公司随意决定，它受赔付过程的参数、当前的市场状况等多方面的因素影响。

图4-3(b)揭示了投资者的模糊厌恶系数 m 与最优再保险策略 $q^*(t)$ 的内在联系。模糊厌恶系数能够刻画投资者面临不确定风险时态度，模糊厌恶系数越高，表明投资者对不确定性风险越"害怕"。这些不确定性风险主要体现在赔付过程的参数不确定以及风险资产价格过程的参数不确定性上，所以他们倾向于采取更保守的再保险和投资策略。因此，在最优再保险策略的选取上，模糊厌恶系数越高的投资者倾向于选择更高的再保险比例。此时，赔付过程的不确定性风险被更多地转移至再保险公司肩上。

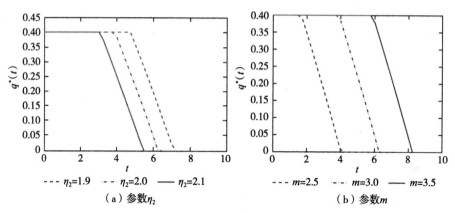

（a）参数 η_2 　　　　　　　　（b）参数 m

图 4-3　参数 η_2、m 对最优再保险策略 $q^*(t)$ 的影响

二、最优投资策略的敏感性分析

本节考虑模型参数变化对投资策略 $\pi_i^*(t)(i=1,2)$ 的影响。由定理 4.1 可知，投资策略与 r，m，b_i，σ_i 等参数相关。接下来仍然采用表 4-1 中各参数的取值，研究当其中某一个参数变化时，最优投资策略 $\pi_i^*(t)(i=1,2)$ 的变化情况。

对于保险公司和再保险公司的风险资产投资策略，图 4-4（a）、图 4-4（b）表明不管决策系数 α 的取值是大于 0.5 还是小于 0.5，风险投资的最优投资额 $\pi_1^*(t)$ 和 $\pi_2^*(t)$ 均随时间而递增。这意味着，在保险公司和再保险公司这个利益共同体中，不管谁占据主导地位，对于追加投资额这一决策都是一致的。这是因为在构建模型的过程中，基于合理性的考虑，风险资产的预期收益大于无风险资产收益（否则没有投资者会投资至风险资产），在参数确定的情况下，风险投资收益会随时间推移慢慢累积，投资者自然会追加投资以获取更大的收益。

由于 α 与 β 相互间的大小关系不会影响投资策略随时间推移的趋势，所以接下来不会再就 $\alpha>0.5$ 和 $\alpha<0.5$ 分别讨论。

图 4-4（a）表明随着决策系数 α 的增大，保险公司的最优风险投资策略 $\pi_1^*(t)$ 的取值是减小的。这是因为保险公司在保险集团中占据的优势越大，投资者会越倾向于为保险公司选取更保守和谨慎的风险投资策略以确保保险集团的收益。

图4-4(b)表明随着 α 的增大(即 β 减小),再保险公司的最优风险投资策略 $\pi_2^*(t)$ 的取值是增大的。事实上,这与图4-4(a)的结论一致。在共同收益中占据的比重越大,越倾向于选取谨慎的风险投资策略。

由前面的分析可知,图4-4(a)和图4-4(b)证实了决策系数 α 是否大于 0.5 对于投资策略是否随时间推移递增或递减的趋势没有影响,并且保险公司和再保险公司各自在联合收益中的权重对于其风险投资策略的影响是一致的,所以接下来讨论其他参数对最优投资决策 $\pi_i^*(t)(i=1,2)$ 的影响,并且决策系数 α 均取值为 0.6。

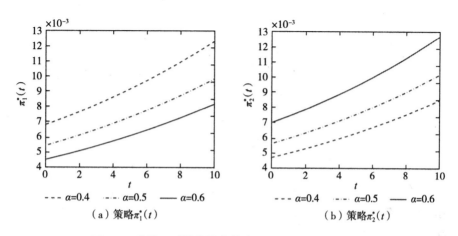

图4-4　参数 α 对最优投资策略 $\pi_1^*(t)$ 和 $\pi_2^*(t)$ 的影响

由于在模型构建的过程中,基于合理性等方面的考虑,风险资产的预期收益均大于无风险资产收益(否则投资者均会选择风险小、收益高的无风险资产),所以风险投资的收益会随着时间推移慢慢累积,投资者会选择增加风险投资以获取更大的收益。图4-5~图4-7证实了这一结论,不管各参数如何变化,保险公司和再保险公司的最优风险投资策略 $\pi_i^*(t)(i=1,2)$ 的取值均是随时间 t 递增的。

图4-5(a)展示了模糊厌恶系数 m 与最优风险投资策略 ($\pi_1^*(t)$, $\pi_2^*(t)$) 的关系。模糊厌恶系数能够刻画投资者面临不确定风险时的态度,通常这些不确定性风险来自由金融市场的复杂多变所导致的风险资产价格过程参数的不确定性。模糊厌恶系数越高,表明投资者对不确定性风险越"害怕"。作为投资者,保险公司和再保险公司的决策者会选择保守、谨慎

的风险投资策略。在最优投资策略($\pi_1^*(t)$,$\pi_2^*(t)$)的选取上,模糊厌恶系数越高的投资者越倾向于选择更低的风险资产投资额以确保收益的稳定,因此风险投资水平与模糊厌恶系数成反比。

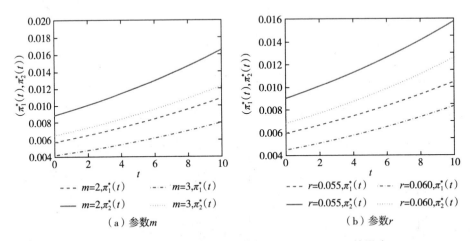

图4-5 参数 m、r 对最优投资策略($\pi_1^*(t)$,$\pi_2^*(t)$)的影响

图4-5(b)表明当无风险资产收益率 r 增加时,最优风险投资策略(π_1^* (t),$\pi_2^*(t)$)每一分量的取值会随之减小。尽管风险资产的预期收益大于无风险资产,但是无风险资产的收益的增加还是会吸引投资者的部分资金,进而导致最优投资额减少。

图4-6(a)和图4-6(b)分别揭示了风险资产 $i(i=1,2)$ 的增值率 $b_i(i=1,2)$ 与最优风险投资策略 $\pi_i^*(t)(i=1,2)$ 的取值之间的关系。研究后可得出结论,风险资产 i 的增值率 b_i 增加会导致最优风险投资策略 $\pi_i^*(t)$ 取值的增加,这是投资者为了追求更大的风险收益所导致的。

图4-7(a)和图4-7(b)表明当风险资产 $i(i=1,2)$ 的价格过程的波动率 $\sigma_i(i=1,2)$ 增大时,最优风险投资策略 $\pi_i^*(t)(i=1,2)$ 的取值会减小。在其他参数固定时,风险资产价格过程的波动率增大,意味着投资风险资产所面临的未知风险也增大,投资者会选择保守的投资策略,降低风险资产的投资额。

三、鲁棒最优资产分配策略的效用损失分析

鲁棒优化可以使决策者所选择的最优策略更加稳健,避免了参数估计

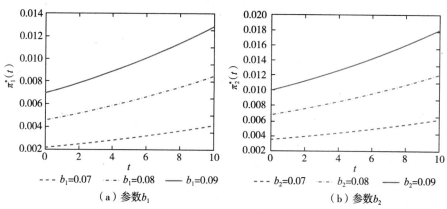

（a）参数 b_1　　　　　　　　　（b）参数 b_2

图 4-6　参数 $b_i(i=1,2)$ 对最优投资策略 $\pi_i^*(t)$（$i=1,2$）的影响

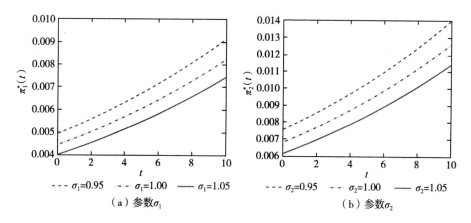

（a）参数 σ_1　　　　　　　　　（b）参数 σ_2

图 4-7　参数 $\sigma_i(i=1,2)$ 对最优投资策略 $\pi_i^*(t)$（$i=1,2$）的影响

误差对最优策略的影响，它所追求的是在决策者即便面临最差情况时，也能选取相对来说最优的策略，因此相对于理想状况来说，它不可避免地会产生一些损失。本节对决策者采取鲁棒最优投资—再保险策略时所产生的效用损失进行数值分析，以此深化研究结论。

记 AAI 在模糊厌恶系数下的值函数为 V_m，ANI 的值函数记为 V_0。可定义效用损失函数 L_m 如下：

$$L_m = 1 - \frac{V_0(t,z)}{V_m(t,z)}$$

其中，$V_m(t,z)$ 由式（4-20）给出。由鲁棒优化问题（4-15）最优策略的

求解及验证过程可知，对于 AAI 所面临的鲁棒优化问题(4-15)，它在效用

函数 $U(Z^\pi(T)) = \dfrac{1}{p}\exp\{-pZ^\pi(T)\}$ 下对应的最优投资—再保险策略和值函

数，应等价于 ANI 的普通优化问题在效用函数 $U(Z^\pi(T)) = \dfrac{1}{p+m}\exp\{-(p+$

$m)Z^\pi(T)\}$ 下的最优投资—再保险策略和值函数，因此，$V_0(t, z)$ 为式(4-20)

在 $m=0$ 时的值。

图 4-8 展示了 $\alpha>0.5$ 和 $\alpha<0.5$ 时模糊厌恶系数 m 与效用损失函数 L_m
之间的关系。观察可知，无论是 $\alpha>0.5$，还是 $\alpha<0.5$，损失均随着区间 $T-t$
的增大而增大。这是因为鲁棒优化的本质就是希望在最差的情况下能选取
到最优的策略，它与理想模型的最优策略相比会有所不及，而这种差距会
随着时间推移慢慢累积，因此，选取的区间越大，效用损失也会越大。下
面考虑 $\alpha>0.5$ 时的情况。观察图 4-8(a)可以发现，效用损失为关于时间
区间 $T-t$ 的上凸函数，即边际效用损失关于区间 $T-t$ 递减。它意味着在较长
的时间区间内，效用损失趋于稳定，即笔者所选取的鲁棒最优策略是较稳
健的。此外，当模糊厌恶系数 m 增大时，效用损失也随之增大。这是因为
模糊厌恶系数可以反映决策者对模型不确定性的厌恶程度，m 越大，决策
者会越倾向于更为保守和谨慎的策略，因此导致效用损失增大。

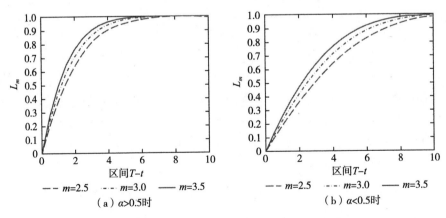

图 4-8　模糊厌恶系数 m 与效用损失函数 L_m 之间的关系

通过上述效用损失分析可知，通过构建鲁棒优化理论框架，利用随机
控制理论求解的最优策略以放弃小部分期望效用为代价寻求到的鲁棒投

资—再保险策略，它在面临模型参数变化等问题时将会有较强的稳健性。

第四节
本章小结

　　本章结合保险业的实际经验，研究如下情形下的保险公司和再保险公司的资产分配问题：保险公司为转移风险采取比例再保险的再保险策略，同时保险公司和再保险公司均可投资至金融市场的风险资产，并且保险集团的决策者是模糊厌恶的投资者，以最大化加权盈余过程终端财富的期望效用为优化目标，寻求鲁棒最优的投资—再保险策略。本章研究的思路如下：首先，构建了用以刻画保险公司和再保险公司资产变动过程的风险模型，它能够很好地反映在再保险和投资策略下的资产变化；其次，针对模型不确定性问题，考虑到决策者的"模糊厌恶"偏向，通过测度变换引入一系列备选模型来将不确定性进行量化，并从这一系列备选模型中挑出最差的模型，最大化它的终端财富的期望效用，构建鲁棒优化的投资—再保险问题，利用随机控制理论，分别推导保险公司和再保险公司的鲁棒最优投资—再保险策略；最后，通过数值例子对最优策略进行敏感性分析，展示了模型中各参数对最优策略的影响，再将求解的鲁棒最优策略与普通最优策略进行效用损失分析，证实鲁棒策略以牺牲小部分期望效用为代价寻求到了更为稳健的投资—再保险策略。分析还表明，本章所求解的鲁棒最优策略符合经济运行规律，能为保险决策提供一定的理论依据。

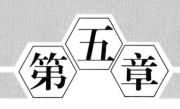

基于Heston随机波动模型的终端资产效用最大化策略研究

作为一种最经典的资产价格模型，Black-Scholes 模型以其简单的形式使投资者对风险资产的价格能有直观的了解，并且在期权定价领域的研究中对平值期权等的估价极其准确。但是，在 Black-Scholes 模型中，股票收益服从正态分布且波动率是常数，这与金融市场中波动率呈现尖峰厚尾和聚类的特性相悖，因此学者们提出了一系列随机波动率的模型来刻画各种风险资产的价格过程，如均值回复模型、带跳的随机波动率（SVJ）模型、常方差弹性（CEV）模型等。对于随机波动模型，学者们在投资组合、期权定价等多个领域对其进行了研究。本章研究保险公司及再保险公司将各自资产投入至风险资产的价格过程为 Heston 随机波动模型的金融市场时的资产分配问题。

传统的优化方法在内部参数变化或受到外部扰动时显得无能为力，优化结果往往偏离实际情况，鲁棒优化方法可以很好地解决这种不确定性环境下的优化问题，同时，它不会对任何不确定性过度敏感。基于这些优点，鲁棒优化问题成为众多学者的研究对象。在保险精算领域，考虑了保险人的模糊厌恶偏向，研究者找到了利用测度变换这样强大的工具用以衡量模型的不确定性，形成了金融领域中独特的鲁棒优化方法，它能够很好地解决保险精算中由于对参数的估计误差、市场的异常波动等导致的风险模型的参数不确定性问题，进而求解出稳健的最优策略。本章的创新之处在于在极其复杂的 Heston 随机波动模型下构建了再保险双方的联合鲁棒最优资产分配问题，将保险公司和再保险公司的利益均纳入考虑范围，求解出它们联合鲁棒最优资产配置策略。

本章内容如下：第一节构建基于 Heston 模型的再保险双方联合资产分配问题的框架，第二节求解鲁棒最优资产分配策略及验证定理，第三节通过数值模拟对最优策略进行敏感性分析并探究其背后的经济含义，第四节总结本章内容。

第一节
模型分析

研究保险公司的资产分配问题，首先应当构建一个合理的动态模型来模拟保险公司的资产变化过程，本节采用经典风险模型的扩散逼近形式。假设 (Ω, F, P) 为带域流 $\{F_t\}_{t \in [0,T]}$ 的完备概率空间，其中 T 为有限正常数，表示终端时刻。F_t 可视为至 t 时刻市场上的信息，域流 $\{F_t\}_{t \in [0,T]}$ 则为市场上 0 至时刻 T 的信息流，故任意策略均为 F_t 可测的。根据 Promislow 和 Young（2005），可假设保险公司的赔付过程 $\widetilde{C(t)}$ 由如下带漂移的布朗运动刻画：

$$d\,\widetilde{C(t)} = adt - \sigma_0 dW^0(t) \tag{5-1}$$

其中，a、σ_0 为正常数，$W^0(t)$ 为一个标准的布朗运动。假设保险公司向投保人收取的保费费率为常数 $c = (1+\eta_1)a$，其中 $\eta_1 > 0$ 表示保险公司的安全负荷，则保险公司的盈余过程为：

$$dR_1(t) = a\eta_1 dt + \sigma_0 dW^0(t) \tag{5-2}$$

一、再保险策略下风险模型的构建

在保险公司的经营过程中，可以通过进行比例再保险来控制风险。记比例再保险水平为 $q(t)$，其中 $t \in [0,T]$，则 $1-q(t)$ 为风险敞口。此时保险公司的保费费率为 $a(1+\eta_2)q(t)$，其中 η_2 表示再保险公司的安全负荷，它应满足 $\eta_2 > \eta_1$。由于保险公司及再保险公司均需满足净利条件，故有 $0 \leqslant q(t) \leqslant \eta_1/\eta_2 < 1$。综上，在进行比例再保险的情况下，保险公司及再保险公司的盈余过程分别为：

$$dR_1(t) = a(\eta_1 - \eta_2 q(t))dt + \sigma_0(1 - q(t))dW^0(t)$$

$$dR_2(t) = a\eta_2 q(t)dt + \sigma_0 q(t)dW^0(t)$$

上述两式分别刻画了保险公司和再保险公司在采取比例再保险策略时

的资产盈余变化过程，通过它们可以进一步构建投资—再保险策略下的资产盈余过程。

二、基于 Heston 随机波动模型的联合资产盈余过程

为实现资产的最优配置，保险公司及再保险公司均选择投资至金融市场。金融市场分为无风险资产及风险资产两大类，其中无风险资产的价格过程如下：

$$dB(t) = rB(t)\,dt$$

其中，$r>0$ 为利率。不失一般性地，假设保险公司和再保险公司分别投资至风险资产 1 和风险资产 2。风险资产 1 的价格过程为如下 Heston 模型：

$$\begin{cases} dS_1(t) = S_1(t)\left[\,(r+\xi_1 L_1(t))\,dt + \sqrt{L_1(t)}\,dW^1(t)\,\right] \\ dL_1(t) = \kappa_1(\gamma_1 - L_1(t))\,dt + \sigma_1\sqrt{L_1(t)}\,\overline{dW^1(t)} \end{cases} \tag{5-3}$$

其中，ξ_1、κ_1、γ_1 和 σ_1 均为正常数，$W^1(t)$ 和 $\overline{W^1}(t)$ 为标准布朗运动，它们满足 $E[W^1(t)\overline{W^1}(t)] = \rho_1 t$ 且独立于 $W^0(t)$。

再保险公司投资的风险资产 2 的价格过程为：

$$\begin{cases} dS_2(t) = S_2(t)\left[\,(r+\xi_2 L_2(t))\,dt + \sqrt{L_2(t)}\,dW^2(t)\,\right] \\ dL_2(t) = \kappa_2(\gamma_2 - L_2(t))\,dt + \sigma_2\sqrt{L_2(t)}\,\overline{dW^2(t)} \end{cases} \tag{5-4}$$

类似于风险资产 1 的假定，其中 ξ_2、κ_2、γ_2 和 σ_2 均为正常数，$W^2(t)$ 和 $\overline{W^2}(t)$ 为标准布朗运动且独立于 $W^0(t)$，它们相互间则有 $E[W^2(t)\overline{W^2}(t)] = \rho_2 t$。此外，为使 $L_i(t)$ 几乎处处非负，系数 κ_i、γ_i、σ_i 应满足 $2\kappa_i\gamma_i > \sigma_i^2$，$i = 1$，2。由标准高斯线性回归，$\overline{W^i}(t)$ 可改写为：

$$d\overline{W^i}(t) = \rho_i dW^i(t) + \varrho_i dW^{i+2}(t)$$

其中，$\varrho_i = \sqrt{1-\rho_i^2}$、$W^{i+2}(t)(i=1，2)$ 为一个标准布朗运动。此外，$W^0(t)$、$W^1(t)$、$W^2(t)$、$W^3(t)$ 和 $W^4(t)$ 相互间两两独立。

Heston 模型能够很好地刻画某些风险资产的波动特性，其中参数 $\xi_i(i=1,2)$ 称为夏普比，它能反映单位风险基金净值增长率超过无风险收益率的程度；$L_i(t)(i=1,2)$ 为一个均值回复过程，也叫瞬时方差率；γ_i 为长期方差；参数 κ_i 则表示回归至波动率的速度；σ_i 为 $L_i(t)$ 的方差，也称

它为波动率的波动率。Heston 模型在期权定价、投资组合等研究领域都有很广泛的应用。

记保险公司在时刻 t 投资至风险资产 1 的资金数额为 $\pi_1(t)$，再保险公司在时刻 t 投资至风险资产 2 的资金数额为 $\pi_2(t)$，则向量 $\pi=(q(t)$，$\pi_1(t)$，$\pi_2(t))$ 为保险公司及再保险公司的投资—再保险策略。在保险公司及再保险公司的初始资产分别为 x、y，并且采取投资—再保险策略 $\pi=(q(t),\pi_1(t),\pi_2(t))$ 时，它们的财富过程分别为：

$$\begin{cases} dX^\pi(t)=[rX^\pi(t)+\xi_1 L_1(t)\pi_1(t)+a(\eta_1-\eta_2 q(t))]dt+ \\ \qquad\quad \sqrt{L_1(t)}\,\pi_1(t)dW^1(t)+\sigma_0(1-q(t))dW^0(t) \\ X^\pi(0)=x \end{cases} \tag{5-5}$$

$$\begin{cases} dY^\pi(t)=[rY^\pi(t)+\xi_2 L_2(t)\pi_2(t)+a\eta_2 q(t)]dt+ \\ \qquad\quad \sqrt{L_2(t)}\,\pi_2(t)dW^2(t)+\sigma_0 q(t)dW^0(t) \\ Y^\pi(0)=y \end{cases} \tag{5-6}$$

为使保险公司及再保险公司的联合资产得到最优配置，将它们的财富进行加权和处理：

$$Z^\pi(t)=\alpha_1 X^\pi(t)+\alpha_2 Y^\pi(t)$$

其中，α_1、α_2 为加权系数，满足 α_1、$\alpha_2\in[0,1]$。若令 $\alpha_2=1-\alpha_1$，则为保险公司及再保险公司寻求最优投资—再保险策略时的决策系数。α_1 越大，则保险公司在寻求最优策略的过程中的地位越重要，最优策略也就更侧重于考虑保险公司的收益。反之，α_1 越小，则最优策略更多地考虑再保险公司的收益。特别地，当 $\alpha_1=1$ 时，$Z^\pi(t)$ 退化为保险公司的盈余过程。从另一角度而言，保险公司与再保险公司隶属于同一个保险集团，则 α、β 可视为保险公司与再保险公司所持有的股份比例，此时 $Z^\pi(t)$ 为保险集团的盈余，则其对应的最优投资—再保险策略为最大化保险集团的收益。这种情况实质上是决策系数 α_1 为 1/2。

联合式(5-5)和式(5-6)，则有如下加权和过程：

$$dZ^\pi(t)=[rZ^\pi(t)+\alpha_1 a\eta_1-(\alpha_1-\alpha_2)a\eta_2 q(t)]dt+[\alpha_1\sigma_0-(\alpha_1-\alpha_2)\sigma_0 q(t)]dW^0(t)+$$

$$\sum_{i=1}^2 \alpha_i\xi_i L_i(t)\pi_i(t)dt+\alpha_i\sqrt{L_i(t)}\,\pi_i(t)dW^i(t)$$

$$\tag{5-7}$$

式(5-7)即为保险公司和再保险公司在投资—再保险策略 $\pi(t) = (q(t), \pi_1(t), \pi_2(t))$ 下的联合资产盈余过程。

第二节
最优资产分配策略

Merton(1990)指出，对于指数效用函数，可以通过随机动态规划原理将问题转化为求解一个 HJBI 方程以获得最优解，因此 Browne(1995)对于保险公司的效用函数为指数效用的情形下进行了研究，这类指数效用函数不仅具有可加性、光滑性等优良性质，且将之应用至保险风险模型时，在保险公司盈余波动较大的情形下还能很好地体现其效用变化，因此它是保险风险理论的研究中被应用得最广泛的效用函数形式，下面研究保险集团以终端财富 $Z^\pi(T)$ 的指数效用函数最大化为优化目标的最优策略。一般地，当保险集团为模糊中性的投资者时其指数效用函数由下式给出：

$$U(z) = -\frac{1}{p}e^{-pz}$$

其中，$p>0$ 为风险厌恶系数，则可令保险集团的目标函数为：

$$\sup_{\pi \in \Pi} E_{t,z,l_1,l_2}\left[U(Z^\pi(T)) \right] = \sup_{\pi \in \Pi} E\left[U(Z^\pi(T)) \mid Z^\pi(t) = z, L_1(t) = l_1, L_2(t) = l_2 \right]$$

$$(5-8)$$

其中，Π 为市场中所有可允许策略 π 的集合，$E(\cdot)$ 为在概率测度 P 下的期望。

当今的金融市场瞬息万变，很难有一种模型能够完全贴切地刻画出市场的各个特征，引入模型不确定性能够很好地解决这个问题。本节将研究面临模型不确定性时模糊厌恶的投资者(以下简称投资者)的最优资产分配问题。

一、终端资产效用最大化目标下的 HJBI 方程

假定投资者用理想模型刻画赔付过程和风险资产过程，由于模型不确

定性，投资者通过引入一系列备选模型的方式来寻求稳健的最优策略，而备选模型与理想模型间的差异将通过概率测度的变换来体现。假定理想模型由概率测度 P 刻画，某一备选模型可由某个概率测度 Q 刻画，则应满足 $Q \sim P$，用第四章第二节中的测度变换的方法可产生一族与参数 θ 的选取有关的概率测度 Q，它满足 $Q := \{Q \mid Q \sim P\}$，并且概率测度集 Q 可以用来刻画备选模型。

由 Girsanov 定理，在备选测度 Q 下，随机过程 $W_Q(t)$ 为一个标准的三维布朗运动，满足 $dW_q(t) = dW(t) + \theta'(t) dt$，故风险资产 i 的价格过程式(5-3)和式(5-4)在备选测度 Q 下转变为：

$$\begin{cases} dS_i(t) = S_i(t) \left[(r + \xi_i L_i(t)) dt - \sqrt{L_i(t)} \, \theta_i(t) dt + \sqrt{L_i(t)} \, dW_Q^i(t) \right] \\ dL_1(t) = \left[\kappa_i(\gamma_i - L_i(t)) - \sigma_i \sqrt{L_i(t)} \, (\rho_i \theta_i(t) + \delta_i \theta_i(t)) \right] dt + \\ \qquad\qquad \sigma_i \sqrt{L_i(t)} \, \rho_i dW_Q^i(t) + \sigma_i \sqrt{L_i(t)} \, \delta_i dW_Q^{i+2}(t) \end{cases} \quad (5-9)$$

注意到集类 Q 中的概率测度对应的备选模型相互间只有漂移项不同，故将式(5-9)代入式(5-7)中可得备选模型中保险集团的盈余过程为：

$$dZ^\pi(t) = \left[rZ^\pi(t) + \alpha_1 a\eta_1 - (\alpha_1 - \alpha_2) a\eta_2 q(t) - (\alpha_1 \sigma_0 - (\alpha_1 - \alpha_2) \sigma_0 q(t)) \theta_0(t) \right] dt +$$

$$\sum_{i=1}^2 \alpha_i \sqrt{L_i(t)} \left[\xi_i \sqrt{L_i(t)} - \theta_i(t) \right] \pi_i(t) dt + \alpha_i \sqrt{L_i(t)} \, \pi_i(t) dW_Q^i(t) +$$

$$\left[\alpha_1 \sigma_0 - (\alpha_1 - \alpha_2) \sigma_0 q(t) \right] dW_Q^0(t)$$

$$(5-10)$$

由 Maenhout(2004)和 Yi 等(2013)可知，目标函数(5-8)对应的鲁棒优化问题为：

$$V(t, z, l_1, l_2) = \sup_{\pi \in \Pi} \left\{ \inf_{Q \in \wp} E_{t, z, l_1, l_2}^Q \left[U(Z^\pi(T)) + \int_t^T \Psi(u, Z^\pi(u), \theta(u)) du \right] \right\}$$

$$(5-11)$$

其中，$E^Q(\cdot)$ 为备选测度 Q 下的期望，$\int_t^T \Psi(u, Z^\pi(u), \theta(u)) du$ 为贴现相对熵。由于投资者引入的备选模型在预期后续回报上会产生负面影响，因此引入它作为惩罚项来惩罚备选模型与理想模型间的差异。它应满足：

$$\Psi(t, Z^\pi(t), \theta(t)) = \frac{\|\theta(t)\|^2}{2\varphi(t, Z^\pi(t))}$$

其中，$\phi(t,z)=\dfrac{-m}{pV(t,z)}\geq 0, m\geq 0$ 为模糊厌恶系数，它刻画了投资者面对扩散风险时的态度。

为求解问题(5-11)，利用动态规划原理，可得如下 HJBI 方程：

$$\sup_{\pi\in\Pi}\inf_{Q\in\mathcal{Q}}\{A^{\theta,\pi}V(t,Z^{\pi}(t),l_1,l_2)+\Psi(t,Z^{\pi}(t),\theta(t))\}=0 \qquad (5-12)$$

并有边界条件 $V(T,z)=U(z)$，其中，

$$A^{\theta,\pi}V=V_t+[rz+\alpha_1 a\eta_1-(\alpha_1-\alpha_2)a\eta_2 q-(\alpha_1\sigma_0-(\alpha_1-\alpha_2)\sigma_0 q)\theta_0]V_z+$$

$$\sum_{i=1}^{2}[\alpha_i\sqrt{l_i}\pi_i(\xi_i\sqrt{l_i}-\theta_i)V_z+(\kappa_i(\gamma_i-l_i)-\sigma_i\sqrt{l_i}(\rho_i\theta_i+\delta_i\theta_{i+2}))V_{l_i}+$$

$$0.5l_i(\alpha_i^2\pi_i^2 V_{zz}+\sigma_i^2 V_{l_i l_i})+\alpha_i l_i\sigma_i\rho_i\pi_i V_{zl_i}]+0.5[(\alpha_1\sigma_0-(\alpha_1-\alpha_2)\sigma_0 q]^2 V_{zz}$$

其中，V_t、V_z、V_{l_i}、V_{zz}、V_{zl_i} 和 $V_{l_i l_i}(i=1,2)$ 表示值函数 $V(t,z,l_1,l_2)$ 对应的偏导数。

二、最优投资—再保险策略的理论推导

上一小节通过引入贴现相对熵来度量经测度变换后终端财富效用损失，利用测度变换引入一系列备选模型来逼近理想模型，由此构建了模型不确定下的鲁棒优化理论框架，将普通的优化问题转化为鲁棒优化问题。鲁棒最优资产配置问题(5-11)消除了决策者对于模型参数估计有误导致最优策略选择错误的担忧。求解它所得到的最优投资—再保险策略对于各种不稳定因素引发的模型不确定性都有着很强的稳健性。下述定理给出了最优策略的显式表达式以及求解问题(5-11)的具体过程。

定理 5.1　记 $t_0:=T-\dfrac{1}{r}\ln\Delta_0$，$t_1:=T-\dfrac{1}{r}\ln\Delta_1$，其中，

$$\Delta_0=\frac{a\eta_2^2}{(p+m)\sigma_0^2[\alpha_1(\eta_2-\eta_1)+\alpha_2\eta_1]}, \quad \Delta_1=\frac{a\eta_2}{\alpha_1(p+m)\sigma_0^2}$$

对于鲁棒最优投资—再保险问题(5-10)，HJBI 方程(5-12)有如下形式的解：

$$G(t,z,l_1,l_2)=-\frac{1}{p}\exp\{-p[e^{r(T-t)}z+h(T-t)+g_1(T-t)l_1+g_2(T-t)l_2]\}$$

$$(5-13)$$

且有边界条件 $G(T,z,l_1,l_2)=U(z)$，其中 $g_i(T-t)$ 的形式由式(5-25)

给出。

最差情形时对应的 $\theta^* = (\theta_0^*, \theta_1^*, \theta_2^*, \theta_3^*, \theta_4^*)$ 具体形式为：

$$\begin{cases} \theta_0^* = m e^{r(T-t)} \left[\alpha_1 \sigma_0 - (\alpha_1 - \alpha_2) \sigma_0 q^*(t) \right] \\ \theta_i^* = m \sqrt{L_i(t)} \left[e^{r(T-t)} \alpha_i \pi_1^*(t) + \sigma_i \rho_i g_i(T-t) \right] \\ \theta_{i+2}^* = m \sqrt{L_i(t)} \, e^{r(T-t)} \sigma_i \varrho_i g_i(T-t) \end{cases} \quad (5\text{-}14)$$

其中，$i = 1, 2$。

保险公司及再保险公司的最优投资策略分别为：

$$\pi_1^*(t) = \frac{\xi_1 - (p+m)\sigma_1 \rho_1 g_1(T-t)}{\alpha_1(p+m)e^{r(T-t)}}, \quad \pi_2^*(t) = \frac{\xi_2 - (p+m)\sigma_2 \rho_2 g_2(T-t)}{\alpha_2(p+m)e^{r(T-t)}}$$

$$(5\text{-}15)$$

最优再保险策略 $q^*(t)$ 及 $h(T-t)$ 在不同情形下有如下表达式：

（1）若 $\alpha_1 > \alpha_2, \Delta_1 > 1, e^{rT} > \Delta_0$，则

$$(h(T-t), q^*(t)) = \begin{cases} (h_3(T-t), \eta_1/\eta_2), & 0 \leqslant t \leqslant t_0 \\ (h_2(T-t), q^0(t)), & t_0 \leqslant t \leqslant t_1 \\ (h_1(T-t), 0), & t_1 \leqslant t \leqslant T \end{cases} \quad (5\text{-}16)$$

其中，$q^0(t)$、$h_1(T-t)$、$h_2(T-t)$、$h_3(T-t)$ 分别由式（5-21）、式（5-26）、式（5-28）和式（5-31）给出。

（2）若 $\alpha_1 > \alpha_2, \Delta_1 > 1, \Delta_1 \leqslant e^{rT} \leqslant \Delta_0$，则

$$(h(T-t), q^*(t)) = \begin{cases} (h_2(T-t), q^0(t)), & t_0 \leqslant t \leqslant t_1 \\ (h_1(T-t), 0), & t_1 \leqslant t \leqslant T \end{cases}$$

（3）若 $\alpha_1 > \alpha_2, \Delta_1 > 1, e^{rT} < \Delta_1$，则

$$(h(T-t), q^*(t)) \equiv (h_1(T-t), 0), \quad \forall 0 \leqslant t \leqslant T$$

（4）若 $\alpha_1 > \alpha_2, \Delta_1 \leqslant 1, \Delta_0 > 1, e^{rT} > \Delta_0$，则

$$(h(T-t), q^*(t)) = \begin{cases} (h_4(T-t), \eta_1/\eta_2), & 0 \leqslant t \leqslant t_0 \\ (\tilde{h}_2(T-t), q^0(t)), & t_0 \leqslant t \leqslant T \end{cases}$$

其中，$h_4(T-t) = \tilde{h}_3(T-t) + M_3, M_3 = \tilde{h}_2(T-t_0) - \tilde{h}_3(T-t_0)$。$\tilde{h}_2(T-t)$ 和 $\tilde{h}_3(T-t)$ 分别由式（5-29）和式（5-32）给出。

（5）若 $\alpha_1 > \alpha_2, \Delta_1 \leqslant 1, \Delta_0 > 1, e^{rT} \leqslant \Delta_0$，则

$$(h(T-t),q^*(t)) \equiv (\widetilde{h}_2(T-t),q^0(t)), \quad \forall 0 \leqslant t \leqslant T$$

（6）若 $\alpha_1 > \alpha_2, \Delta_1 \leqslant 1, \Delta_0 \leqslant 1$，则

$$(h(T-t),q^*(t)) \equiv (\widetilde{h}_3(T-t),\eta_1/\eta_2), \quad \forall 0 \leqslant t \leqslant T$$

（7）若 $\alpha_1 < \alpha_2, \Delta_0 > 1, e^{rT} > \Delta_1$，则

$$(h(T-t),q^*(t)) = \begin{cases} (h_6(T-t),0), & 0 \leqslant t \leqslant t_1 \\ (h_5(T-t),q^0(t)), & t_1 \leqslant t \leqslant t_0 \\ (\widetilde{h}_3(T-t),\eta_1/\eta_2), & t_0 \leqslant t \leqslant T \end{cases}$$

其中，

$$h_5(T-t) = \widetilde{h}_2(T-t) + M_4, M_4 = \widetilde{h}_3(T-t_0) - \widetilde{h}_2(T-t_0)$$
$$h_6(T-t) = h_1(T-t) + M_5, M_5 = h_5(T-t_1) - h_1(T-t_1)$$

（8）若 $\alpha_1 < \alpha_2, \Delta_0 > 1, \Delta_0 \leqslant e^{rT} \leqslant \Delta_1$，则

$$(h(T-t),q^*(t)) = \begin{cases} (h_5(T-t),q^0(t)), & 0 \leqslant t \leqslant t_0 \\ (\widetilde{h}_3(T-t),\eta_1/\eta_2), & t_0 \leqslant t \leqslant t_1 \end{cases}$$

（9）若 $\alpha_1 < \alpha_2, \Delta_0 > 1, e^{rT} < \Delta_0$，则

$$(h(T-t),q^*(t)) \equiv (\widetilde{h}_3(T-t),\eta_1/\eta_2), \quad \forall 0 \leqslant t \leqslant T$$

（10）若 $\alpha_1 < \alpha_2, \Delta_0 \leqslant 1, \Delta_1 > 1, e^{rT} > \Delta_1$，则

$$(h(T-t),q^*(t)) = \begin{cases} (h_7(T-t),0), & t_0 \leqslant t \leqslant t_1 \\ (\widetilde{h}_2(T-t),q^0(t)), & t_1 \leqslant t \leqslant T \end{cases}$$

其中，

$$h_7(T-t) = h_1(T-t) + M_6, M_4 = \widetilde{h}_2(T-t_1) - h_1(T-t_1)$$

（11）若 $\alpha_1 < \alpha_2, \Delta_0 \leqslant 1, \Delta_1 > 1, e^{rT} \leqslant \Delta_1$，则

$$(h(T-t),q^*(t)) \equiv (\widetilde{h}_2(T-t),q^0(t)), \quad \forall 0 \leqslant t \leqslant T$$

（12）若 $\alpha_1 < \alpha_2, \Delta_1 \leqslant 1, \Delta_0 \leqslant 1$，则

$$(h(T-t),q^*(t)) \equiv (h_1(T-t),0), \quad \forall 0 \leqslant t \leqslant T$$

（13）若 $\alpha_1 = \alpha_2$，则任意可测函数 $q^*(t):[0,T] \to [0,\eta_1/\eta_2]$ 均为最优再保险策略，且对于 $t \in [0,T]$，有 $h(T-t) = h_1(T-t)$。

证明：由 HJBI 方程(5-12)的形式可知，它的解应满足如下形式：

$$G(t,z,l_1,l_2) = -\frac{1}{p}\exp\{-p[e^{r(T-t)}z+h(T-t)+g_1(T-t)l_1+g_2(T-t)l_2]\}$$

其中，$h(T-t)$、$g_1(T-t)$ 和 $g_2(T-t)$ 为待定函数，它们使上式为 HJBI 方程(5-12)的解。

由边界条件 $G(T,z,l_1,l_2)=U(z)$，可知：

$$h(0)=g_1(0)=g_2(0)=0$$

求解 $G(t,z)$ 的偏导数可得：

$$\begin{cases} G_t = p[rze^{r(T-t)}+h'(T-t)+g'_1(T-t)l_1+g'_2(T-t)l_2]G \\ G_z = -pe^{r(T-t)}G, G_{zz}=p^2e^{2r(T-t)}G \\ G_{l_i} = -pg_i(T-t)G, G_{l_il_i}=p^2g_i^2(T-t)G \\ G_{zl_i} = p^2e^{r(T-t)}g_i(T-t)G, i=1,2 \end{cases}$$

将上式代入 HJBI 方程(5-12)可得：

$$\inf_{\pi\in\Pi}\sup_{\theta\in\Theta}\{h'(T-t)-e^{r(T-t)}[\alpha_1a\eta_1-(\alpha_1-\alpha_2)a\eta_2q-(\alpha_1\sigma_0-(\alpha_1-\alpha_2)\sigma_0q)\theta_0]+$$

$$0.5pe^{2r(T-t)}[(\alpha_1\sigma_0-(\alpha_1-\alpha_2)\sigma_0q]^2-\frac{1}{2m}\|\theta\|^2+\sum_{i=1}^{2}[g'_i(T-t)l_i-$$

$$e^{r(T-t)}\alpha_i\sqrt{l_i}(\xi_i\sqrt{l_i}-\theta_i)\pi_i+0.5pe^{2r(T-t)}\alpha_i^2l_i\pi_i^2+pe^{r(T-t)}\alpha_il_i\sigma_i\rho_i\pi_ig_i(T-t)-$$

$$g_i(T-t)[\kappa_i(\gamma_i-l_i)-\sigma_i\sqrt{l_i}(\rho_i\theta_i+\varrho_i\theta_{i+2})]+0.5p\sigma_i^2l_ig_i^2(T-t)\}=0$$

$$(5-17)$$

下面分步求解式(5-17)，即先固定 π，取关于 θ 的上确界。由公式(5-17)，可得关于最小值点 θ^* 的一阶方程组：

$$\begin{cases} \theta_0^* = me^{r(T-t)}[\alpha_1\sigma_0-(\alpha_1-\alpha_2)\sigma_0q] \\ \theta_i^* = m\sqrt{l_i}[e^{r(T-t)}\alpha_i\pi_i+\sigma_i\rho_ig_i(T-t)] \\ \theta_{i+2}^* = m\sqrt{l_i}\sigma_i\varrho_ig_i(T-t), i=1,2 \end{cases} \quad (5-18)$$

将一阶方程组(5-18)代入式(5-17)可得：

$$h'(T-t)-e^{r(T-t)}\alpha_1a\eta_1+0.5(p+m)e^{2r(T-t)}\alpha_1^2\sigma_0^2+\inf_{0\leq q\leq\eta_2/\eta_1}H(q)+\sum_{i=1}^{2}\inf_{\pi_i\in\Pi}H_i(\pi_i)+$$

$$g'_i(T-t)l_i-\kappa_i(\gamma_i-l_i)g_i(T-t)+0.5(p+m)\sigma_i^2l_ig_i^2(T-t)=0 \quad (5-19)$$

其中，

$$\begin{cases} H(q) = (\alpha_1 - \alpha_2)\left[a\eta_2 - \alpha_1(p+m)\sigma_0^2 e^{r(T-t)}\right]e^{r(T-t)}q + \\ \qquad 0.5(p+m)\sigma_0^2(\alpha_1 - \alpha_2)^2 e^{2r(T-t)}q^2 \\ H_i(\pi_i) = 0.5(p+m)l_i\alpha_i^2 e^{2r(T-t)}\pi_i^2 + \alpha_i l_i\left[\sigma_i\rho_i(p+m)g_i(T-t) - \xi_i\right]e^{r(T-t)}\pi_i \end{cases}$$

$$(5-20)$$

由 π 的一阶条件，可得：

$$\pi_1^*(t) = \frac{\xi_1 - (p+m)\sigma_1\rho_1 g_1(T-t)}{\alpha_1(p+m)e^{r(T-t)}}, \quad \pi_2^*(t) = \frac{\xi_2 - (p+m)\sigma_2\rho_2 g_2(T-t)}{\alpha_2(p+m)e^{r(T-t)}}$$

此外，还有：

$$q^0(t) = \frac{1}{\alpha_1 - \alpha_2}\left(\alpha_1 - \frac{a\eta_2}{(p+m)\sigma_0^2 e^{r(T-t)}}\right) \qquad (5-21)$$

将式(5-15)代入式(5-19)可得：

$$h'(T-t) - e^{r(T-t)}\alpha_1 a\eta_1 + 0.5(p+m)e^{2r(T-t)}\alpha_1^2\sigma_0^2 - \sum_{i=1}^{2}\kappa_i\gamma_i g_i(T-t) +$$

$$\inf_{0 \le q \le \eta_2/\eta_1} H(q) + \sum_{i=1}^{2}l_i\left[g'_i(T-t) + 0.5(p+m)\sigma_i^2(1-\rho_i^2)g_i^2(T-t) +\right.$$

$$\left.(\kappa_i + \xi_i\sigma_i\rho_i)g_i(T-t)l_i - \frac{\xi_i^2}{2(p+m)}\right] = 0$$

$$(5-22)$$

分离变量可得如下 ODE 方程：

$$h'(T-t) = e^{r(T-t)}\alpha_1 a\eta_1 - 0.5(p+m)e^{2r(T-t)}\alpha_1^2\sigma_0^2 + \sum_{i=1}^{2}\kappa_i\gamma_i g_i(T-t) - \inf_{0 \le q \le \eta_2/\eta_1} H(q)$$

$$(5-23)$$

$$g'_i(T-t) + 0.5(p+m)\sigma_i^2(1-\rho_i^2)g_i^2(T-t) + (\kappa_i + \xi_i\sigma_i\rho_i)g_i(T-t) - \frac{\xi_i^2}{2(p+m)} = 0$$

$$(5-24)$$

其中 $i=1$，2。

由边界条件可解得上式的解为：

$$g_i(T-t) = \frac{\xi_i^2(\exp\{\chi_i(T-t)\} - 1)/(p+m)}{(\chi_i + \kappa_i + \xi_i\sigma_i\rho_i)(\exp\{\chi_i(T-t)\} - 1) + 2\chi_i} > 0 \qquad (5-25)$$

其中，

$$\chi_i = \sqrt{\kappa_i^2 + 2\kappa_i\xi_i\sigma_i\rho_i + \xi_i^2\sigma_i^2}$$

由于参数的选取直接影响到最优策略的取值，故须对（1）进行分情况讨论：

若 $\alpha_1 > \alpha_2$，方程（5-21）表明 $q^0(t) \in [0, \eta_1/\eta_2]$ 等价于 $t_0 \leq t \leq t_1$。若 $\Delta_1 > 1$，且 $e^{rT} > \Delta_0$，则必有 $t_1 < T$，且 $t_0 > 0$。

当 $t_1 \leq t \leq T$ 时，有 $q^0(t) \leq 0$，故 $q^*(t) = 0$。将 $q^*(t) = 0$ 代入 ODE 方程（5-23），且由边界条件 $h(0) = 0$，可得：

$$h_1(T-t) = \frac{a\alpha_1 \eta_1}{r}(e^{r(T-t)} - 1) - \frac{(p+m)}{4r}\alpha_1^2\sigma_0^2(e^{2r(T-t)} - 1) - \sum_{i=1}^{2} H_i(T-t)$$

$$(5-26)$$

其中，

$$H_i(T-t) = \frac{2\kappa_i\gamma_i}{(p+m)\sigma_i^2\delta_i^2}\ln\frac{2\mathcal{X}_i(\exp\{(\mathcal{X}_i + \kappa_i + \xi_i\sigma_i\rho_i)(T-t)/2\}}{(\mathcal{X}_i + \kappa_i + \xi_i\sigma_i\rho_i)(\exp\{\mathcal{X}_i(T-t)\} - 1) + 2\mathcal{X}_i}$$

当 $t_0 \leq t \leq t_1$ 时，有 $q^0(t) \in [0, \eta_1/\eta_2]$，故 $q^*(t) = q^0(t)$。将它代入 ODE 方程（5-23），可得：

$$h'_2(T-t) = \frac{a\eta_2^2}{2(p+m)\sigma_0^2} + \sum_{i=1}^{2} \kappa_i\gamma_i g_i(T-t) \qquad (5-27)$$

两边同时积分，可得：

$$h_2(T-t) = \widetilde{h}_2(T-t) + M_1 \qquad (5-28)$$

其中，

$$\widetilde{h}_2(T-t) = \frac{a^2\eta_2^2}{2(p+m)\sigma_0^2}(T-t) - \sum_{i=1}^{2} H_i(T-t) \qquad (5-29)$$

由于在 $t=t_1$ 处 $h(T-t)$ 为连续的，故 $M_1 = h_1(T-t_1) - \widetilde{h}_2(T-t_1)$。

当 $0 \leq t < t_0$ 时，有 $q^0(t) \geq \eta_1/\eta_2$，故有 $q^*(t) = \eta_1/\eta_2$。将 $q^*(t) = \eta_1/\eta_2$ 代入 ODE 方程（5-23），可得：

$$h'_3(T-t) = a\alpha_2 \eta_1 e^{r(T-t)} - \frac{(p+m)\sigma_0^2}{2\eta_2^2}[\alpha_1(\eta_2 - \eta_1) + \alpha_2\eta_1]^2 e^{2r(T-t)} + \sum_{i=1}^{2} \kappa_i\gamma_i g_i(T-t)$$

$$(5-30)$$

两边同时积分，有：

$$h_3(T-t) = \widetilde{h}_3(T-t) + M_2 \qquad (5-31)$$

其中，

$$\widetilde{h}_3(T{-}t) = \frac{a\alpha_2\eta_1}{r}(e^{r(T-t)}-1) - \frac{(p+m)\sigma_0^2}{4r\eta_2^2}[\alpha_1(\eta_2-\eta_1)+\alpha_2\eta_1]^2(e^{2r(T-t)}-1) -$$

$$H_1(T{-}t) - H_2(T{-}t)$$

$$(5{-}32)$$

由于在 $t=t_0$ 处，$h(T{-}t)$ 是连续的，故 $M_2 = h_2(T{-}t_0) - \widetilde{h}_3(T{-}t_0)$。

综上所述，（1）得证。（2）~（13）的证明类似可得。

三、最优投资—再保险策略的验证

定理 5.1 给出了问题(5-11)的解，为验证形如式(5-13)的函数确实为所求值函数，本节给出风险资产由 Heston 模型刻画的鲁棒优化投资—再保险问题的验证定理。

定理 5.2(验证定理) 令 $\mathcal{O}:=(0,T)\times R\times R^+\times R^+$，记 $\mathcal{O}$ 的闭包为 $\overline{\mathcal{O}}$。若存在一个函数 $G\in C^{1,2,2,2}(\mathcal{O})\cap C(\overline{\mathcal{O}})$ 以及一个马氏控制策略 $(\theta^*,\pi^*)\in\Theta\times\Pi$，使如下条件成立：

（1）对于任意 $\theta\in\Theta$，有 $A^{\theta,\pi^*}G(t,Z^{\pi^*}(t),L_1(t),L_2(t))+\Psi(t,Z^{\pi^*}(t),\theta(t))\geqslant 0$。

（2）对于任意 $\pi\in\Pi$，有 $A^{\theta^*,\pi}G(t,Z^\pi(t),L_1(t),L_2(t))+\Psi(t,Z^\pi(t),\theta^*(t))\leqslant 0$。

（3）$A^{\theta^*,\pi^*}G(t,Z^{\pi^*}(t),L_1(t),L_2(t))+\Psi(t,Z^{\pi^*}(t),\theta^*(t))=0$。

（4）对于任意 $(\theta,\pi)\in\Theta\times\Pi$，有 $\lim\limits_{t\to T^-}G(t,Z^\pi(t),L_1(t),L_2(t))=U(Z^\pi(T))$。

（5）$\{G(\tau,Z^\pi(\tau),L_1(\tau),L_2(\tau))\}_{\tau\in T}$ 和 $\{\Psi(t,Z^\pi(\tau),\theta(\tau))\}_{\tau\in T}$ 为一致可积的，其中 T 为停时 $\tau<T$ 的集合，则 $G(t,z,l_1,l_2)=V(t,z,l_1,l_2)$，且 (θ^*,π^*) 为最优马氏控制策略。

证明：按如下定义选取序列 $\{\tau_n\}$，$n=1,2,\cdots$。

$$\tau_n=T\wedge n\wedge\inf\{s{>}t;|Z^\pi(s)|\geqslant n\}\wedge\inf\{s{>}t;|L_1(s)|\geqslant n\}\wedge\inf\{s{>}t;|L_2(s)|\geqslant n\}$$

由于 $G\in C^{1,2,2,2}(\mathcal{O})\cap C(\overline{\mathcal{O}})$，因此可对 $G(\tau_n,Z^\pi(\tau_n),L_1(\tau_n),L_2(\tau_n))$ 应用伊藤公式，取 $(\theta,\pi)\in\Theta\times\Pi$，可得：

$$G(\tau_n, Z^\pi(\tau_n), L_1(\tau_n), L_2(\tau_n)) = G(t, z, l_1, l_2) + \int_t^{\tau_n} A^{\theta,\pi} G(s, Z^\pi(s), L_1(s), L_2(s)) ds +$$

$$\int_t^{\tau_n} G_z [\alpha_1 \sigma_0 - (\alpha_1 - \alpha_2) \sigma_0 q(s)] dW_Q^0(s) +$$

$$\sum_{i=1}^2 \int_t^{\tau_n} G_z \alpha_i \sqrt{L_i(s)} \pi_i(s) dW_Q^i(s) +$$

$$\sum_{i=1}^2 \int_t^{\tau_n} G_{l_i} \sigma_i \rho_i \sqrt{L_i(s)} dW_Q^i(s) +$$

$$\sum_{i=1}^2 \int_t^{\tau_n} G_{l_i} \sigma_i \varrho_i \sqrt{L_i(s)} \pi_i(s) dW_Q^{i+2}(s)$$

$$(5-33)$$

由于偏导数 G_z 为连续函数，且在 $[t, \tau_n] \times R \times R^+ \times R^+$ 上有界，故取两任意常数 M_1，M_2，若 $M_1 > M_2 > 0$，则有：

$$\int_t^{\tau_n} 0.5 G_z^2 [\alpha_1 \sigma_0 - (\alpha_1 - \alpha_2) \sigma_0 q(s)]^2 ds \leq M_1 \int_t^{\tau_n} [\alpha_1 \sigma_0 - (\alpha_1 - \alpha_2) \sigma_0 q(s)]^2 ds$$

$$\leq M_2 \int_t^{\tau_n} [\alpha_1^2 \sigma_0^2 + (\alpha_1 - \alpha_2)^2 \sigma_0^2 q^2(s)] ds$$

由可允许策略的性质 (2)（见定义 4.1），可得：

$$E_{t,z,l_1,l_2}^Q \left[\int_t^{\tau_n} 0.5 G_z^2 [\alpha_1 \sigma_0 - (\alpha_1 - \alpha_2) \sigma_0 q(s)]^2 ds \right] < \infty$$

类似地，有：

$$\begin{cases} E_{t,z,l_1,l_2}^Q \left[\int_t^{\tau_n} 0.5 G_z^2 \alpha_i^2 L_i(s) \pi_i^2(s) ds \right] < \infty \\ E_{t,z,l_1,l_2}^Q \left[\int_t^{\tau_n} 0.5 G_{l_i}^2 \sigma_i^2 \rho_i^2 L_i(s) ds \right] < \infty \\ E_{t,z,l_1,l_2}^Q \left[\int_t^{\tau_n} 0.5 G_{l_i}^2 \sigma_i^2 \varrho_i^2 L_i(s) ds \right] < \infty \end{cases}$$

故可对等式 (5-33) 两端取期望，得：

$$G(t, z, l_1, l_2) = E_{t,z,l_1,l_2}^Q \left[G(\tau_n, Z^\pi(\tau_n), L_1(\tau_n), L_2(\tau_n)) - \right.$$

$$\left. \int_t^{\tau_n} A^{\theta,\pi} G(s, Z^\pi(s), L_1(s), L_2(s)) ds \right]$$

由定理 5.2 的条件 (1) 可知，对于 $\theta \in \Theta$，有：

$$G(t,z,l_1,l_2) \leqslant E^Q_{t,z,l_1,l_2} \Big[G(\tau_n, Z^{\pi^*}(\tau_n), L_1(\tau_n), L_2(\tau_n)) + \int_t^{\tau_n} \Psi(u, Z^{\pi^*}(u), \theta(u)) du \Big]$$

令 $n \to \infty$，由定理 5.2 的条件（4）和条件（5），可得：

$$G(t,z,l_1,l_2) \leqslant E^Q_{t,z,l_1,l_2} \Big[U(Z^{\pi^*}(T)) + \int_t^T \Psi(u, Z^{\pi^*}(u), \theta(u)) du \Big]$$

由于上式对于所有的 $\theta \in \Theta$ 均成立，故有：

$$G(t,z,l_1,l_2) \leqslant \inf_{\theta \in \Theta} E^Q_{t,z,l_1,l_2} \Big[U(Z^{\pi^*}(T)) + \int_{:t}^T \Psi(u, Z^{\pi^*}(u), \theta(u)) du \Big]$$

再由上确界的定义，有：

$$G(t,z,l_1,l_2) \leqslant \sup_{\pi \in \Pi} \inf_{\theta \in \Theta} E^Q_{t,z,l_1,l_2} \Big[U(Z^{\pi}(T)) + \int_t^T \Psi(u, Z^{\pi}(u), \theta(u)) du \Big] = V(t,z,l_1,l_2)$$

$$(5\text{-}34)$$

下面证明 $G(t,z,l_1,l_2) \geqslant V(t,z,l_1,l_2)$ 成立。

由定理 5.2 的条件（2），对于 $\pi \in \Pi$，有：

$$G(t,z,l_1,l_2) \geqslant E^Q_{t,z,l_1,l_2} \Big[G(\tau_n, Z^{\pi}(\tau_n), L_1(\tau_n), L_2(\tau_n)) + \int_t^{\tau_n} \Psi(u, Z^{\pi}(u), \theta^*(u)) du \Big]$$

令 $n \to \infty$，由定理 5.2 的条件（4）和条件（5），可得：

$$G(t,z,l_1,l_2) \geqslant E^Q_{t,z,l_1,l_2} \Big[U(Z^{\pi}(T)) + \int_t^T \Psi(u, Z^{\pi}(u), \theta^*(u)) du \Big]$$

$$\geqslant \inf_{\theta \in \Theta} E^Q_{t,z,l_1,l_2} \Big[U(Z^{\pi}(T)) + \int_t^T \Psi(u, Z^{\pi}(u), \theta(u)) du \Big]$$

上式对于所有的 $\pi \in \Pi$ 均成立，故有：

$$G(t,z,l_1,l_2) \geqslant \sup_{\pi \in \Pi} \inf_{\theta \in \Theta} E^Q_{t,z,l_1,l_2} [U(Z^{\pi}(T)) + \int_t^T \Psi(u, Z^{\pi}(u), \theta(u)) du] = V(t,z,l_1,l_2)$$

$$(5\text{-}35)$$

结合式（5-34）与式（5-35），有 $G(t,z,l_1,l_2) = V(t,z,l_1,l_2)$。

对于策略 (θ^*, π^*) 同样地应用上述方法，可得：

$$G(t,z,l_1,l_2) = E^{Q^*}_{t,z,l_1,l_2} \Big[U(Z^{\pi^*}(T)) + \int_t^T \Psi(u, Z^{\pi^*}(u), \theta^*(u)) du \Big] = V(t,z,l_1,l_2)$$

故 (θ^*, π^*) 为最优控制策略。

验证定理为接下来的验证提供理论依据，它意味着只要能够说明笔者寻找到的值函数 $G(t,z)$ 和最优策略 (θ^*, π^*) 满足它的条件（1）~条件（5），即可证明它们确实是鲁棒优化问题的最优解。由于条件(1)~条件(4)是显然成立的，故只需说明条件(5)成立。而欲证一致可积条件成立，首先需要如下引理。

引理5.3 若风险模型中参数满足如下条件：

$$\xi_i^2 + (p+m)^2 \sigma_i^2 \varrho_i^2 N_i^2 \leqslant \frac{(p+m)^2 \kappa_i^2}{m^2 \sigma_i^2} \tag{5-36}$$

其中，$N_i = \dfrac{\xi_i^2}{(p+m)(\chi_i + \kappa_i + \xi_i \sigma_i \rho_i)}$，$i=1,2$，则：

$$E\left\{ \exp\left[\frac{1}{2} \int_0^T \|\theta^*(t)\|^2 dt \right] \right\} < \infty$$

证明：注意到 $\forall t \in [0,T], T \in (0,\infty)$，有 $0 < g_i(T-t) < N_i$，故可找到常数 K_1，使如下不等式成立：

$$E\left\{ \exp\left[\frac{1}{2} \int_0^T \|\theta^*(t)\|^2 dt \right] \right\}$$

$$\leqslant K_1 \prod_{i=1}^2 E\left\{ \exp\left[\frac{m^2}{2} \int_0^T (\xi_i^2/(p+m)^2 + \sigma_i^2 \varrho_i^2 g_i^2(T-t)) L_i(t) dt \right] \right\}$$

$$\leqslant K_1 \prod_{i=1}^2 E\left\{ \exp\left[\frac{\kappa_i^2}{2\sigma_i^2} \int_0^T L_i(t) dt \right] \right\} < \infty$$

由于 $\theta_0^*(t)$ 为 $[0,T]$ 上有界的确定性函数，故上式第一个不等式成立。由于条件(5-36)，上式第二个不等号成立。根据 Zeng 和 Taksar(2013) 中的定理5.1，上式最后一个的不等号成立。

引理5.4 对于 HJB 方程(5-12)的解 $G(t,z,l_1,l_2)$ 及其边界条件 $G(T, z,l_1,l_2) = U(z)$，若各参数满足条件(5-36)和式(5-37)：

$$(32(p+m)^2 \sigma_i^2 \rho_i^2 N_i^2 - 56(p+m)\xi_i \sigma_i \rho_i N_i) \vee 0 + 24\xi_i^2 \leqslant \frac{(p+m)^2 \kappa_i^2}{2m^2 \sigma_i^2} \tag{5-37}$$

则如下两式成立：

$$E^{Q^*}\left[\sup_{t \in [0,T]} |G(t,Z^{\pi^*}(t),L_1(t),L_2(t))|^4 \right] < \infty,$$

$$E^{Q^*}\left[\sup_{t \in [0,T]} |\Psi(t,Z^{\pi^*}(t),\theta^*(t))|^2 \right] < \infty$$

证明：首先证明 $E^{Q^*}\left[\sup_{t \in [0,T]} |G(t,Z^{\pi^*}(t),L_1(t),L_2(t))|^4 \right] < \infty$ 成立。

将 $\theta^*(t)$ 和 $\pi^*(t)$ 代入式(5-10)，可得：

$$Z^{\pi^*}(t) = (\alpha_1 x + \alpha_2 y)e^{rt} + \int_0^t e^{r(t-u)} \{ \alpha_1 a\eta_1 - (\alpha_1 - \alpha_2) a\eta_2 q^*(u) -$$

$$\sigma_0 \theta_0^*(u) [\alpha_1 - (\alpha_1 - \alpha_2) q^*(u)] + \sum_{i=1}^2 \frac{p\alpha_i \xi_i}{p+m} \pi_i^*(u) L_i(u) \} du +$$

$$\int_0^t e^{r(t-u)} \sigma_0 [\alpha_1 - (\alpha_1 - \alpha_2) q^*(u)] dW_{Q^*}^0(u) +$$

$$\sum_{i=1}^2 \int_0^t e^{r(t-u)} \alpha_i \pi_i^*(u) \sqrt{L_i(t)} \, dW_{Q^*}^i(u)$$

将上式代入式(5-13)，则对于适当的常数 $K_3 > K_2 > 0$，通过放缩法，可得如下不等式：

$$|G(t, Z^{\pi^*}(t), L_1(t), L_2(t))|^4$$

$$= \frac{1}{p^4} \exp\{ -4p[e^{r(T-t)} Z^{\pi^*}(t) + h(T-t) + g_1(T-t)L_1(t) + g_2(T-t)L_2(t)] \}$$

$$\leqslant K_2 \exp\{ -4pe^{r(T-t)} Z^{\pi^*}(t) \}$$

$$\leqslant K_3 \exp\{ -4p \int_0^t e^{r(T-u)} \sigma_0 [\alpha_1 - (\alpha_1 - \alpha_2) q^*(u)] dW_{Q^*}^0(u) \}$$

$$\prod_{i=1}^2 \exp\{ -4p \int_0^t e^{r(T-u)} \frac{p\alpha_i \xi_i}{p+m} \pi_i^*(u) L_i(u) du - 4p \int_0^t e^{r(T-u)} \alpha_i \pi_i^*(u) \sqrt{L_i(u)} \, dW_{Q^*}^i(u) \}$$

$$= K_3 \cdot \prod_{j=1}^6 \exp\{ E_j(t) \}$$

$$(5-38)$$

其中，

$$\begin{cases} E_1(t) = 8p^2 \int_0^t e^{2r(T-u)} \sigma_0^2 [\alpha_1 - (\alpha_1 - \alpha_2) q^*(u)]^2 du \\[2mm] E_2(t) = -4p \int_0^t e^{r(T-u)} \sigma_0 [\alpha_1 - (\alpha_1 - \alpha_2) q^*(u)] dW_{Q^*}^0(u) - E_1(t) \\[2mm] E_{i+2}(t) = -4p \int_0^t e^{r(T-u)} \alpha_i \pi_i^*(u) \sqrt{L_i(u)} \, dW_{Q^*}^i(u) - 16p^2 \int_0^t e^{2r(T-u)} \alpha_i^2 \pi_i^*(u)^2 L_i(u) du \\[2mm] E_{i+4}(t) = \int_0^t \left[16p^2 e^{2r(T-u)} \alpha_i^2 \pi_i^*(u)^2 - 4pe^{r(T-u)} \frac{p\alpha_i \xi_i}{p+m} \pi_i^*(u) \right] L_i(u) du, i = 1, 2 \end{cases}$$

$$(5-39)$$

由于 $q^*(t)$ 为 $[0,T]$ 上有界的确定性函数，容易验证 $\exp\{E_2(t)\}$ 为测度 Q^* 下的鞅，故对于 $j=1,2$，有：

$$E^{Q^*}[\exp\{E_j(t)\}]<\infty \tag{5-40}$$

类似地，由于 $\pi_i^*(t)$ 为 $[0,T]$ 上有界的确定性函数，根据 Zeng 和 Taksar(2013) 中的引理 5.3，$\exp\{2E_{i+2}(t)\}$ 为测度 Q^* 下的鞅，故对于 $i=1,2$，有：

$$E^{Q^*}[\exp\{2E_{i+2}(t)\}]<\infty \tag{5-41}$$

此外，由定理 5.1 可知，对于 $\forall u\in[0,t]$,

$$E^{Q^*}[\exp\{2E_{i+4}(t)\}]<\infty \tag{5-42}$$

成立的充分条件为：

$$32(p+m)^2\sigma_i^2\rho_i^2g_i^2(T-u)-56(p+m)\xi_i\sigma_i\rho_ig_i(T-u)+24\xi_i^2\leqslant\frac{(p+m)^2\kappa_i^2}{2m^2\sigma_i^2}$$

$$\tag{5-43}$$

注意到 $\forall t\in[0,T],T\in(0,\infty)$，有 $0<g_i(T-t)<N_i$，由二次函数的性质可知若条件(5-37)成立，则条件(5-43)必成立。

结合式(5-38)~式(5-42)可知，存在常数 $K_4>K_3>0$ 使如下不等式成立：

$$E^{Q^*}|G(t,Z^{\pi^*}(t),L_1(t),L_2(t))|^4$$

$$\leqslant K_3\cdot\prod_{j=1}^2 E^{Q^*}[\exp\{E_j(t)\}]\prod_{i=1}^2(E^{Q^*}[\exp\{E_{i+2}(t)\}+\exp\{E_{i+4}(t)\}])$$

$$\leqslant K_4\cdot\prod_{i=1}^2(E^{Q^*}[\exp\{2E_{i+2}(t)\}]E^{Q^*}[\exp\{2E_{i+4}(t)\}])^{\frac{1}{2}}<\infty$$

$$\tag{5-44}$$

下面证明引理的后半部分，即 $E^{Q^*}[\sup_{t\in[0,T]}|\Psi(t,Z^{\pi^*}(t),\theta^*(t))|^2]<\infty$。

将 $\theta^*(t)$ 和 $\pi^*(t)$ 代入 $\Psi(t,Z^\pi(t),\theta(t))=\dfrac{\|\theta(t)\|^2}{2\phi(t,Z^\pi(t))}$，根据 Cauchy-Schwarz 不等式、式(5-44)和引理 5.3，可得：

$$E^{Q^*}|\Psi(t,Z^{\pi^*}(t),\theta^*(t))|^2$$

$$=E^{Q^*}\left[\frac{p^2}{m^2}|G(t,Z^{\pi^*}(t),L_1(t),L_2(t))|^2\left(\frac{1}{2}\|\theta^*(t)\|^2\right)^2\right]$$

$$\leqslant\frac{p^2}{m^2}\left[E^{Q^*}|G(t,Z^{\pi^*}(t),L_1(t),L_2(t))|^4 E^{Q^*}\left(\frac{1}{2}\|\theta^*(t)\|^2\right)^4\right]^{\frac{1}{2}}<\infty$$

引理5.4得证。

由引理5.3及引理5.4可知，若模型参数满足式(5-36)和式(5-37)，则验证定理中的条件(1)～条件(5)均成立，因此有如下结论：对于HJBI方程(5-12)的解$G(t,z,l_1,l_2)$及其边界条件$G(T,z,l_1,l_2)=U(z)$，若各参数满足引理5.4中的条件，则最优值函数$V(t,z,l_1,l_2)$满足$V(t,z,l_1,l_2)=G(t,z,l_1,l_2)$，且最优策略$\pi^*(t)$为定理5.2所给形式。这也就是说，在某些比较容易判别的条件下，笔者找到了本章开头所提出的问题的最优策略。

第三节
敏感性分析

定理5.1给出了以最大化终端财富效用为优化目标的鲁棒优化问题的显式表达式。在模型参数确定的情况下，可以很容易确定当前状态属于哪一种情况，进而得出对应的最优策略取值。然而由于模型极其复杂，导致最优解的形式也很复杂。为了更深入地研究最优策略，本节对最优投资——再保险策略$(q^*(t),\pi_1^*(t),\pi_2^*(t))$进行敏感性分析。通过数值例子，进一步研究模型各参数对最优策略的影响。

一、最优再保险策略的敏感性分析

定理5.1中关于最优再保险策略的表达式的形式非常复杂，它不仅在不同时间段有不同的形式，同时它跟各参数的大小及参数相互间关系都有关联，这体现了金融活动的复杂性，也凸显出本章研究的意义所在——面对复杂多变的金融环境及市场波动，能够为决策者提供明确的策略依据，使其资产配置效用最大化。为进一步研究最优策略与各参数的关系，本节利用如下数值例子进行各参数对最优再保险策略的敏感性分析。

观察定理5.1中最优再保险策略$q^*(t)$的取值，可知它在不同情形及不同时间阶段下有三种可能取值：0、$q^0(t)$、η_1/η_2，其中$q^0(t)$为式(5-36)所示。考虑了模型对各参数取值及相互间的关系的假定，将相关参数取表5-1中的值。在本节的敏感性分析中，均是改变某一参数对应的取值，其余参数取表5-1中的数值，以此来分析某一参数的变化对最优策略的影响。

表5-1　再保险策略相关参数取值

参数	α	a	σ_0	η_1	η_2	r	p	m	T
取值	0.6	4	1	0.3	0.8	0.06	0.5	3	10

图5-1(a)展示了 $\alpha_1 > 0.5$ 时参数 α_1 与最优再保险策略 $q^*(t)$ 的关系。参数 α_1 为保险公司和再保险公司财富过程的加权系数，$\alpha_1 > 0.5$ 意味着在进行决策时保险公司占有优势。观察图5-1(a)可知，越到后期，比例再保险水平越低。这是因为在其他参数确定的情况下，随着时间的推移，保险公司和再保险公司都会获得其投资所带来的收益。而 $\alpha_1 > 0.5$ 意味着在进行决策时保险公司占有优势，他们在初期为转移风险，会尽可能多地进行再保险，而当投资的回报慢慢显露时则可以选择尽可能少的再保险份额，将更多的保费用于投资。此外，图5-1(a)还给出了再保险比例水平具体的变化情况，$q^*(t)$ 由初期恒定的比例 η_1/η_2 转变为关于时间 t 的递减函数，最后再变为0。初期恒定及后期为0是因为根据假设，比例再保险水平 $q(t)$ 只能在0至 η_1/η_2 之间取值。在 $\alpha_1 > 0.5$ 的前提下，最优再保险策略 $q^*(t)$ 的取值是随着 α_1 的增大而增大的，这与之前的分析一致，在参数确定的情况下，投资在期望意义下是能够产生利润的，因此当保险公司在保险集团中所拥有的决策权越大，就越倾向于降低自身风险，购买更多的比例再保险 $q(t)$，从而将更多的风险转移给再保险公司。

由于的取值大于0.5，因此接下均考虑保险公司在决策中占优势的情况，观察图5-1(b)～图5-3(b)可知，无论其余参数如何变化，最优再保险策略的取值均随着时间的推移而降低。这是由于为了合理，保险公司对于保费的收取满足净利条件，对于投资的风险资产其期望收益要高于无风险资产。因此在期望的意义下，保险公司可以从收取保费及投资中产生净利润，所以尽管面临着赔付的风险，决策者选择将更多的保费由保险公司保留。

图5-1(b)表明当再保险公司的安全负荷 η_2 增加时，最优再保险策略

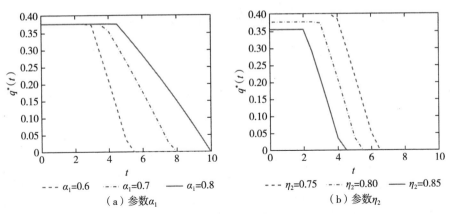

图 5-1　参数 α_1、η_2 对最优再保险策略 $q^*(t)$ 的影响

的取值会减少。事实上，由再保险公司的保费收入 $a(1+\eta_2)q(t)$ 的构成可知，在其他参数不变的情况下，再保险公司的安全负荷越高，保险公司应支付的再保险保费也越高。而由表 5-1 可知，此时保险公司在决策中的权重更大，因此保险公司在自己能承受的风险范围内选取尽量低的再保险比例 $q(t)$。在实际中，安全负荷的选取并非由保险公司或再保险公司随意决定，它受赔付过程的参数、当前的市场状况以及行业政策等多方面的因素影响。

图 5-2(a) 研究了索赔期望值 a 对最优再保险策略 $q^*(t)$ 的影响。当其他参数固定时，索赔的期望值 a 越大，在保险公司以期望保费原理收取保费时，它获得的保费收入越多。尽管较大的索赔期望意味着较高的赔付风险，但是由于保费的收取必须满足净利条件，在面临大量的保单时，保险公司仍然是可以获取更多的收益的。因此，当保险公司在保险集团中处于相对优势时，索赔的期望值 a 越大，保险公司会选择越低的最优再保险策略取值。在实际中索赔的期望值需要搜集大量的保险数据通过统计分析得出。

图 5-2(b) 展示了赔付过程 $C(t)$ 所满足的布朗运动的漂移系数 σ_0 与最优再保险策略 $q^*(t)$ 的关系。观察后发现，当 $\alpha_1 > 0.5$ 且模型中其他参数固定时，最优再保险策略 $q^*(t)$ 关于赔付过程的漂移系数 σ_0 递增。不同于索赔期望值与最优再保险策略的关系，漂移系数 σ_0 越大，意味着赔付额及赔付次数的波动范围越大，也就意味着承保人面临着较大的赔付风险，在

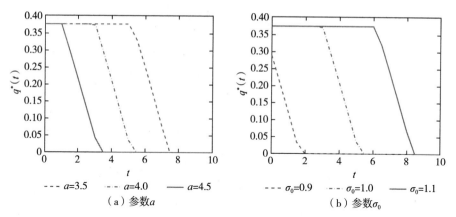

图5-2 参数 a、σ_0 对最优再保险策略 $q^*(t)$ 的影响

期望保费原理下保险公司的保费收入并没有因此增加，所以保险公司为了分担风险，会选取更高的再保险比例水平。

图5-3(a)揭示了决策者的模糊厌恶系数 m 与最优再保险策略 $q^*(t)$ 的内在联系。模糊厌恶系数能够刻画投资者面临不确定风险时的态度，模糊厌恶系数越高，表明决策者对不确定性风险越"害怕"。因为这些不确定性风险主要体现在赔付过程或风险资产价格过程的参数不确定性上，所以他们倾向于采取更保守的再保险和投资策略。因此，当 $\alpha_1 > 0.5$ 时，模糊厌恶系数越高的决策者越倾向于选择更高的再保险比例。此时，由赔付过程的不确定性引发的信用风险被更多地转移至再保险公司肩上。

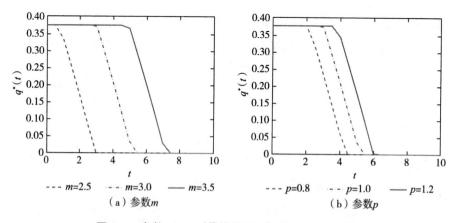

图5-3 参数 m、p 对最优再保险策略 $q^*(t)$ 的影响

图5-3(b)表明最优再保险策略$q^*(t)$的取值随着决策者的风险厌恶系数p的增加而增加。风险厌恶系数反映了投资者面临风险时的偏好程度，风险厌恶系数高的投资者会采取更谨慎保守的投资策略，因此决策者选择将在财富过程中权重较大的保险公司的投资策略紧缩，同时提高再保险比例水平，将更多的赔付风险转移给再保险公司。

二、最优投资策略的敏感性分析

由定理5.1中最优投资策略(5-15)可知，最优投资策略与m、p、r、σ_i等参数相关，为研究模型参数变化对最优投资策略的影响，本节采取固定其余参数而令某一参数在其取值范围内变动的方式展开研究。相关参数及取值如表5-2所示。

经数值计算，可以得到下列结论。

表5-2　投资策略相关参数取值

参数	α	a	σ_1	σ_2	ξ_1	ξ_2	ρ_1	ρ_2	κ_1	κ_2	r	m	t	T
取值	0.6	4	0.25	0.25	0.8	2	-0.4	0.25	5	5	0.06	3	5	10

图5-4展示了决策者的模糊厌恶系数m在权重系数α_1递增时对最优投资策略$\pi_1^*(t)$和$\pi_2^*(t)$的影响。由图5-4可知，随的增加，保险公司的最优投资策略取值呈下降趋势，而再保险公司的最优投资策略取值则呈上升趋势。这是由于随着α_1的增加，保险公司在保险集团中的决策权越大，转移给再保险公司的索赔风险越多，又因为其本身是模糊厌恶偏向，从而选择减少风险投资，进一步降低整体风险。反之对再保险公司而言，由于保险公司转移了更多的索赔风险，为了对冲新增的索赔风险，再保险公司从而偏向增加风险投资额。此外，分别观察图5-4(a)和图5-4(b)可知，其他参数固定时，模糊厌恶系数m增加会导致保险公司和再保险公司均选择降低投资比例。

图5-5表示由Heston模型刻画的风险资产价格过程的夏普比$\xi_i(i=1,2)$在固定收益率r递增时对最优投资策略$\pi_i^*(t)(i=1,2)$的影响。夏普比能反映单位风险基金净值增长率超过无风险收益率的程度。研究可知，在夏普比确定时，随着固定收益率r的提高，保险公司和再保险公司为了追求高的回报，将选择下调投资至风险资产的投资额。而较高的夏普比表示投资

者在多承受一个单位风险时产生的收益更大，因此在其余模型参数确定时，决策者提高了双方的投资额以获取更大的收益。

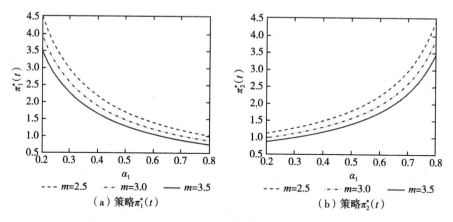

（a）策略$\pi_1^*(t)$　　　　　　　　（b）策略$\pi_2^*(t)$

图5-4　参数 m 在权重系数 α_1 变化时对最优投资策略 $\pi_i^*(t)$（$i=1,2$）的影响

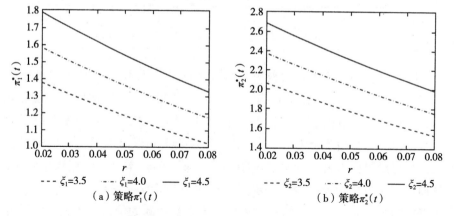

（a）策略$\pi_1^*(t)$　　　　　　　　（b）策略$\pi_2^*(t)$

图5-5　参数 ξ_i（$i=1,2$）在固定收益率 r 变化时对最优投资策略 $\pi_i^*(t)$（$i=1,2$）的影响

　　图5-6揭示了在Heston模型波动率方差 σ_i（$i=1,2$）递增时均值回复过程的回复率 κ_i（$i=1,2$）与最优投资策略 $\pi_i^*(t)$（$i=1,2$）的内在联系。观察可知，最优投资策略 $\pi_i^*(t)$ 的取值水平随波动率方差 σ_i 的增大而提高。这是因为在回复率确定的情形下，由于模型假定风险资产具有正的期望收益，此时较高的波动率方差意味着风险资产有较高的期望收益，因此投资者会选择提高投资额。而均值回复率增加将导致风险资产的价格波动更剧烈，因此在其他因素的影响确定时，保险公司和再保险公司都选择降低对风险资产的投资。

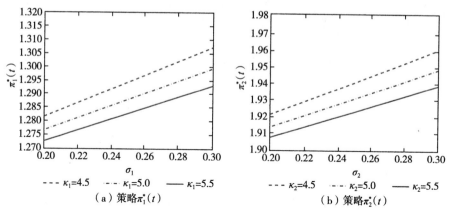

图5-6 参数 $\kappa_i(i=1,2)$ 在波动率方差 $\sigma_i(i=1,2)$ 变化时对最优投资策略 $\pi_i^*(t)(i=1,2)$ 的影响

第四节
本章小结

　　本章结合保险业的实践经验，研究了保险公司和再保险公司的联合的鲁棒最优投资—再保险问题。保险公司的保费收入及赔付由扩散逼近风险模型刻画，保险公司采取比例再保险的方式转移风险，因此其与对再保险进行承保的再保险公司成为利益共同体。此外，保险公司和再保险公司可以投资至金融市场，其中风险资产的价格过程由 Heston 随机波动率模型刻画。由于参数估计误差等因素导致构建的模型具有不确定性，假定保险公司和再保险公司均是模糊厌恶偏好的决策者，由此可构建鲁棒优化研究框架，再以最大化加权盈余过程终端财富的最小期望效用为优化目标，寻求鲁棒最优的投资—再保险策略。本章利用随机控制理论，分别推导了保险公司和再保险公司的鲁棒最优投资—再保险策略，并通过数值仿真对最优策略进行深入研究、分析，分析结果表明最优投资—再保险策略符合经济规律，能够为保险实践提供理论指导。

指数乘积效用下再保险双方的鲁棒
最优投资—再保险策略研究

在保险公司的资产配置问题的研究中，学者们引入了投资组合理论中常用的效用函数方法。它的应用使一系列现代数学理论，如鞅理论、随机控制理论、倒向随机方程理论、随机微分博弈理论等的最新成果可以应用到现代金融领域，可以处理一些复杂的实际情形。在保险精算的领域中，通常是采用效用函数方法最大化投资者在投资期内的消费期望效用和最终财富效用。当效用函数的形式发生改变时，其对应的最优目标函数也会随之改变。例如，当效用函数为普通指数效用函数时，意味着对风险厌恶偏好的投资者最大化其终端财富的期望效用，而当效用函数为二次函数且不考虑消费时，效用函数就等价于均值—方差方法。第四章和第五章中，对于再保险双方联合资产配置问题的优化目标的构建是通过对两者财富过程进行加权和处理得到一个新的财富过程，进而最大化这个新的财富过程的终端效用来实现的。本章试图从一个全新的角度来研究再保险双方联合的资产配置问题，即研究使保险公司和再保险公司终端财富在指数乘积效用函数下最大化的资产配置策略。

鲁棒优化是解决带有不确定参数的决策问题的一种强有力的方法，它在工程设计、投资组合优化、供应链管理等方面已有非常广泛的应用。这种方法的决策结果更平稳，最优策略对于不确定集合的任一参数的实现值均能达到或接近最优目标值，从而能够降低模型对输入参数扰动的敏感性。在保险风险领域，随着研究的深入，学者们认为决策者对于所选取模型时参数的不确定性的看法也应纳入寻求最优决策时所考虑的因素。结合了行为金融学等方面的思想，研究人员将投资者具有模糊厌恶偏向的情况作为影响资产配置策略的因素纳入研究范围，采取引入一系列备选模型用以逼近理想模型的方式来寻找稳健的最优策略。鲁棒最优控制策略由于考虑了保险人的模糊厌恶偏向，对于参数的估计误差、市场的异常波动等导致的模型不确定都有着很强的稳健性。本章研究鲁棒优化体系下的再保险双方在指数乘积效用下的资产配置问题。

本章的内容如下：第一节构建再保险双方在指数乘积效用下的投资—再保险风险模型，第二节求解鲁棒最优资产分配策略及验证定理，第三节通过数值模拟对最优策略进行敏感性分析并探讨其经济含义，第四节总结本章内容。

第一节
模型分析

一、经典风险模型的扩散逼近

首先构建一个合理的动态模型来模拟保险公司的资产变化过程，本节采用经典风险模型的扩散逼近形式。假设 (Ω, F, P) 为带域流 $\{F_t\}_{t \in [0,T]}$ 的完备概率空间，其中 T 为有限正常数，表示终端时刻。F_t 可视为至 t 时刻市场上的信息，域流 $\{F_t\}_{t \in [0,T]}$ 则为市场上 0 至时刻 T 的信息流，故任意策略均为 F_t 可测的。根据 Promislow 和 Young（2005），可假设保险公司的盈余过程为一个扩散逼近模型。事实上，扩散逼近模型是由经典的风险模型变换得到的。变换过程如下：

首先由经典风险模型的假设可知，保险公司的盈余过程为：

$$dR(t) = cdt - d\sum_{i=1}^{N(t)} Z_i$$

其中，c 为单位时间收取的保费，$C(t) := \sum_{i=1}^{N(t)} Z_i$ 为至时刻 t 的累积赔付额，$\{N(t), 0 \leqslant t \leqslant T\}$ 为强度为 $\lambda(>0)$ 的泊松过程，$\{Z_i, i \geqslant 1\}$ 为一列独立同分布且取值为正的随机变量，它与过程 $N(t)$ 相互独立。假定本保险公司的保费是按照期望保费原理收取的，则保费 c 应满足 $c = (1 + \eta_1)\lambda E[Z_1]$，其中 $\eta_1(>0)$ 为保险公司的安全负荷。

根据 Promislow 和 Young（2005），赔付过程可由如下扩散模型逼近：

$$\widetilde{dC}(t) = adt - \sigma_0 dW^0(t) \tag{6-1}$$

其中，$a = \lambda E[Z_1]$、$\sigma_0 = \lambda E[Z_1^2]$、$W^0(t)$ 为一个标准布朗运动。将上式代入经典风险模型可得保险公司的盈余过程为：

$$dR_1(t) = a\eta_1 dt + \sigma_0 dW^0(t) \tag{6-2}$$

由于赔付额相对于盈余过程来说比较小，所以上述扩散模型可以很好地刻画经典风险模型中的赔付过程。同时，由于扩散模型相对于经典风险模型具有较好的数学性质，它在风险精算的研究中应用得非常广泛。

二、投资—再保险策略下的盈余过程

在保险公司的经营过程中，可以通过进行比例再保险来控制风险。记比例再保险水平为 $q(t)$，其中 $t \in [0, T]$，则 $1-q(t)$ 为风险敞口。此时保险公司的保费费率为 $a(1+\eta_2)q(t)$，其中 η_2 表示再保险公司的安全负荷，它应满足 $\eta_2 > \eta_1$。由于保险公司及再保险公司均需满足净利条件，故有 $0 \leqslant q(t) \leqslant \eta_1/\eta_2 < 1$。综上，在进行比例再保险的情况下，保险公司及再保险公司的盈余过程分别为：

$$dR_1(t) = a(\eta_1 - \eta_2 q(t))dt + \sigma_0(1-q(t))dW^0(t) \tag{6-3}$$

$$dR_2(t) = a\eta_2 q(t)dt + \sigma_0 q(t)dW^0(t) \tag{6-4}$$

为实现资产的最优配置，保险公司及再保险公司均选择投资至金融市场。金融市场分为无风险资产及风险资产两大类，其中，无风险资产的价格过程如下：

$$dB(t) = rB(t)dt \tag{6-5}$$

其中，$r>0$ 为利率。不失一般性，假设保险公司和再保险公司分别投资至风险资产 1 和风险资产 2。风险资产 1 的价格过程如下：

$$dS_1(t) = S_1(t)[b_1 dt + \sigma_1 dW^1(t)] \tag{6-6}$$

再保险公司投资的风险资产 2 的价格过程为：

$$dS_2(t) = S_2(t)[b_2 dt + \sigma_2 dW^2(t)] \tag{6-7}$$

其中，b_i、σ_i 分别为资产 $i(i=1,2)$ 的收益率及瞬时波动率，并且满足 $b_i > r, \sigma_i > 0 (i=1,2)$。$W^1(t)$ 和 $W^2(t)$ 为两个标准布朗运动，满足 $W^0(t)$、$W^1(t)$ 和 $W^2(t)$ 两两独立。

记保险公司在时刻 t 投资至风险资产 1 的资金数额为 $\pi_1(t)$，再保险公司在时刻 t 投资至风险资产 2 的资金数额为 $\pi_2(t)$，则向量 $\pi = (q(t), \pi_1(t), \pi_2(t))$ 为保险公司及再保险公司的投资—再保险策略。在保险公司及再保险公司的初始资产分别为 x、y，并且采取投资—再保险策略 $\pi = (q(t), \pi_1(t), \pi_2(t))$ 时，它们的财富过程分别为：

$$\begin{cases} dX^\pi(t) = [rX^\pi(t) + (b_1-r)\pi_1(t) + a(\eta_1 - \eta_2 q(t))]dt + \\ \qquad\qquad \sigma_1\pi_1(t)dW^1(t) + \sigma_0(1-q(t))dW^0(t) \\ X^\pi(0) = x \end{cases} \tag{6-8}$$

$$
\begin{cases}
dY^{\pi}(t) = \left[rY^{\pi}(t) + (b_2 - r)\pi_2(t) + a\eta_2 q(t) \right] dt + \\
\qquad\quad \sigma_2\pi_2(t)dW^2(t) + \sigma_0 q(t)dW^0(t) \\
Y^{\pi}(0) = y
\end{cases}
\tag{6-9}
$$

式（6-8）和式（6-9）很好地模拟了投资和再保险策略下保险公司和再保险公司各自的财富变化过程，同时通过它们构造的风险模型也有着良好的数学性质，可以应用随机分析方法进行研究。

第二节
指数乘积效用下的最优资产分配策略

保险公司和再保险公司都想使各自公司的终端财富的期望效用达到最大。本节考虑保险公司和再保险公司的指数乘积效用。

$$
U(x,y) = -\frac{1}{p_1 p_2} e^{-p_1 x - p_2 y}
\tag{6-10}
$$

其中，p_1、$p_2 > 0$ 分别表示保险公司和再保险公司的风险厌恶系数，则可令保险集团的目标函数为：

$$
\sup_{\pi \in \Pi} E_{t,x,y} \left[U(X^{\pi}(T), Y^{\pi}(T)) \right] = \sup_{\pi \in \Pi} E \left[U(X^{\pi}(T), Y^{\pi}(T)) \mid X^{\pi}(t) = x, Y^{\pi}(t) = y \right]
\tag{6-11}
$$

其中，Π 为市场中所有可允许策略 π 的集合，$E(\cdot)$ 为在概率测度 P 下的期望。

事实上，当面临瞬息万变的金融市场时，模型的不确定因素是投资者关注的焦点。本节研究面临模型不确定性时模糊厌恶的投资者（以下简称投资者）的最优资产分配问题。

一、指数乘积效用下鲁棒优化问题及 HJBI 方程

假定投资者用理想模型刻画赔付过程和风险资产过程，由于模型不确定性，投资者通过引入一系列备选模型的方式来寻求稳健的最优策略，而备选模型与理想模型间的差异将通过概率测度的变换来体现。假定理想模

型由概率测度 P 刻画，某一备选模型可由一概率测度 Q 刻画，则应满足 $Q \sim P$，用第四章第二节中的方法可产生一族与参数 θ 的选取有关的概率测度 $\mathcal{Q}$，它满足 $Q := \{Q \mid Q \sim P\}$，并且概率测度集 Q 可以用来刻画备选模型。

由 Girsanov 定理，在备选测度 Q 下，随机过程 $W_Q(t)$ 为一个标准的三维布朗运动，满足 $dW_Q(t) = dW(t) + \theta(t)'dt$。注意到集类 Q 中的概率测度对应的备选模型相互间只有漂移项不同，故备选模型中保险公司和再保险公司的盈余过程分别为：

$$
\begin{cases}
dX^{\pi}(t) = \big[rX^{\pi}(t) + (b_1 - r)\pi_1(t) + a(\eta_1 - \eta_2 q(t)) - \\
\qquad \sigma_1 \pi_1(t)\theta_1(t) - \sigma_0(1 - q(t))\theta_0(t) \big] dt + \\
\qquad \sigma_1 \pi_1(t)dW_Q^1(t) + \sigma_0(1 - q(t))dW_Q^0(t) \\
X^{\pi}(0) = x
\end{cases}
\tag{6-12}
$$

$$
\begin{cases}
dY^{\pi}(t) = \big[rY^{\pi}(t) + (b_2 - r)\pi_2(t) + a\eta_2 q(t) - \\
\qquad \sigma_2 \pi_2(t)\theta_2(t) - \sigma_0 q(t)\theta_0(t) \big] dt + \\
\qquad \sigma_2 \pi_2(t)dW_Q^2(t) + \sigma_0 q(t)dW_Q^0(t) \\
Y^{\pi}(0) = y
\end{cases}
\tag{6-13}
$$

由 Maenhout(2004) 和 Yi 等(2013)，目标函数(6-11)对应的鲁棒优化问题为：

$$
V(t, x, y) = \sup_{\pi \in \Pi}\left\{ \inf_{Q \in Q} E_{t,x,y}^{Q} \left[U(X^{\pi}(T), Y^{\pi}(T)) + \int_t^T \Psi(u, X^{\pi}(u), Y^{\pi}(u), \theta(u)) du \right] \right\}
\tag{6-14}
$$

其中，$E^Q(\cdot)$ 为备选测度 Q 下的期望，$\int_t^T \Psi(u, X^{\pi}(u), Y^{\pi}(u), \theta(u)) du$ 为贴现相对熵。由于投资者引入的备选模型在预期后续回报上会产生负面影响，因此引入它作为惩罚项来惩罚备选模型与理想模型间的差异。它应满足：

$$
\Psi(t, X^{\pi}(t), Y^{\pi}(t), \theta(t)) = \frac{\|\theta(t)\|^2}{2\phi(t, X^{\pi}(t), Y^{\pi}(t))}
$$

其中，$\phi(t, x, y) = \dfrac{-m}{p_1 p_2 V(t, x, y)} \geq 0$，$m \geq 0$ 为模糊厌恶系数，它刻画了投资者面对扩散风险时的态度。

为求解问题(6-14)，利用动态规划原理，可得如下 HJBI 方程：

$$
\sup_{\pi \in \Pi} \inf_{\theta \in \Theta} \big\{ A^{\theta, \pi} V(t, X^{\pi}(t), Y^{\pi}(t)) + \Psi(t, X^{\pi}(t), Y^{\pi}(t), \theta(t)) \big\} = 0
\tag{6-15}
$$

并有边界条件 $V(T,x,y)=U(x,y)$，其中，

$$A^{\theta,\pi}V = V_t + [rx + (b_1-r)\pi_1 + a(\eta_1-\eta_2 q) - \sigma_1\pi_1\theta_1 - \sigma_0(1-q)\theta_0]V_x +$$
$$[ry + (b_2-r)\pi_2 + a\eta_2 q - \sigma_2\pi_2\theta_2 - \sigma_0 q\theta_0]V_y + \sigma_0^2 q(1-q)V_{xy} +$$
$$0.5[\sigma_1^2\pi_1^2 + \sigma_0^2(1-q)^2]V_{xx} + 0.5[\sigma_2^2\pi_2^2 + \sigma_0^2 q^2]V_{yy}$$

$$(6-16)$$

这里，V_t、V_x、V_y、V_{xx} 和 V_{yy} 表示值函数对应的偏导数。

二、最优投资—再保险策略的理论推导

上一小节构建了模型不确定下的鲁棒优化理论框架，通过引入贴现相对熵来度量经测度变换后终端财富效用损失，此外，选取的效用函数为指数乘积形式，它可以体现保险公司和再保险公司的共同利益，因此鲁棒优化问题(6-14)不仅符合再保险双方的共同利益，还消除了决策者对于模型参数估计有误导致最优策略选择错误的担忧。求解它所得到的最优投资—再保险策略对于各种不稳定因素引发的模型不确定性都有着很强的稳健性。下述定理给出了最优策略的显式表达式以及求解问题(6-14)的具体过程。

定理 6.1 记 $t_0 := T - \dfrac{1}{r}\ln\Delta_0$，$t_1 := T - \dfrac{1}{r}\ln\Delta_1$，其中，

$$\Delta_0 = \frac{p_2 a\eta_2}{(m+p_1 p_2)\sigma_0^2}, \Delta_1 = \frac{p_1 p_2 a\eta_2^2}{(m+p_1 p_2)\sigma_0^2[p_1(\eta_2-\eta_1)+p_2\eta_1]}$$

对于鲁棒最优投资—再保险问题(6-14)，通过资产盈余过程的最小生成元构建的 HJBI 方程(6-15)有如下形式的解：

$$G(t,x,y) = -\frac{1}{p_1 p_2}\exp\{[-p_1 x - p_2 y]e^{r(T-t)} + h(T-t)\} \qquad (6-17)$$

且有边界条件 $G(T,x,y)=U(x,y)$。

最差情形时对应的 $\theta^* = (\theta_0^*, \theta_1^*, \theta_2^*)$ 具体形式为：

$$\begin{cases} \theta_0^*(t) = \dfrac{m\sigma_0}{p_1 p_2}e^{r(T-t)}[p_1(1-q^*(t)) + p_2 q^*(t)] \\[3mm] \theta_1^*(t) = \dfrac{m\sigma_1}{p_2}e^{r(T-t)}\pi_1^*(t) \\[3mm] \theta_2^*(t) = \dfrac{m\sigma_2}{p_1}e^{r(T-t)}\pi_2^*(t) \end{cases} \qquad (6-18)$$

保险公司及再保险公司的最优投资策略分别为：

$$\pi_1^*(t) = \frac{p_2(b_1-r)}{(m+p_1p_2)\sigma_1^2 e^{r(T-t)}}, \pi_2^*(t) = \frac{p_1(b_2-r)}{(m+p_1p_2)\sigma_2^2 e^{r(T-t)}}$$

最优再保险策略 $q^*(t)$ 及 $h(T-t)$ 在不同情形下有如下表达式：

(1)若 $p_1>p_2, \Delta_0>1, e^{rT}>\Delta_1$，则

$$(h(T-t),q^*(t)) = \begin{cases} (h_3(T-t),\eta_1/\eta_2), & 0\leq t\leq t_1 \\ (h_2(T-t),q^0(t)), & t_1\leq t\leq t_0 \\ (h_1(T-t),0), & t_0\leq t\leq T \end{cases}$$

其中，$q^0(t)$、$h_1(T-t)$、$h_2(T-t)$、$h_3(T-t)$ 分别由式（6-23）、式（6-25）、式（6-26）和式（6-28）给出。

(2)若 $p_1>p_2, \Delta_0>1, \Delta_0\leq e^{rT}\leq\Delta_1$，则

$$(h(T-t),q^*(t)) = \begin{cases} (h_2(T-t),q^0(t)), & 0\leq t\leq t_0 \\ (h_1(T-t),0), & t_0\leq t\leq T \end{cases}$$

(3)若 $p_1>p_2, \Delta_0>1, e^{rT}<\Delta_0$，则

$$(h(T-t),q^*(t)) \equiv (h_1(T-t),0), \qquad \forall 0\leq t\leq T$$

(4)若 $p_1>p_2, \Delta_0\leq 1, \Delta_1>1, e^{rT}>\Delta_1$，则

$$(h(T-t),q^*(t)) = \begin{cases} (h_4(T-t),\eta_1/\eta_2), & 0\leq t\leq t_1 \\ (\tilde{h}_2(T-t),q^0(t)), & t_1\leq t\leq T \end{cases}$$

其中，$h_4(T-t)=\tilde{h}_3(T-t)+M_3$，$M_3=\tilde{h}_2(T-t_1)-\tilde{h}_3(T-t_1)$。$\tilde{h}_2(T-t)$ 和 $\tilde{h}_3(T-t)$ 分别由式（6-27）和式（6-29）给出。

(5)若 $p_1>p_2, \Delta_0\leq 1, \Delta_1>1, e^{rT}\leq\Delta_1$，则

$$(h(T-t),q^*(t)) \equiv (\tilde{h}_2(T-t),q^0(t)), \qquad \forall 0\leq t\leq T$$

(6)若 $p_1>p_2, \Delta_0\leq 1, \Delta_1\leq 1$，则

$$(h(T-t),q^*(t)) \equiv (\tilde{h}_3(T-t),\eta_1/\eta_2), \qquad \forall 0\leq t\leq T$$

(7)若 $p_1<p_2, \Delta_1>1, e^{rT}>\Delta_0$，则

$$(h(T-t),q^*(t)) = \begin{cases} (h_6(T-t),0), & 0\leq t\leq t_0 \\ (h_5(T-t),q^0(t)), & t_0\leq t\leq t_1 \\ (\tilde{h}_3(T-t),\eta_1/\eta_2), & t_1\leq t\leq T \end{cases}$$

其中，$h_5(T-t) = \widetilde{h}_2(T-t) + M_4$，$M_4 = \widetilde{h}_3(T-t_1) - \widetilde{h}_2(T-t_1)$，$h_6(T-t) = h_1(T-t) + M_5$，$M_5 = h_5(T-t_0) - h_1(T-t_0)$。

（8）若 $p_1 < p_2, \Delta_1 > 1, \Delta_1 \leq e^{rT} \leq \Delta_0$，则

$$(h(T-t), q^*(t)) = \begin{cases} (h_5(T-t), q^0(t)), & t_0 \leq t \leq t_1 \\ (\widetilde{h}_3(T-t), \eta_1/\eta_2), & t_1 \leq t \leq T \end{cases}$$

（9）若 $p_1 < p_2, \Delta_1 > 1, e^{rT} < \Delta_1$，则

$$(h(T-t), q^*(t)) \equiv (\widetilde{h}_3(T-t), \eta_1/\eta_2), \qquad \forall t \in [0, T]$$

（10）若 $p_1 < p_2, \Delta_1 \leq 1, \Delta_0 > 1, e^{rT} > \Delta_0$，则

$$(h(T-t), q^*(t)) = \begin{cases} (h_7(T-t), 0), & 0 \leq t \leq t_0 \\ (\widetilde{h}_2(T-t), q^0(t)), & t_0 \leq t \leq T \end{cases}$$

其中，$h_7(T-t) = h_1(T-t) + M_6$，$M_6 = \widetilde{h}_2(T-t_0) - h_1(T-t_0)$。

（11）若 $p_1 < p_2, \Delta_1 \leq 1, \Delta_0 > 1, e^{rT} \leq \Delta_0$，则

$$(h(T-t), q^*(t)) \equiv (\widetilde{h}_2(T-t), q^0(t)), \qquad 0 \leq t \leq T$$

（12）若 $p_1 < p_2, \Delta_1 \leq 1, \Delta_0 \leq 1$，则

$$(h(T-t), q^*(t)) \equiv (h_1(T-t), 0), \qquad \forall 0 \leq t \leq T$$

（13）若 $\alpha = \beta$，则任意可测函数 $q^*(t): [0, T] \to [0, \eta_1/\eta_2]$ 均为最优再保险策略，且对于 $t \in [0, T]$，有 $h(T-t) = h_1(T-t)$。

证明：由 HJBI 方程（6-15）的形式可知，它的解应满足如下形式：

$$G(t, x, y) = -\frac{1}{p_1 p_2} \exp\{[-p_1 x - p_2 y]e^{r(T-t)} + h(T-t)\}$$

其中，$h(T-t)$ 为一个待定函数。

由边界条件 $G(T, x, y) = U(x, y)$ 可知，$h(0) = 0$。

求解 $G(t, x, y)$ 的偏导数可得：

$$\begin{cases} G_t = [r(p_1 x + p_2 y)e^{r(T-t)} - h'(T-t)]G \\ G_x = -p_1 e^{r(T-t)}G, G_y = -p_2 e^{r(T-t)}G \\ G_{xx} = p_1^2 e^{2r(T-t)}G, G_{yy} = p_2^2 e^{2r(T-t)}G \\ G_{xy} = p_1 p_2 e^{2r(T-t)}G \end{cases}$$

将它们代入 HJBI 方程(6-15)可得：

$$\inf_{\pi \in \Pi} \sup_{\theta \in \Theta} \{ -h'(T-t) - p_1 e^{r(T-t)} [(b_1-r)\pi_1 + a(\eta_1-\eta_2 q) - \sigma_1 \pi_1 \theta_1 - \sigma_0(1-q)\theta_0] -$$

$$p_2 e^{r(T-t)} [(b_2-r)\pi_2 + a\eta_2 q - \sigma_2 \pi_2 \theta_2 - \sigma_0 q \theta_0] +$$

$$0.5 p_1^2 e^{2r(T-t)} [\sigma_1^2 \pi_1^2 + \sigma_0^2 (1-q)^2] + 0.5 p_2^2 e^{2r(T-t)} [\sigma_2^2 \pi_2^2 + \sigma_0^2 q^2] +$$

$$p_1 p_2 q(1-q) \sigma_0^2 e^{2r(T-t)} - \frac{p_1 p_2}{2m}(\theta_0^2 + \theta_1^2 + \theta_2^2) \} = 0$$

$$(6-19)$$

下面分步求解式(6-19)，即先固定 π，取关于 θ 的上确界。由式(6-19)可得关于最小值点 θ^* 的一阶方程组：

$$\begin{cases} \theta_0^*(q) = \dfrac{m\sigma_0}{p_1 p_2} e^{r(T-t)} [p_1(1-q) + p_2 q] \\[3mm] \theta_1^*(\pi_1) = \dfrac{m\sigma_1}{p_2} e^{r(T-t)} \pi_1 \\[3mm] \theta_2^*(\pi_2) = \dfrac{m\sigma_2}{p_1} e^{r(T-t)} \pi_2 \end{cases} \qquad (6-20)$$

将一阶方程组(6-20)代入式(6-19)可得：

$$\inf_{\pi \in \Pi} \{ -h'(T-t) - p_1 e^{r(T-t)} [(b_1-r)\pi_1 + a(\eta_1-\eta_2 q)] - p_2 e^{r(T-t)} [(b_2-r)\pi_2 +$$

$$a\eta_2 q] + 0.5 p_1^2 e^{2r(T-t)} [\sigma_1^2 \pi_1^2 + \sigma_0^2 (1-q)^2] + 0.5 p_2^2 e^{2r(T-t)} [\sigma_2^2 \pi_2^2 +$$

$$\sigma_0^2 q^2] + p_1 p_2 q(1-q) \sigma_0^2 e^{2r(T-t)} + \frac{m\sigma_0^2}{2p_1 p_2} e^{2r(T-t)} [p_1(1-q) + p_2 q]^2 +$$

$$\frac{mp_1}{2p_2} e^{2r(T-t)} \sigma_1^2 \pi_1^2 + \frac{mp_2}{2p_1} e^{2r(T-t)} \sigma_2^2 \pi_2^2 \} = 0$$

$$(6-21)$$

由 π 的一阶条件，可得：

$$\pi_1^*(t) = \frac{p_2(b_1-r)}{(m+p_1 p_2)\sigma_1^2 e^{r(T-t)}}, \quad \pi_2^*(t) = \frac{p_1(b_2-r)}{(m+p_1 p_2)\sigma_2^2 e^{r(T-t)}} \qquad (6-22)$$

$$q^0(t) = \frac{p_1}{p_1-p_2} - \frac{p_1 p_2 a\eta_2}{(m+p_1 p_2)(p_1-p_2)\sigma_0^2} e^{-r(T-t)} \qquad (6-23)$$

将式(6-22)代入式(6-21)可得：

$$h'(T-t) = -p_1 a \eta_1 e^{r(T-t)} + \frac{p_1(m+p_1p_2)}{2p_2}\sigma_0^2 e^{2r(T-t)} - \frac{p_1p_2(b_1-r)^2}{2(m+p_1p_2)\sigma_1^2} -$$

$$\frac{p_1p_2(b_2-r)^2}{2(m+p_1p_2)\sigma_2^2} + \inf_{0 \leqslant q(t) \leqslant \eta_1/\eta_2} g(q(t))$$

$$(6-24)$$

其中,

$$g(q) = (p_1-p_2)\left[a\eta_2 - \frac{m+p_1p_2}{p_2}\sigma_0^2 e^{r(T-t)}\right]e^{r(T-t)}q + \frac{m+p_1p_2}{2p_1p_2}\sigma_0^2(p_1-p_2)^2 e^{2r(T-t)}q^2$$

下面对(1)进行分情况讨论:

若 $p_1 > p_2$,方程(6-23)表明 $q^0(t) \in [0, \eta_1/\eta_2]$ 等价于 $t_1 \leqslant t \leqslant t_0$。若 $\Delta_0 > 1$,且 $e^{rT} > \Delta_1$,则必有 $t_0 < T$,且 $t_1 > 0$。

当 $t_0 \leqslant t \leqslant T$ 时,有 $q^0(t) \leqslant 0$,故 $q^*(t) = 0$。将 $q^*(t) = 0$ 代入式(6-24),有:

$$h'_1(T-t) = -p_1 a \eta_1 e^{r(T-t)} + \frac{p_1(m+p_1p_2)}{2p_2}\sigma_0^2 e^{2r(T-t)} - \frac{p_1p_2(b_1-r)^2}{2(m+p_1p_2)\sigma_1^2} - \frac{p_1p_2(b_2-r)^2}{2(m+p_1p_2)\sigma_2^2}$$

且由边界条件 $h(0) = 0$,可得:

$$h_1(T-t) = -\frac{p_1 a \eta_1}{r}(e^{r(T-t)}-1) + \frac{p_1(m+p_1p_2)}{4rp_2}\sigma_0^2(e^{2r(T-t)}-1)$$

$$(6-25)$$

$$-\frac{p_1p_2(b_1-r)^2}{2(m+p_1p_2)\sigma_1^2}(T-t) - \frac{p_1p_2(b_2-r)^2}{2(m+p_1p_2)\sigma_2^2}(T-t)$$

当 $t_1 \leqslant t \leqslant t_0$ 时,有 $q^0(t) \in [0, \eta_1/\eta_2]$,故 $q^*(t) = q^0(t)$。将它代入式(6-24),可得:

$$h'_2(T-t) = -p_1 a(\eta_1-\eta_2)e^{r(T-t)} - \frac{p_1p_2 a^2\eta_2^2}{2(m+p_1p_2)\sigma_0^2} - \frac{p_1p_2(b_1-r)^2}{2(m+p_1p_2)\sigma_1^2} - \frac{p_1p_2(b_2-r)^2}{2(m+p_1p_2)\sigma_2^2}$$

两边同时积分,可得:

$$h_2(T-t) = \tilde{h}_2(T-t) + M_1 \qquad (6-26)$$

其中,

$$\tilde{h}_2(T-t) = -\frac{p_1p_2}{2(m+p_1p_2)}\left[\frac{a^2\eta_2^2}{\sigma_0^2} + \frac{(b_1-r)^2}{\sigma_1^2} + \frac{(b_2-r)^2}{\sigma_2^2}\right](T-t) - \frac{p_1 a(\eta_1-\eta_2)}{r}(e^{r(T-t)}-1)$$

$$(6-27)$$

由于在 $t = t_0$ 处 $h(T-t)$ 为连续的,故 $M_1 = h_1(T-t_0) - \tilde{h}_2(T-t_0)$。

当 $0 \leqslant t < t_1$ 时，有 $q^0(t) \geqslant \eta_1 / \eta_2$，故有 $q^*(t) = \eta_1 / \eta_2$。将 $q^*(t) = \eta_1 / \eta_2$ 代入式(6-24)，可得：

$$h'_3(T-t) = -p_2 a \eta_1 e^{r(T-t)} + \frac{m+p_1 p_2}{2 p_1 p_2 \eta_2^2} [p_1(\eta_2 - \eta_1) + p_2 \eta_1]^2 \sigma_0^2 e^{2r(T-t)} -$$

$$\frac{p_1 p_2 (b_1 - r)^2}{2(m+p_1 p_2)\sigma_1^2} - \frac{p_1 p_2 (b_2 - r)^2}{2(m+p_1 p_2)\sigma_2^2}$$

两边同时积分，有：

$$h_3(T-t) = \widetilde{h}_3(T-t) + M_2 \tag{6-28}$$

其中，

$$\widetilde{h}_3(T-t) = -\frac{p_2 a \eta_1}{r}(e^{r(T-t)} - 1) - \frac{p_1 p_2}{2(m+p_1 p_2)}\left[\frac{(b_1-r)^2}{\sigma_1^2} + \frac{(b_2-r)^2}{\sigma_2^2}\right](T-t) +$$

$$\frac{(m+p_1 p_2)\sigma_0^2}{4r p_1 p_2 \eta_2^2}[p_1(\eta_2 - \eta_1) + p_2 \eta_1]^2(e^{2r(T-t)} - 1)$$

$$\tag{6-29}$$

由于在 $t = t_1$ 处 $h(T-t)$ 是连续的，故 $M_2 = h_2(T-t_1) - \widetilde{h}_3(T-t_1)$。

综上所述，(1)得证。(2)~(13)的证明类似可得。

三、最优投资—再保险策略的验证

定理6.1给出了问题(6-14)的解，为验证形如式(6-17)的函数确实为所求值函数，本节给出如下验证定理。

定理6.2(验证定理)　令 $\mathcal{O} := (0, T) \times R \times R$，记 $\mathcal{O}$ 的闭包为 $\overline{\mathcal{O}}$。若存在一个函数 $G \in C^{1,2,2}(\mathcal{O}) \cap C(\overline{\mathcal{O}})$ 及一个马氏控制策略 $(\theta^*, \pi^*) \in \Theta \times \Pi$，使如下条件成立：

(1)对于所有 $\theta \in \Theta$，有 $A^{\theta, \pi^*} G(t, X^{\pi^*}(t), Y^{\pi^*}(t)) + \Psi(t, X^{\pi^*}(t), Y^{\pi^*}(t), \theta(t)) \geqslant 0$。

(2)对于所有 $\pi \in \Pi$，有 $A^{\theta^*, \pi} G(t, X^{\pi}(t), Y^{\pi}(t)) + \Psi(t, X^{\pi}(t), Y^{\pi}(t)\theta^*(t)) \leqslant 0$。

(3) $A^{\theta^*, \pi^*} G(t, X^{\pi^*}(t), Y^{\pi^*}(t)) + \Psi(t, X^{\pi^*}(t), Y^{\pi^*}(t), \theta^*(t)) = 0$。

(4)对所有 $(\theta, \pi) \in \Theta \times \Pi$，有 $\lim_{t \to T-} G(t, X^{\pi}(t), Y^{\pi}(t)) = U(X^{\pi}(t), Y^{\pi}(T))$。

（5）$\{G(\tau,X^\pi(\tau),Y^\pi(\tau))\}_{\tau\in T}$和$\{\Psi(t,X^\pi(\tau),Y^\pi(\tau),\theta(\tau))\}_{\tau\in T}$为一致可积的，其中 T 为停时 $\tau<T$ 的集合，则 $G(t,x,y)=V(t,x,y)$，且 (θ^*,π^*) 为最优马氏控制策略。

证明：按如下定义选取序列 $\{\tau_n\}$，$n=1$，2，…

$$\tau_n=T\wedge n\wedge\inf\{s>t;|X^\pi(s)|\geqslant n\}\wedge\inf\{s>t;|Y^\pi(s)|\geqslant n\}$$

由于 $G\in C^{1,2,2}(\mathcal{O})\cap C(\overline{\mathcal{O}})$，对 $G(\tau_n,X^\pi(\tau_n),Y^\pi(\tau_n))$ 应用伊藤公式，取 $(\theta,\pi)\in\Theta\times\Pi$，可得：

$$G(\tau_n,X^\pi(\tau_n),Y^\pi(\tau_n))=G(t,x,y)+\int_t^{\tau_n}A^{\theta,\pi}G(s,X^\pi(s),Y^\pi(s))ds+$$

$$\int_t^{\tau_n}\sigma_0\left[G_x(1-q(s))+G_yq(s)\right]dW_Q^0(s)+$$

$$\int_t^{\tau_n}G_x\sigma_1\pi_1(s)dW_Q^1(s)+\int_t^{\tau_n}G_y\sigma_2\pi_2(s)dW_Q^2(s)$$

$$(6-30)$$

存在两任意常数 $K_2>K_1>0$，使

$$\int_t^{\tau_n}0.5\sigma_0^2\left[G_x(1-q(s))+G_yq(s)\right]^2ds\leqslant K_1\int_t^{\tau_n}\left[(1-q(s))^2+q^2(s)\right]ds$$

$$\leqslant K_2\int_t^{\tau_n}\left[1+2q^2(s)\right]ds$$

由可允许策略的性质（2）（见定义4.1），可得：

$$E_{t,x,y}^Q\left[\int_t^{\tau_n}0.5\sigma_0^2\left[G_x(1-q(s))+G_yq(s)\right]^2ds\right]<\infty$$

类似地，有：

$$\begin{cases}E_{t,x,y}^Q\left[\int_t^{\tau_n}0.5G_x^2\sigma_1^2\pi_1^2(s)ds\right]<\infty\\[2mm]E_{t,x,y}^Q\left[\int_t^{\tau_n}0.5G_y^2\sigma_2^2\pi_2^2(s)ds\right]<\infty\end{cases}$$

故可对等式（6-30）两端取期望，得：

$$G(t,x,y)=E_{t,x,y}^Q\left[G(\tau_n,X^\pi(\tau_n),Y^\pi(\tau_n))-\int_t^{\tau_n}A^{\theta,\pi}G(s,X^\pi(s),Y^\pi(s))ds\right]$$

$$(6-31)$$

根据定理6.2的条件（1），对上式取策略(θ,π^*)，其中$\theta\in\Theta$，有：

$$G(t,x,y)\leq E^Q_{t,x,y}\left[G(\tau_n,X^{\pi^*}(\tau_n),Y^{\pi^*}(\tau_n))+\int_t^{\tau_n}\Psi(u,X^*(u),Y^*(u),\theta(u))du\right]$$

令$n\to\infty$，由定理6.2的条件（4）和条件（5），可得：

$$G(t,x,y)\leq E^Q_{t,x,y}\left[U(X^{\pi^*}(T),Y^{\pi^*}(T))+\int_t^T\Psi(u,X^*(u),Y^*(u),\theta(u))du\right]$$

由于上式对于所有的$\theta\in\Theta$均成立，故有：

$$G(t,x,y)\leq\inf_{\theta\in\Theta}E^Q_{t,x,y}\left[U(X^{\pi^*}(T),Y^{\pi^*}(T))+\int_t^T\Psi(u,X^*(u),Y^*(u),\theta(u))du\right]$$

再由上确界的定义，有：

$$G(t,x,y)\leq\sup_{\pi\in\Pi}\inf_{\theta\in\Theta}E^Q_{t,x,y}\left[U(X^{\pi}(T),Y^{\pi}(T))+\int_t^T\Psi(s,X^{\pi}(s),Y^{\pi}(s),\theta(s))ds\right]$$

$$(6\text{-}32)$$

由$V(t,x,y)$的定义，上式即为$G(t,x,y)\leq V(t,x,y)$。

接下来证明$G(t,x,y)\geq V(t,x,y)$。

根据定理6.2的条件（2），对式（6-31）取策略(θ^*,π)，其中$\pi\in\Pi$，有：

$$G(t,x,y)\geq E^Q_{t,x,y}\left[G(\tau_n,X^{\pi}(\tau_n),Y^{\pi}(\tau_n))+\int_t^{\tau_n}\Psi(u,X^{\pi}(u),Y^{\pi}(u),\theta^*(u))du\right]$$

令$n\to\infty$，由定理6.2的条件（4）和条件（5），可得：

$$G(t,x,y)\geq E^Q_{t,x,y}\left[U(X^{\pi}(T),Y^{\pi}(T))+\int_t^T\Psi(u,X^{\pi}(u),Y^{\pi}(u),\theta^*(u))du\right]$$

$$\geq\inf_{\theta\in\Theta}E^Q_{t,x,y}\left[U(X^{\pi}(T),Y^{\pi}(T))+\int_t^T\Psi(u,X^{\pi}(u),Y^{\pi}(u),\theta(u))du\right]$$

上式对于所有的$\pi\in\Pi$均成立，故有：

$$G(t,x,y)\geq\sup_{\pi\in\Pi}\inf_{\theta\in\Theta}E^Q_{t,x,y}\left[U(X^{\pi}(T),Y^{\pi}(T))+\int_t^T\Psi(u,X^{\pi}(u),Y^{\pi}(u),\theta(u))du\right]$$

$$(6\text{-}33)$$

结合式（6-32）与式（6-33），有$G(t,x,y)=V(t,x,y)$。

对于策略(θ^*,π^*)同样地应用上述方法，可得：

$$G(t,x,y)=E^{Q^*}_{t,x,y}\left[U(X^{\pi^*}(T),Y^{\pi^*}(T))+\int_t^T\Psi(u,X^{\pi^*}(u),Y^{\pi^*}(u),\theta^*(u))du\right]$$

$$=V(t,x,y)$$

故(θ^*,π^*)为最优控制策略。

由上述验证定理可知，如果能够证实定理6.1中求解的最优策略和值函数满足条件(1)~条件(5)，则说明它们确实是问题(6-14)的解。对于条件(1)~条件(4)，由 HJBI 方程的构造过程可知它们是显然成立的。下面只需要验证条件(5)也是能够满足的，验证过程如下：

引理 6.3 对于最优控制问题(6-14)，若 $G(t, x, y)$ 为 HJBI 方程(6-15)的解，且有边界条件 $G(T, x, y) = U(x, y)$，则有：

$$E^{Q^*} \left[\sup_{t \in [0, T]} |G(t, X^{\pi^*}(t), Y^{\pi^*}(t))|^4 \right] < \infty ,$$

$$E^{Q^*} \left[\sup_{t \in [0, T]} |\Psi(t, X^{\pi^*}(t), Y^{\pi^*}(t), \theta^*(t))|^2 \right] < \infty$$

证明：将 $\theta^*(t)$ 和 $\pi^*(t)$ 代入式(6-12)和式(6-13)，可得：

$$X^{\pi^*}(t) = xe^{rt} + \int_0^t e^{r(t-u)} \left[(b_1 - r)\pi_1^*(u) + a(\eta_1 - \eta_2 q^*(u)) - \right.$$

$$\left. \sigma_0(1 - q^*(u))\theta_0^*(u) - \sigma_1 \pi_1^*(u)\theta_1^*(u) \right] du +$$

$$\int_0^t e^{r(t-u)} \sigma_0 [1 - q^*(u)] dW_{Q^*}^0(u) + \int_0^t e^{r(t-u)} \sigma_1 \pi_1^*(u) dW_{Q^*}^1(u)$$

$$(6-34)$$

$$Y^{\pi^*}(t) = ye^{rt} + \int_0^t e^{r(t-u)} \left[(b_2 - r)\pi_2^*(u) + a\eta_2 q^*(u) - \sigma_0 q^*(u)\theta_0^*(u) - \sigma_2 \pi_2^*(u)\theta_2^*(u) \right] du +$$

$$\int_0^t e^{r(t-u)} \sigma_0 q^*(u) dW_{Q^*}^0(u) + \int_0^t e^{r(t-u)} \sigma_2 \pi_2^*(u) dW_{Q^*}^2(u)$$

$$(6-35)$$

将式(6-34)和式(6-35)代入式(6-17)，则对于适当的常数 $K_4 > K_3 > 0$，有如下不等式成立：

$$|G(t, X^{\pi^*}(t), Y^{\pi^*}(t))|^4 = \frac{1}{p_1^4 p_2^4} \exp\left\{ -4e^{r(T-t)} \left[p_1 X^{\pi^*}(t) + p_2 Y^{\pi^*}(t) \right] + 4h(T-t) \right\}$$

$$\leqslant K_3 \exp\left\{ -4e^{r(T-t)} \left[p_1 X^{\pi^*}(t) + p_2 Y^{\pi^*}(t) \right] \right\}$$

$$\leqslant K_4 \exp\left\{ -4p_2 \int_0^t e^{r(T-u)} \sigma_2 \pi_2^*(u) dW_{Q^*}^2(u) - \right.$$

$$4p_1 \int_0^t e^{r(T-u)} \sigma_1 \pi_1^*(u) dW_{Q^*}^1(u) -$$

$$\left. 4 \int_0^t e^{r(T-u)} \sigma_0 \left[p_1(1 - q^*(u)) + p_2 q^*(u) \right] dW_{Q^*}^0(u) \right\}$$

$$= K_4 \exp\left\{ E_1(t) + E_2(t) + E_3(t) + E_4(t) \right\}$$

$$(6-36)$$

其中，

$$
\begin{cases}
E_1(t)=-4p_2\int_0^t e^{r(T-u)}\sigma_2\pi_2^*(u)\,dW_{Q^*}^2(u)-F_1(t) \\[2mm]
E_2(t)=-4p_1\int_0^t e^{r(T-u)}\sigma_1\pi_1^*(u)\,dW_{Q^*}^1(u)-F_2(t) \\[2mm]
E_3(t)=-4\int_0^t e^{r(T-u)}\sigma_0\big[p_1(1-q^*(u))+p_2q^*(u)\big]\,dW_{Q^*}^0(u)-F_3(t) \\[2mm]
E_4(t)=F_1(t)+F_2(t)+F_3(t)
\end{cases}
$$

$$
\begin{cases}
F_1(t)=32p_2^2\int_0^t e^{2r(T-u)}\sigma_2^2\pi_2^*(u)^2\,du \\[2mm]
F_2(t)=32p_1^2\int_0^t e^{2r(T-u)}\sigma_1^2\pi_1^*(u)^2\,du \\[2mm]
F_3(t)=32\int_0^t e^{2r(T-u)}\sigma_0^2\big[p_1(1-q^*(u))+p_2q^*(u)\big]^2\,du
\end{cases}
$$

事实上，由于 $h(T-t)$、$\theta^*(t)$ 和 $\pi^*(t)$ 均为确定的函数，且在 $[0,T]$ 上有界，容易验证式(6-36)中不等式部分成立。下面需证明 $K_2\exp\{E_1(t)+E_2(t)+E_3(t)+E_4(t)\}$ 为有限的。

首先，由于 $\pi^*(t)$ 为确定性的函数且在 $[0,T]$ 上有界，故有：

$$
E^{Q^*}\big[\exp\{4E_4(t)\}\big]<\infty \tag{6-37}
$$

其次，由 Zeng 和 Taksar(2013)中的引理 4.3 可知，$\exp\{4E_k(t)\}$，$k=1,2,3$ 为鞅，故：

$$
E^{Q^*}\big[\exp\{4E_k(t)\}\big]<\infty \tag{6-38}
$$

结合式(6-36)、式(6-37)和式(6-38)可知，存在一个常数 $K_3>0$，使下式成立。

$$
\begin{aligned}
E^{Q^*}\big|G(t,X^{\pi^*}(t),Y^{\pi^*}(t))\big|^4 &\leqslant K_4 E^{Q^*}\big[\exp\{E_1(t)+E_2(t)+E_3(t)+E_4(t)\}\big] \\
&\leqslant K_4\Big(\prod_{j=1}^4 E^{Q^*}\big[\exp\{4E_j(t)\}\big]\Big)^{\frac{1}{4}}<\infty
\end{aligned}
\tag{6-39}
$$

综上，$E^{Q^*}\big[\sup_{t\in[0,T]}\big|G(t,X^{\pi^*}(t),Y^{\pi^*}(t))\big|^4\big]<\infty$ 成立。

接下来证明 $E^{Q^*}\big[\sup_{t\in[0,T]}\big|\Psi(t,X^{\pi^*}(t),Y^{\pi^*}(t),\theta^*(t))\big|^2\big]<\infty$ 成立。

将 $\theta^*(t)$ 和 $\pi^*(t)$ 代入 $\Psi(\cdot)$ 的表达式，由 Cauchy-Schwarz 不等式及式(6-39)，可得：

$$E^{Q^*}\left[\,|\,\Psi(t,X^{\pi^*}(t),Y^{\pi^*}(t),\theta^*(t))\,|^2\,\right]$$

$$=E^{Q^*}\left[\,|\,G(t,X^{\pi^*}(t),Y^{\pi^*}(t))\,|^2\left(\frac{p_1p_2}{2m}\|\theta^*(t)\|^2\right)^2\right]$$

$$\leqslant\left\{E^{Q^*}\left[\,|\,G(t,X^{\pi^*}(t),Y^{\pi^*}(t))\,|^4\,\right]E^{Q^*}\left[\left(\frac{p_1p_2}{2m}\|\theta^*(t)\|^2\right)^4\right]\right\}^{\frac{1}{2}}$$

$$<\infty$$

引理 6.3 证毕。

至此，结合上述定理 6.2 及引理 6.3 可知，定理 6.1 中求解的最优策略和值函数满足条件(1)~条件(5)，因此，有如下结论成立：对于指数乘积效用下的最优投资—再保险问题，若 $G(t,x,y)$ 为式(6-15)的解，且有边界条件 $G(T,x,y)=U(x,y)$，则最优值函数满足 $V(t,x,y)=G(t,x,y)$，且最优策略 $\pi^*(t)$ 为定理 6.1 所给形式。

第三节
敏感性分析

定理 6.1 给出了指数乘积效用下的鲁棒最优投资—再保险问题的显式表达式。对于决策而言，最优投资策略并不复杂，它与风险资产的波动系数及风险厌恶系数等相关，而最优再保险策略的情况则非常复杂。尽管在模型参数确定的情况下，可以很容易确定当前状态属于哪一种情况，进而得出对应的再保险策略取值，但为了更好地了解模型各参数变化对最优策略的影响，本节对最优投资—再保险策略 $(q^*(t),\pi_1^*(t),\pi_2^*(t))$ 进行敏感性分析。通过数值例子，进一步研究模型各参数对最优策略的影响，为决策者提供高效的优化方案。

一、最优再保险策略的敏感性分析

研究定理 6.1 中最优再保险策略的表达式可知，它不仅跟各参数的大小及参数相互间关系有关联，并且在不同时间段有不同的形式，这体现了金融活动的复杂性，也凸显出本章研究的意义所在——面对复杂多变的金融环境及市场波动，能够为决策者提供明确的策略依据，使其资产配置效用最大化。为进一步研究最优策略与各参数的关系，本节利用如下数值例子进行各参数对最优再保险策略的敏感性分析。令模型各参数按表 6-1 取值，在接下来的数值例子中均是改变某一参数取值，其余参数取值不变，以此来分析参数变化对策略的影响。

表 6-1　敏感性分析中模型各参数取值

参数	a	σ_0	σ_1	σ_2	η_1	η_2	b_1	b_2	r	p_1	p_2	m	T
取值	2.5	1.1	1	1	0.8	2	0.08	0.08	0.06	2	1	2	10

　　首先观察图 6-1 可知，最优再保险策略的取值随时间的推移增大而降低。这是因为在参数确定且 $p_1>p_2$ 的情况下，随着时间的推移，保险公司和再保险公司都会获得净保费收入以及投资所带来的收益。而 $p_1>p_2$ 意味着在指数乘积效用函数形式下，保险公司增加单位财富所产生的效用要大于再保险公司。因此，保险公司在初期会尽可能多地分摊风险，而当投资等的回报慢慢显露时则选择尽可能少的再保险份额。此外，图 6-1 还给出了再保险比例水平具体的变化情况。由于比例再保险水平 $q(t)$ 只能在 0 至 η_1/η_2 之间取值，可以看到 $q^*(t)$ 的变化轨迹是由初期恒定的比例 η_1/η_2 转变为关于时间 t 的递减函数最后再变为 0。

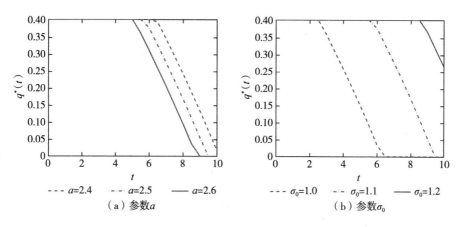

图 6-1　参数 a、σ_0 对最优再保险策略 $q^*(t)$ 的影响

　　图 6-1(a) 研究了索赔期望值 a 对最优再保险策略 $q^*(t)$ 的影响。当其

他参数固定时，索赔的期望值 a 越大，再保险比例水平越低。由于保险公司按照期望保费原理收取保费，并且保费的收取必须满足净利条件，所以尽管较大的索赔期望意味着较高的赔付风险，在期望的意义下，保险公司仍然可以通过大量的保单获取保费净利润。注意到表 6-1 中的取值满足 $p_1 > p_2$，而 p_1 和 p_2 在指数乘积效用函数(6-10)中分别表示保险公司和再保险公司的风险厌恶系数。因此，当保险公司相对于再保险公司为风险厌恶型决策者时，增加保险公司的保费持有比例对于双方共同效用的贡献更大，故保险公司会选择提高自留水平。

图 6-1(b)展示了赔付过程 $C(t)$ 所满足的布朗运动的漂移系数 σ_0 与最优再保险策略 $q^*(t)$ 的关系。观察后发现，最优再保险策略 $q^*(t)$ 随着漂移系数 σ_0 的增大而上升。不同于索赔期望值与最优再保险策略的关系，漂移系数 σ_0 越大，意味着赔付额及赔付次数的波动范围越大，也就意味着承保人面临着较大的赔付风险，在期望保费原理下保险公司的保费收入并没有因此增加，所以在 $p_1 > p_2$ 时保险公司为了分担风险，会选取更高的再保险比例水平。

图 6-2 揭示了保险公司和再保险公司的风险厌恶系数 p_1 及 p_2 与再保险策略 $q^*(t)$ 取值间的内在联系。图 6-2(a)表明，在 $p_1 > p_2$ 时，其他参数确定的条件下，保险公司的风险厌恶系数增大会导致最优再保险策略 $q^*(t)$ 的取值上升。原因在于，由前面的分析可知，在指数乘积效用下，风险厌恶系数往往能够体现单个决策者对整体效用的贡献度。因此，在保险公司的单位效用较高的情况下，进一步扩大它与再保险公司单位效用的差距将促使它与再保险公司的利益同盟选择将更多的索赔风险转移给再保险公司，所以提升了再保险比例水平。同样地，图 6-2(b)展示的是 $p_1 < p_2$ 的情况，此时再保险公司的单位效用更高，故选择提高再保险比例。此外，也不难理解，基于同样的原因，在 $p_1 > p_2$ 时，再保险比例随时间而降低；在 $p_1 < p_2$ 时，$q^*(t)$ 关于时间 t 递增。

图 6-3(a)表明当再保险公司的安全负荷 η_2 增加时，最优再保险策略 $q^*(t)$ 的取值会减小。事实上，由再保险公司的保费收入 $a(1+\eta_2)q(t)$ 的构成可知，在其他参数不变的情况下，再保险公司的安全负荷越高，保险公司应支付的再保险保费也越高，当 $p_1 > p_2$ 时，为确保获取更大的期望效用，保险集团的决策者会在保险公司所能承受的风险范围内选取尽量低的再保

险比例 $q(t)$。在实际中，安全负荷的选取并非由保险公司或再保险公司随意决定，它受赔付过程的参数、当前的市场状况等多方面的因素影响。

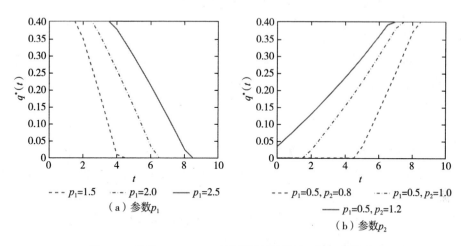

图6-2 参数 $p_i(i=1,2)$ 对最优再保险策略 $q^*(t)$ 的影响

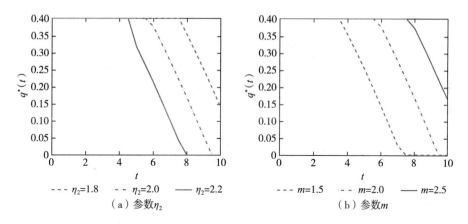

图6-3 参数 η_2、m 对最优再保险策略 $q^*(t)$ 的影响

图6-3(b)揭示了决策者的模糊厌恶系数 m 与最优再保险策略 $q^*(t)$ 取值的内在联系。模糊厌恶系数能够刻画决策者面临不确定风险时的态度，模糊厌恶系数越高，表明决策者对不确定性风险越担忧。而模型的不确定性风险主要体现在赔付过程以及风险资产价格过程的参数不确定性上，所以他们倾向于采取更保守的再保险和投资策略。因此，在最优再保险策略的选取上，模糊厌恶系数越高的投资者越倾向于选择更高的再保险比例。

此时，赔付过程的不确定性风险被更多地转移至再保险公司。

二、最优投资策略的敏感性分析

本小节研究模型参数变化对投资策略 $\pi_i^*(t)(i=1,2)$ 的影响。由定理 6.1 可知，投资策略与 b_i、σ_i、r 等参数相关。接下来采用表 6-1 中各参数的取值，研究当其中某一个参数变化时，最优投资策略 $\pi_i^*(t)(i=1,2)$ 的变化情况。

由于在模型构建的过程中，基于合理性等方面的考虑，风险资产的预期收益均大于无风险资产收益（否则投资者均会选择风险小、收益高的无风险资产），所以风险投资的收益会随着时间推移慢慢累积，投资者会选择增加风险投资以获取更大的收益。图 6-4~图 6-7 证实了这一结论，不管各参数如何变化，保险公司和再保险公司的最优风险投资策略 $\pi_i^*(t)(i=1,2)$ 的取值均是随时间 t 递增的。

图 6-4 揭示了风险资产 $i(i=1,2)$ 的增值率 $b_i(i=1,2)$ 与最优风险投资策略 $\pi_i^*(t)(i=1,2)$ 的取值之间的关系。由式（6-6）和式（6-7）可知，b_i 是布朗运动的漂移系数，它表示风险资产的增值率，为合理起见，通常在模型假定中令它是正的。因此，风险资产 i 的增值率 b_i 提升会导致最优风险投资策略 $\pi_i^*(t)$ 取值的增加，因为相对于无风险资产来说，风险资产的期望收益较高，投资者为了追求更大的风险收益会选择较高的风险投资水平。$i(i=1,2)$ 的价格过程的波动率增大。

图 6-5 表明当风险资产 $i(i=1,2)$ 的价格过程的波动率 $\sigma_i(i=1,2)$ 增大时，最优风险投资策略 $\pi_i^*(t)(i=1,2)$ 的取值会减小。同样由式（6-6）和式（6-7）可知，σ_i 是布朗运动的扩散系数，它表示风险资产的波动率，在其他参数固定时，风险资产价格过程的波动率增大，意味着投资风险资产所面临的未知风险也增大，保险公司和再保险公司作为投资者会选择保守的投资策略，降低风险资产的投资额。

对于保险公司和再保险公司的风险资产投资策略，图 6-6 表明当风险厌恶系数 $p_1 > p_2$ 时，风险投资的最优投资额 $\pi_i^*(t)(i=1,2)$ 随时间而递增。这意味着，在保险公司和再保险公司这个利益共同体中，尽管保险公司的单位效用更高，再保险公司也同样会追加投资额。这是因为在构建模型的过程中，基于合理性的考虑，风险资产的预期收益是大于无风险资产收益

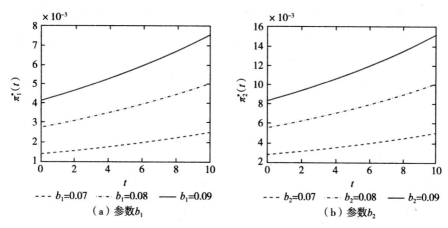

图 6-4　参数 $b_i(i=1,2)$ 对最优投资策略 $\pi_i^*(t)(i=1,2)$ 的影响

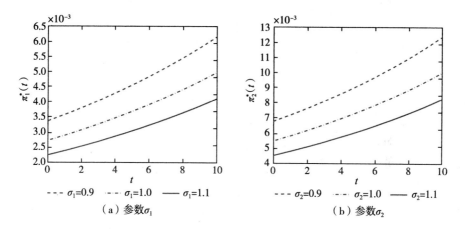

图 6-5　参数 $\sigma_i(i=1,2)$ 对最优投资策略 $\pi_i^*(t)(i=1,2)$ 的影响

（否则没有投资者会投资至风险资产），在参数确定的情况下，风险投资收益会随时间慢慢累积增加，投资者自然会追加投资以获取更大的收益。此外，当其他参数确定时，风险厌恶系数越大，投资者越倾向于选择谨慎的投资策略，因此，p_i 越大，投资额 $\pi_i^*(t)$ 越小。

　　图 6-7（a）展示了模糊厌恶系数 m 与最优风险投资策略（$\pi_1^*(t)$，$\pi_2^*(t)$）的关系。模糊厌恶系数能够刻画投资者面临不确定风险时的态度，通常这些不确定性风险来自于由金融市场的复杂多变所导致的风险资产价格过程参数的不确定性。模糊厌恶系数越高，表明投资者对不确定性风险

越"害怕"。作为投资者，保险公司和再保险公司的决策者会选择保守、谨慎的风险投资策略。因此，在最优投资策略的选取上，模糊厌恶系数越高的投资者越倾向于选择更低的风险资产投资额以确保收益的稳定，因此风险投资水平与模糊厌恶系数成反比。

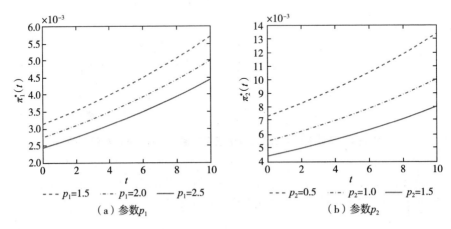

图 6-6　参数 $p_i(i=1,2)$ 对最优投资策略 $\pi_i^*(t)$ $(i=1,2)$ 的影响

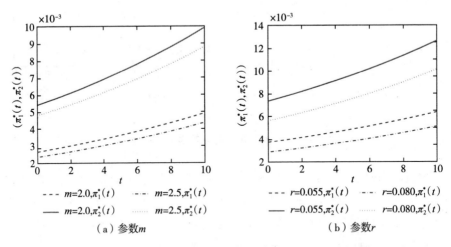

图 6-7　参数 m、r 对最优投资策略 $(\pi_1^*(t), \pi_2^*(t))$ 的影响

图 6-7(b) 表明当无风险资产收益率 r 增加时，最优风险投资策略 $(\pi_1^*(t), \pi_2^*(t))$ 每一分量的取值会随之减小。尽管风险资产的预期收益大于无风险资产，但是无风险资产的收益的增加还是会吸引投资者的部

分资金，进而导致风险资产的投资额减少，这与现实中的经济现象是相符的。

第四节
本章小结

　　本章在模型不确定框架下研究了乘积效用下再保险双方的联合投资—再保险策略，风险模型为扩散逼近模型，保险公司和再保险公司均可投资至无风险资产和由几何布朗运动驱动的风险资产。本章虽然同样以最大化终端财富期望效用为优化目标，但是从一个全新的角度来研究再保险双方的投资—再保险问题，即通过将效用函数推广为指数乘积效用函数来体现保险公司和再保险公司的共同收益。研究从构建再保险双方在投资和再保险策略下的资产盈余过程开始，利用动态规划原理得到指数乘积效用下的财富过程满足的扩展 HJBI 方程，进而求解并验证最优策略及值函数。同时，通过数值模拟分析了各参数变化对最优策略的影响，它表明定理 6.1中所求解的最优策略与实践相符，因此能够为保险公司的决策者提供一定的理论依据。

时间不一致框架下的再保险双方联合
最优投资—再保险策略研究

对于金融保险中的随机控制问题，何为"最优策略"是由决策者的倾向和目的决定的。保险精算领域中的随机控制问题多以最小化破产概率、最大化资产盈余的终端效用等静态的目标为优化准则，而本章以时间不一致性(Time Inconsistency)偏好的优化目标为决策者的策略选取依据。这类优化准则通常是动态的，它最大的意义在于克服了静态优化准则下只能找到初始时刻最优策略的缺陷，可以提供任一时刻下的最优策略。它的难点在于决策过程中由于信息量增大或市场波动等，导致普通优化方法求解的策略出现时间不一致性。将投资组合领域中如此经典而又前沿的控制问题纳入本章的研究框架不仅是力求在理论和技术上有所创新，还是为了使所研究的成果更贴合实际。

时间不一致性问题在投资组合等领域中已有不少学者展开研究，相较于经典的均值—方差问题，它通过引入动态均值—差准则，以此寻求任意时刻下的最优投资—再保险策略，大大提升了研究的广度和深度。此问题的难点在于动态规划原理这样强大的工具并不适用，从时刻 0 出发所求解的整体最优策略并不一定是从时刻 t 出发的"局部"最优策略，所以称其为时间不一致问题。本章构建时间不一致的理论框架，引入均衡博弈的思想，将优化目标转化为求解均衡值函数和均衡策略，以此研究保险公司和再保险公司的联合最优投资—再保险问题。在动态规划原理不成立这样困难的情形下构建类似的扩展 HJBI 方程，实现动态均值—方差准则下保险公司和再保险公司联合最优投资—再保险策略的求解，再通过数值例子使结论更形象、丰富。

正如前面所介绍的，面临着复杂多变的金融市场，鲁棒优化能够很好地解决系统参数的不确定性问题，进而求解出稳健的最优策略。与通常的投资—再保险问题不同之处在于，我们研究的是同时考虑保险公司及再保险公司双方的联合资产分配问题。作为再保险合同的双方当事人，它们甚至有可能属于同一家保险集团，很难将彼此的利益完全地区分开来，所以考虑在动态平衡中谋取整体的利益最大化是一种理所应当的明智的选择。

本章接下来的内容是：第一节构建再保险双方联合资产分配模型，第二节求解鲁棒最优资产分配策略及验证定理，第三节通过数值模拟对最优策略进行敏感性分析并探究其经济含义，第四节总结本章内容。

第一节
模型分析

一、再保险策略下资产盈余过程的构建

本节采用经典风险模型的扩散逼近形式，构建一个动态模型来模拟保险公司的资产变化过程。假设 (Ω, F, P) 为带域流 $\{F_t\}_{t \in [0,T]}$ 的一个完备概率空间，其中，T 为有限正常数，表示终端时刻。其中，F_t 可视为至 t 时刻市场上的信息，域流 $\{F_t\}_{t \in [0,T]}$ 则为市场上 0 至时刻 T 的信息流，故市场中的任意策略应为 F_t 可测的。根据 Promislow 和 Young（2005），可假设赔付过程 $C(t)$ 由如下带漂移的布朗运动刻画：

$$dC(t) = adt - \sigma_0 dW^0(t) \tag{7-1}$$

其中，a、σ_0 为正常数，$W^0(t)$ 为一个标准的布朗运动。假设保险公司向投保人收取的保费费率为常数 $c = (1+\eta_1)a$，其中 $\eta_1 > 0$ 表示保险公司的安全负荷，则保险公司的盈余过程为：

$$dR_1(t) = a\eta_1 dt + \sigma_0 dW^0(t) \tag{7-2}$$

在保险公司的经营过程中，再保险是保险公司控制风险的一种直接有效的手段，本节假设保险公司可以向再保险公司购买一定份额的比例再保险来控制它自身的经营风险。记保险公司购买的比例再保险水平为 $q(t)$，其中 $t \in [0,T]$，则 $1-q(t)$ 为风险敞口（或称为"自留水平"）。按照这份再保险合同，保险公司享受了一份权利——在保险公司面临投保人的保险索赔时，保险公司有权利要求再保险公司按照再保险合同中的规定对投保人赔付其索赔额的 $q(t)$ 倍，它自己则赔付剩余的比例为 $1-q(t)$ 的赔付额；当然保险公司也有义务向再保险公司缴纳保费，假定再保险公司按照期望保费原理收取保费，其保费率为 $a(1+\eta_2)q(t)$，其中 η_2 表示再保险公司的安全负荷，它应满足 $\eta_2 > \eta_1$。由于保险公司和再保险公司均需满足净利条件，故有 $0 \leqslant q(t) \leqslant \eta_1/\eta_2 < 1$。综上，在保险公司向再保险公司购买了一份比例

再保险水平为 $q(t)$ 的比例再保险后，保险公司和再保险公司的盈余过程分别为：

$$dR_1^q(t) = a(\eta_1 - \eta_2 q(t)) dt + \sigma_0(1-q(t)) dW^0(t) \qquad (7-3)$$

$$dR_2^q(t) = a\eta_2 q(t) dt + \sigma_0 q(t) dW^0(t) \qquad (7-4)$$

上述两式分别刻画了保险公司和再保险公司在采取比例再保险策略时的资产盈余变化过程，通过它们可以进一步构建投资—再保险策略下的资产盈余过程。

二、再保险双方投资策略分析

为实现资产的最优配置，保险公司和再保险公司均选择把自己的财富投资至金融市场。金融市场分为无风险资产和风险资产两大类，其中，无风险资产的价格过程如下：

$$dB(t) = rB(t) dt \qquad (7-5)$$

其中，$r>0$ 为利率。不失一般性地，假设保险公司和再保险公司分别投资至风险资产 1 和风险资产 2。保险公司投资的风险资产 1 的价格过程由如下随机微分方程描述：

$$dS_1(t) = S_1(t) [b_1 dt + \sigma_1 dW^1(t)] \qquad (7-6)$$

再保险公司投资的风险资产 2 的价格过程由如下随机微分方程给出：

$$dS_2(t) = S_2(t) [b_2 dt + \sigma_2 dW^2(t)] \qquad (7-7)$$

其中，b_i、σ_i 分别为资产 $i(i=1,2)$ 的收益率和瞬时波动率，并且满足 $b_i>r$、$\sigma_i>0(i=1,2)$。$W^1(t)$ 和 $W^2(t)$ 为两个标准的布朗运动，且假设 $W^0(t)$、$W^1(t)$ 和 $W^2(t)$ 之间两两相互独立。

记保险公司在 t 时刻投资至风险资产 1 的资金数额为 $\pi_1(t)$，再保险公司在 t 时刻投资至风险资产 2 的资金数额为 $\pi_2(t)$，再记向量 $\pi = (q(t), \pi_1(t), \pi_2(t))$ 表示保险公司和再保险公司的一个投资—再保险策略。若保险公司和再保险公司的初始资产分别为 x、y，且它们采取投资—再保险策略 $\pi = (q(t), \pi_1(t), \pi_2(t))$ 后，它们的财富过程分别记为 $X^\pi(t)$ 和 $Y^\pi(t)$，那么 $X^\pi(t)$ 和 $Y^\pi(t)$ 满足下面的两个随机微分方程：

$$\begin{cases} dX^\pi(t) = [rX^\pi(t) + (b_1-r)\pi_1(t) + a(\eta_1 - \eta_2 q(t))] dt + \\ \qquad \sigma_1\pi_1(t) dW^1(t) + \sigma_0(1-q(t)) dW^0(t) \\ X^\pi(0) = x \end{cases} \qquad (7-8)$$

$$\begin{cases} dY^{\pi}(t) = \left[rY^{\pi}(t) + (b_2 - r)\pi_2(t) + a\eta_2 q(t) \right] dt + \\ \qquad\qquad \sigma_2 \pi_2(t) dW^2(t) + \sigma_0 q(t) dW^0(t) \\ Y^{\pi}(0) = y \end{cases} \qquad (7-9)$$

上两式即为保险公司和再保险公司在投资—再保险策略下的资产变化过程所满足的随机微分方程。

第二节
时间不一致的鲁棒最优资产分配策略

一、时间不一致框架下的优化目标

现有的大部分文献中，均值方差准则下最优投资—再保险问题往往是基于初始时刻的最优解，优化问题如下：

$$\sup_{\pi \in \Pi} \left\{ E_{0,x,y} \left[X^{\pi}(T) \right] - \frac{\gamma_1}{2} Var_{0,x,y} \left[X^{\pi}(T) \right] \right\}$$

其中，$\gamma_1 > 0$ 表示保险公司的风险厌恶系数；Π 为所有可允许策略 π 的集合；$E_{t,x,y}[\ \cdot\ ] = E[\ \cdot\ |X^{\pi}(t) = x, Y^{\pi}(t) = y,\ E[\ \cdot\ ]$ 表示在概率测度 P 下的期望；$Var_{t,x,y}[\ \cdot\ ] = Var[\ \cdot\ |X^{\pi}(t) = x, Y^{\pi}(t) = y]$，$Var[\ \cdot\ ]$ 表示在概率测度 P 下的方差。

上式中的优化问题仅仅对于初始时刻 0 来说是最优的，相应的最优策略称为事先承诺的策略，随着时间的推移，一些新的信息不断累积，该策略是时间不一致的。对于一个理性的投资者来说，寻找一个时间一致的策略是它们的基本要求。类似于 Björk 和 Murgoci（2010），保险公司随时间推移的均值方差最优投资—再保险问题如下：

$$\sup_{\pi \in \Pi} \left\{ E_{t,x,y} \left[X^{\pi}(T) \right] - \frac{\gamma_1}{2} Var_{t,x,y} \left[X^{\pi}(T) \right] \right\}$$

相应地，对于再保险公司而言，其随时间推移的均值方差最优投资—再保险问题如下：

$$\sup_{\pi\in\Pi}\left\{E_{t,x,y}\left[Y^{\pi}(T)\right]-\frac{\gamma_2}{2}Var_{t,x,y}\left[Y^{\pi}(T)\right]\right\}$$

其中，$\gamma_2>0$ 表示再保险公司的风险厌恶系数，记：

$$\begin{cases}V^{1,\pi}(t,x,y):=E_{t,x,y}\left[X^{\pi}(T)\right]-\dfrac{\gamma_1}{2}Var_{t,x,y}\left[X^{\pi}(T)\right]\\[3mm]V^{2,\pi}(t,x,y):=E_{t,x,y}\left[Y^{\pi}(T)\right]-\dfrac{\gamma_2}{2}Var_{t,x,y}\left[Y^{\pi}(T)\right]\end{cases}$$

在本章中，为了保险公司和再保险公司的联合利益，考虑了它们各自的均值方差目标的加权和，也就是说：

$$\sup_{\pi\in\Pi}\left\{\alpha V^{1,\pi}(t,x,y)+(1-\alpha)V^{2,\pi}(t,x,y)\right\} \tag{7-10}$$

其中，$\alpha(0\leqslant\alpha\leqslant1)$ 为加权系数。

二、鲁棒优化模型的构建

面临着瞬息万变的金融市场时，模型的不确定因素是投资者关注的焦点。本节研究面临模型不确定性时模糊厌恶的投资者（以下简称投资者）的最优资产分配问题。

假定投资者用一个理想的模型（也称为参考模型）去刻画赔付过程和风险资产过程，由于模型不确定性（如数据采集不够、参数估计有误差等原因造成的），投资者通过引入一系列备选模型的方式来寻求稳健的最优策略，而备选模型与理想模型之间的差异将通过不同概率测度之间的变换来体现。假定理想模型由概率测度 P 刻画，某一备选模型可由概率测度 Q 刻画，则应满足 $Q\sim P$，即测度 Q 和测度 P 之间总是等价的，故这一系列备选模型可由概率测度集 $\wp:=\{Q\,|\,Q\sim P\}$ 刻画。通过构造满足某些条件的随机过程 $\{\theta(t)=(\theta_0(t),\theta_1(t),\theta_2(t))\,|\,t\in[0,T]\}$，可产生一族概率测度 $\wp$，它与参数 θ 的选取有关。

由 Girsanov 定理，在备选测度 Q 下，随机过程 $W_Q(t)$ 为一个标准的三维布朗运动，满足 $dW_Q(t)=dW(t)+\theta(t)'dt$。注意到集类 $\wp$ 中的概率测度对应的备选模型相互间只有漂移项不同，故备选模型中保险公司和再保险公司的盈余过程为：

$$
\begin{cases}
dX^{\theta,\pi}(t) = \big[rX^{\theta,\pi}(t) + (b_1-r)\pi_1(t) + a(\eta_1-\eta_2 q(t)) - \\
\qquad \sigma_0(1-q(t))\theta_0(t) - \sigma_1\pi_1(t)\theta_1(t) \big]dt + \\
\qquad \sigma_1\pi_1(t)dW_Q^1(t) + \sigma_0(1-q(t))dW_Q^0(t) \\
X^{\theta,\pi}(0) = x
\end{cases} \tag{7-11}
$$

$$
\begin{cases}
dY^{\theta,\pi}(t) = \big[rY^{\theta,\pi}(t) + (b_2-r)\pi_2(t) + a\eta_2 q(t) - \sigma_0 q(t)\theta_0(t) - \\
\qquad \sigma_2\pi_2(t)\theta_2(t) \big]dt + \sigma_2\pi_2(t)dW_Q^2(t) + \sigma_0 q(t)dW_Q^0(t) \\
Y^{\theta,\pi}(0) = y
\end{cases}
$$

$$\tag{7-12}$$

为简便起见，下面引入记号：

$$
\begin{aligned}
\mathbf{A}^{\theta,\pi}\psi(t,x,y) :=& \psi_t + \big[rx + (b_1-r)\pi_1 + a(\eta_1-\eta_2 q) - \sigma_0(1-q)\theta_0 - \\
& \sigma_1\pi_1\theta_1 \big]\psi_x + \big[ry + (b_2-r)\pi_2 + a\eta_2 q - \sigma_0 q\theta_0 - \\
& \sigma_2\pi_2\theta_2 \big]\psi_y + 0.5\big[\sigma_1^2\pi_1^2 + \sigma_0^2(1-q)^2 \big]\psi_{xx} + \\
& 0.5\big[\sigma_2^2\pi_2^2 + \sigma_0^2 q^2 \big]\psi_{yy} + \sigma_0^2 q(1-q)\psi_{xy}
\end{aligned}
$$

$$
k^{\theta,\pi}(t,x,y) := E_{t,x,y}^Q\big[X^{\theta,\pi}(T) \big], \quad l^{\theta,\pi}(t,x,y) := E_{t,x,y}^Q\big[Y^{\theta,\pi}(T) \big]
$$

$$
j^{\theta,\pi}(t,x,y) := E_{t,x,y}^Q\big[(X^{\theta,\pi}(T))^2 \big], \quad n^{\theta,\pi}(t,x,y) := E_{t,x,y}^Q\big[(Y^{\theta,\pi}(T))^2 \big]
$$

$$
f(t,x,y,k,l,j,n) := \alpha\big[k - 0.5\gamma_1(j-k^2) \big] + (1-\alpha)\big[l - 0.5\gamma_1(n-l^2) \big]
$$

$$
\begin{aligned}
\hat{J}^{\pi,Q}(t,x,y) :=& f(t,x,y,k^{\theta,\pi},l^{\theta,\pi},j^{\theta,\pi},n^{\theta,\pi}) + \\
& E_{t,x,y}^Q\Big[\int_t^T \Psi(u,X^\pi(u),Y^\pi(u),\theta(u))du \Big]
\end{aligned} \tag{7-13}
$$

其中，$E^Q[\ \cdot\ ]$ 为备选测度 Q 下的期望，$\int_t^T \Psi(u,X^\pi(u),Y^\pi(u),\theta(u))du$ 为贴现相对熵。由于投资者引入的备选模型在预期后续回报上会产生负面影响，因此引入它作为惩罚项来惩罚备选模型与理想模型间的差异。它应满足：

$$
\Psi(t,X^\pi(t),Y^\pi(t),\theta(t)) = \frac{\|\theta(t)\|^2}{2\varphi(t,X^\pi(t),Y^\pi(t))} \tag{7-14}
$$

优化问题(7-10)对应的鲁棒优化问题为：

$$
\sup_{\pi\in\Pi} J^\pi(t,x,y) = \sup_{\pi\in\Pi}\inf_{Q\in\wp}\hat{J}^{\pi,Q}(t,x,y) \tag{7-15}
$$

其中，$J^\pi(t,x,y) = \inf_{Q\in\wp}\hat{J}^{\pi,Q}(t,x,y)$。

当优化目标为时间不一致时，全局最优策略未必是局部最优的，因此不能直接应用动态规划原理来构造盈余过程对应的 HJB 方程。此时可通过引入均衡策略和均衡值函数的方法将问题转化为一个微分博弈问题。

定义 7.1　对一个可允许策略 $\pi^* = (q^*(t), \pi_1^*(t), \pi_2^*(t))$，对任意固定的初始状态 $(t,x,y) \in [0,T] \times R \times R$，定义：

$$\pi_\varepsilon(s) = \begin{cases} (\widetilde{q}(t), \widetilde{\pi}_1(t), \widetilde{\pi}_2(t)), & t \leqslant s < t+\varepsilon \\ \pi^*(s), & t+\varepsilon \leqslant s \leqslant T \end{cases}$$

其中，$(\widetilde{q}(t), \widetilde{\pi}_1(t), \widetilde{\pi}_2(t)) \in [0, \eta_1/\eta_2] \times R^2$ 和 $\varepsilon \in R^+$。

如果对任意的 $(\widetilde{q}(t), \widetilde{\pi}_1(t), \widetilde{\pi}_2(t)) \in [0, \eta_1/\eta_2] \times R^2$，有：

$$\liminf_{\varepsilon \to 0} \frac{J^{\pi^*}(t,x,y) - J^{\pi_\varepsilon}(t,x,y)}{\varepsilon} \geqslant 0$$

那么 π^* 称为一个均衡策略，相应的均衡值函数定义为：

$$W(t,x,y) := J^{\pi^*}(t,x,y)$$

通过定义均衡策略及均衡值函数，可以构造鲁棒优化问题(7-15)所满足的推广的 HJB 方程，进而应用随机控制理论求解最优策略。

三、最优投资—再保险策略的理论推导

本节为了求出鲁棒优化问题(7-15)的解，根据 Björk 和 Murgoci（2010）提出的解决时间不一致性问题的理论框架，给出鲁棒优化问题(7-15)中的值函数和均衡策略满足的推广的 HJB 方程及其验证定理。

定理 7.1　对于鲁棒优化问题(7-15)，如果存在函数 $F(t,x,y)$、$G_1(t,x,y)$、$G_2(t,x,y)$、$H_1(t,x,y)$、$H_2(t,x,y)$ 满足下列推广的 HJB 方程：

$$\sup_{\pi \in \Pi} \inf_{Q \in \Theta} \{A^{\theta,\pi} F(t,x,y) - \xi^{\theta,\pi}(t,x,y) + \Psi(t,x,y,\theta(t))\} = 0 \qquad (7\text{-}16)$$

且有

$$F(T,x,y) = f(x,y,x^2,y^2) \qquad (7\text{-}17)$$

并且

$$A^{\theta^*,\pi^*} G_1(t,x,y) = 0, G_1(T,x,y) = x \qquad (7\text{-}18)$$

$$A^{\theta^*,\pi^*} G_2(t,x,y) = 0, G_2(T,x,y) = y \qquad (7\text{-}19)$$

最优策略为：

$$(\theta^*, \pi^*) := \underset{\pi \in \Pi}{\arg\sup} \; \underset{Q \in \Theta}{\inf} \{ A^{\theta, \pi} F(t, x, y) - \xi^{\theta, \pi}(t, x, y) + \Psi(t, x, y, \theta(t)) \}$$

$$(7-20)$$

则 $W(t, x, y) = F(t, x, y)$，$G_1(t, x, y) = E_{t, x, y}^{Q^*}[X^{\theta^*, \pi^*}(T)]$，$G_2(t, x, y) = E_{t, x, y}^{Q^*}[Y^{\theta^*, \pi^*}(T)]$。

其中，

$$\xi^{\theta, \pi}(t, x, y) = 0.5[\sigma_1^2 \pi_1^2 + \sigma_0^2(1-q)^2][\alpha \gamma_1 G_{1x}^2 + (1-\alpha)\gamma_2 G_{2x}^2] +$$

$$0.5(\sigma_2^2 \pi_2^2 + \sigma_0^2 q^2)[\alpha \gamma_1 G_{1y}^2 + (1-\alpha)\gamma_2 G_{2y}^2] +$$

$$\sigma_0^2 q(1-q)[\alpha \gamma_1 G_{1x} G_{1y} + (1-\alpha)\gamma_2 G_{2x} G_{2y}]$$

$$(7-21)$$

上述定理表明，推广的 HJB 方程(7-16)至方程(7-19)中的解 $F(t, x, y)$ 就是鲁棒优化问题(7-15)的均衡值函数，相应的 π^* 就是最优均衡策略。受到 Maenhout(2004，2006)的启发，假定式(6-14)中的 $\phi(t, x, y)$ 为一个确定的、状态独立的函数，即 $\phi(t, x, y) = m$，其中 $m > 0$。下面对鲁棒优化问题(7-15)进行求解。故有如下定理：

定理 7.2 记 $t_0 := T - \dfrac{1}{r}\ln\Delta_0$，$t_1 := T - \dfrac{1}{r}\ln\Delta_1$，其中 $\Delta_0 = \dfrac{(2\alpha - 1)a\eta_2}{\alpha \sigma_0^2 \Delta_2}$，

$\Delta_1 = \dfrac{(1-2\alpha)a\eta_2^2}{\sigma_0^2 \Delta_3}$，$\Delta_2 = \gamma_1 + m(2\alpha - 1)$，$\Delta_3 = \eta_1 \zeta - \alpha \eta_2 \Delta_2$，$\zeta = m(1-2\alpha)^2 + \gamma_1 \alpha + \gamma_2(1-\alpha)$。

对于鲁棒最优投资—再保险问题(7-15)，相应的均衡值函数有如下形式：

$$F(t, x, y) = \alpha e^{r(T-t)} x + (1-\alpha) e^{r(T-t)} y + A(t) \qquad (7-22)$$

最优均衡策略下保险公司和再保险公司在终端时刻的期望财富分别为：

$$G_1(t, x, y) = e^{r(T-t)} x + B(t) \qquad (7-23)$$

$$G_2(t, x, y) = e^{r(T-t)} y + C(t) \qquad (7-24)$$

最差情形时对应的 $\theta^* = (\theta_0^*, \theta_1^*, \theta_2^*)$ 具体形式为：

$$\begin{cases} \theta_0^* = m\sigma_0 e^{r(T-t)}[\alpha + (1-2\alpha)q^*(t)] \\ \theta_1^* = m e^{r(T-t)}\alpha\sigma_1 \pi_1^*(t) \\ \theta_2^* = m e^{r(T-t)}(1-\alpha)\sigma_2 \pi_2^*(t) \end{cases} \qquad (7-25)$$

保险公司及再保险公司的最优投资策略分别为：

$$\pi_1^*(t) = \frac{b_1 - r}{(\alpha m + \gamma_1)\sigma_1^2 e^{r(T-t)}}, \quad \pi_2^*(t) = \frac{b_2 - r}{[m(1-\alpha) + \gamma_2]\sigma_2^2 e^{r(T-t)}} \quad (7-26)$$

最优再保险策略 $q^*(t)$，$A(t)$，$B(t)$ 及 $C(t)$ 在不同情形下有如下表达式：

（1）若 $\alpha > 0.5$，$\Delta_3 < 0$，$\Delta_0 \geq 1$，$e^{rT} \geq \Delta_1$，则

$$(A(t), B(t), C(t), q^*(t)) = \begin{cases} (A_3(t), B_3(t), C_3(t), \eta_1/\eta_2), & 0 \leq t \leq t_1 \\ (A_2(t), B_2(t), C_2(t), q^0(t)), & t_1 \leq t \leq t_0 \\ (A_1(t), B_1(t), C_1(t), 0), & t_0 \leq t \leq T \end{cases}$$

其中，$q^0(t)$，$A_i(t)$，$B_i(t)$，$C_i(t)$，$i = 1, 2, 3$ 分别由式（7-30）、式（7-38）~式（7-40）及式（7-43）给出。

（2）若 $\alpha > 0.5$，$\Delta_3 < 0$，$\Delta_0 \geq 1$，$\Delta_0 \leq e^{rT} < \Delta_1$，则

$$(A(t), B(t), C(t), q^*(t)) = \begin{cases} (A_2(t), B_2(t), C_2(t), q^0(t)), & 0 \leq t \leq t_0 \\ (A_1(t), B_1(t), C_1(t), 0), & t_0 \leq t \leq T \end{cases}$$

（3）若 $\alpha > 0.5$，$\Delta_3 < 0$，$\Delta_0 \geq 1$，$e^{rT} < (\Delta_1 \wedge \Delta_0)$，则

$$(A(t), B(t), C(t), q^*(t)) \equiv (A_1(t), B_1(t), C_1(t), 0), \forall t \in [0, T]$$

（4）若 $\alpha > 0.5$，$\Delta_3 < 0$，$\Delta_0 < 1$，$e^{rT} \geq \Delta_1$，$\Delta_1 \geq 1$，则

$$(A(t), B(t), C(t), q^*(t)) = \begin{cases} (A_4(t), B_4(t), C_4(t), \eta_1/\eta_2), & 0 \leq t \leq t_1 \\ (\widetilde{A}_2(t), \widetilde{B}_2(t), \widetilde{C}_2(t), q^0(t)), & t_1 \leq t \leq T \end{cases}$$

其中，$A_4(t) = \widetilde{A}_3(t) + K_3$，$K_3 = \widetilde{A}_2(t_1) - \widetilde{A}_3(t_1)$，$B_4(t) = \widetilde{B}_3(t) + M_3$，$M_3 = \widetilde{B}_2(t_1) - \widetilde{B}_3(t_1)$，$C_4(t) = \widetilde{C}_3(t) + N_3$，$N_3 = \widetilde{C}_2(t_1) - \widetilde{C}_3(t_1)$，$\widetilde{A}_2(t)$，$\widetilde{B}_2(t)$，$\widetilde{C}_2(t)$ 由式（7-42）给出。

（5）若 $\alpha > 0.5$，$\Delta_3 < 0$，$\Delta_0 < 1$，$e^{rT} \geq \Delta_1$，$\Delta_1 < 1$，则

$$(A(t), B(t), C(t), q^*(t)) \equiv (\widetilde{A}_3(t), \widetilde{B}_3(t), \widetilde{C}_3(t), \eta_1/\eta_2), \forall t \in [0, T]$$

其中，$\widetilde{A}_3(t)$，$\widetilde{B}_3(t)$，$\widetilde{C}_3(t)$ 由式（7-44）给出。

（6）若 $\alpha > 0.5$，$\Delta_3 < 0$，$\Delta_0 < 1$，$e^{rT} < \Delta_1$，则

$$(A(t), B(t), C(t), q^*(t)) \equiv (\widetilde{A}_2(t), \widetilde{B}_2(t), \widetilde{C}_2(t), q^0(t)), \forall t \in [0, T]$$

（7）若 $\alpha>0.5,\Delta_3\geqslant0,\Delta_0\geqslant1,e^{rT}\geqslant\Delta_0$，则

$$(A(t),B(t),C(t),q^*(t))=\begin{cases}(A_2(t),B_2(t),C_2(t),q^0(t)), & 0\leqslant t\leqslant t_0 \\ (A_1(t),B_1(t),C_1(t),0), & t_0\leqslant t\leqslant T\end{cases}$$

（8）若 $\alpha>0.5,\Delta_3\geqslant0,\Delta_0\geqslant1,e^{rT}<\Delta_0$，则

$$(A(t),B(t),C(t),q^*(t))\equiv(A_1(t),B_1(t),C_1(t),0), \qquad \forall t\in[0,T]$$

（9）若 $\alpha>0.5,\Delta_3\geqslant0,\Delta_0<1$，则

$$(A(t),B(t),C(t),q^*(t))\equiv(\widetilde{A}_2(t),\widetilde{B}_2(t),\widetilde{C}_2(t),q^0(t)), \qquad \forall t\in[0,T]$$

（10）若 $\alpha<0.5,\Delta_2<0,\Delta_1\geqslant1,e^{rT}\geqslant\Delta_0$，则

$$(A(t),B(t),C(t),q^*(t))=\begin{cases}(A_6(t),B_6(t),C_6(t),0), & 0\leqslant t\leqslant t_0 \\ (A_5(t),B_5(t),C_5(t),q^0(t)), & t_0\leqslant t\leqslant t_1 \\ (\widetilde{A}_3(t),\widetilde{B}_3(t),\widetilde{C}_3(t),\eta_1/\eta_2), & t_1\leqslant t\leqslant T\end{cases}$$

其中，$A_5(t)=\widetilde{A}_2(t)+K_4$，$A_6(t)=\widetilde{A}_1(t)+K_5$，$K_4=\widetilde{A}_3(t_1)-\widetilde{A}_2(t_1)$，$K_5=A_5(t_0)-\widetilde{A}_1(t_0)$，$B_5(t)=\widetilde{B}_2(t)+M_4$，$B_6(t)=\widetilde{B}_1(t)+M_5$，$M_4=\widetilde{B}_3(t_1)-\widetilde{B}_2(t_1)$，$M_5=B_5(t_0)-\widetilde{B}_1(t_0)$，$C_5(t)=\widetilde{C}_2(t)+N_4$，$C_6(t)=\widetilde{C}_1(t)+N_5$，$N_4=\widetilde{C}_3(t_1)-\widetilde{C}_2(t_1)$，$N_5=C_5(t_0)-\widetilde{C}_1(t_0)$。

（11）若 $\alpha<0.5,\Delta_2<0,\Delta_1\geqslant1,\Delta_1<e^{rT}<\Delta_0$，则

$$(A(t),B(t),C(t),q^*(t))=\begin{cases}(A_5(t),B_5(t),C_5(t),q^0(t)), & 0\leqslant t\leqslant t_1 \\ (\widetilde{A}_3(t),\widetilde{B}_3(t),\widetilde{C}_3(t),\eta_1/\eta_2), & t_1\leqslant t\leqslant T\end{cases}$$

（12）若 $\alpha<0.5,\Delta_2<0,\Delta_1\geqslant1,e^{rT}<(\Delta_0\wedge\Delta_1)$，则

$$(A(t),B(t),C(t),q^*(t))=(\widetilde{A}_3(t),\widetilde{B}_3(t),\widetilde{C}_3(t),\eta_1/\eta_2), \qquad \forall t\in[0,T]$$

（13）若 $\alpha<0.5,\Delta_2<0,\Delta_1<1,e^{rT}\geqslant\Delta_0\geqslant1$，则

$$(A(t),B(t),C(t),q^*(t))=\begin{cases}(A_7(t),B_7(t),C_7(t),0), & 0\leqslant t\leqslant t_0 \\ (\widetilde{A}_2(t),\widetilde{B}_2(t),\widetilde{C}_2(t),q^0(t)), & t_0\leqslant t\leqslant T\end{cases}$$

其中，$A_7(t)=\widetilde{A}_1(t)+K_6$，$K_6=\widetilde{A}_2(t_0)-\widetilde{A}_1(t_0)$，$B_7(t)=\widetilde{B}_1(t)+M_6$，$M_6=\widetilde{B}_2(t_0)-\widetilde{B}_1(t_0)$，$C_7(t)=\widetilde{C}_1(t)+N_6$，$N_6=\widetilde{C}_2(t_0)-\widetilde{C}_1(t_0)$。

（14）若 $\alpha<0.5,\Delta_2<0,\Delta_1<1,\Delta_0<1,e^{rT}\geqslant\Delta_0$，则

$$(A(t),B(t),C(t),q^*(t))\equiv(A_1(t),B_1(t),C_1(t),0),\qquad\forall t\in[0,T]$$

（15）若 $\alpha<0.5,\Delta_2<0,\Delta_1<1,e^{rT}<\Delta_0$，则

$$(A(t),B(t),C(t),q^*(t))\equiv(\widetilde{A}_2(t),\widetilde{B}_2(t),\widetilde{C}_2(t),q^0(t)),\qquad\forall t\in[0,T]$$

（16）若 $\alpha<0.5,\Delta_2\geqslant0,\Delta_3\leqslant0$，则

$$(A(t),B(t),C(t),q^*(t))\equiv(\widetilde{A}_3(t),\widetilde{B}_3(t),\widetilde{C}_3(t),\eta_1/\eta_2),\qquad\forall t\in[0,T]$$

（17）若 $\alpha<0.5,\Delta_2\geqslant0,\Delta_3>0,e^{rT}\geqslant\Delta_1\geqslant1$，则

$$(A(t),B(t),C(t),q^*(t))=\begin{cases}(A_5(t),B_5(t),C_5(t),q^0(t)),&0\leqslant t\leqslant t_1\\[2mm](\widetilde{A}_3(t),\widetilde{B}_3(t),\widetilde{C}_3(t),\eta_1/\eta_2),&t_1\leqslant t\leqslant T\end{cases}$$

（18）若 $\alpha<0.5,\Delta_2\geqslant0,\Delta_3>0,\Delta_1\geqslant1,e^{rT}<\Delta_1$，则

$$(A(t),B(t),C(t),q^*(t))\equiv(\widetilde{A}_3(t),\widetilde{B}_3(t),\widetilde{C}_3(t),\eta_1/\eta_2),\qquad\forall t\in[0,T]$$

（19）若 $\alpha<0.5,\Delta_2\geqslant0,\Delta_3>0,\Delta_1<1$，则

$$(A(t),B(t),C(t),q^*(t))\equiv(\widetilde{A}_2(t),\widetilde{B}_2(t),\widetilde{C}_2(t),q^0(t)),\qquad\forall t\in[0,T]$$

（20）若 $\alpha=0.5,\gamma_1\eta_2<\eta_1(\gamma_1+\gamma_2)$，则

$$(A(t),B(t),C(t),q^*(t))\equiv(\widetilde{A}_2(t),\widetilde{B}_2(t),\widetilde{C}_2(t),q^0(t)),\qquad\forall t\in[0,T]$$

（21）$\alpha=0.5,\gamma_1\eta_2\geqslant\eta_1(\gamma_1+\gamma_2)$，则

$$(A(t),B(t),C(t),q^*(t))\equiv(\widetilde{A}_3(t),\widetilde{B}_3(t),\widetilde{C}_3(t),\eta_1/\eta_2),\qquad\forall t\in[0,T]$$

证明：根据验证定理，对于推广的 HJB 方程（7-16），构造如下形式的解：

$$\begin{cases}F(t,x,y)=\alpha e^{r(T-t)}x+(1-\alpha)e^{r(T-t)}y+A(t)\\[2mm]G_1(t,x,y)=e^{r(T-t)}x+B(t)\\[2mm]G_2(t,x,y)=e^{r(T-t)}y+C(t)\end{cases}\tag{7-27}$$

根据式（7-27），可知：

$$\begin{cases}F_t=-r\alpha e^{r(T-t)}x-r(1-\alpha)e^{r(T-t)}y+A'(t)\\[2mm]F_x=\alpha e^{r(T-t)},\ F_y=(1-\alpha)e^{r(T-t)}\end{cases}\tag{7-28}$$

$$\begin{cases}G_{1t}=-re^{r(T-t)}x+B'(t),\ G_{1x}=e^{r(T-t)}\\[2mm]G_{2t}=-re^{r(T-t)}x+C'(t),\ G_{2x}=e^{r(T-t)}\end{cases}\tag{7-29}$$

将式(7-28)和式(7-29)代入 HJB 方程(7-16)，可得：

$$\sup_{\pi \in \Pi} \inf_{\theta \in \Theta} \{ A'(t) + \alpha e^{r(T-t)} [(b_1-r)\pi_1 + a(\eta_1 - \eta_2 q) - \sigma_0(1-q)\theta_0 - \sigma_1 \pi_1 \theta_1] +$$

$$(1-\alpha) e^{r(T-t)} [(b_2-r)\pi_2 + a\eta_2 q - \sigma_0 \theta_0 q - \sigma_2 \pi_2 \theta_2] -$$

$$0.5\alpha\gamma_1 e^{2r(T-t)} [\sigma_1^2 \pi_1^2 + \sigma_0^2 (1-q)^2] - 0.5(1-\alpha)\gamma_2 e^{2r(T-t)} [\sigma_2^2 \pi_2^2 +$$

$$\sigma_0^2 q^2] + 0.5(\theta_0^2 + \theta_1^2 + \theta_2^2)/m \} = 0$$

$$(7-30)$$

下面分步求解式(7-30)，即先固定 π，取关于 θ 的上确界。根据式(7-30)，可得关于最小值点 θ^* 的一阶方程组：

$$\begin{cases} \theta_0^*(q) = m\sigma_0 e^{r(T-t)} [\alpha + (1-2\alpha)q] \\ \theta_1^*(\pi_1) = m\alpha\sigma_1 \pi_1 e^{r(T-t)} \\ \theta_2^*(\pi_2) = m(1-\alpha)\sigma_2 \pi_2 e^{r(T-t)} \end{cases} \quad (7-31)$$

将式(7-31)代入式(7-30)，得：

$$\sup_{\pi \in \Pi} \{ A'(t) + \alpha e^{r(T-t)} [(b_1-r)\pi_1 + a(\eta_1 - \eta_2 q)] + (1-\alpha) e^{r(T-t)} [(b_2-r)\pi_2 + a\eta_2 q] -$$

$$0.5\alpha\gamma_1 e^{2r(T-t)} [\sigma_1^2 \pi_1^2 + \sigma_0^2 (1-q)^2] - 0.5(1-\alpha)\gamma_2 e^{2r(T-t)} [\sigma_2^2 \pi_2^2 + \sigma_0^2 q^2] -$$

$$0.5m\sigma_0^2 e^{2r(T-t)} [\alpha + (1-2\alpha)q]^2 - 0.5m\alpha^2 \sigma_1^2 \pi_1^2 e^{2r(T-t)} - 0.5m(1-\alpha)^2 \sigma_2^2 \pi_2^2 e^{2r(T-t)} \} = 0$$

$$(7-32)$$

由 π 的一阶条件，可得：

$$\pi_1^*(t) = \frac{b_1-r}{(m\alpha + \gamma_1)\sigma_1^2 e^{r(T-t)}}, \quad \pi_2^*(t) = \frac{b_2-r}{[m(1-\alpha) + \gamma_2]\sigma_2^2 e^{r(T-t)}} \quad (7-33)$$

$$q^0(t) = \frac{1}{\zeta} \left(\alpha\Delta_2 + \frac{a\eta_2(1-2\alpha)}{\sigma_0^2 e^{r(T-t)}} \right) \quad (7-34)$$

将式(7-33)和式(7-34)代入式(7-32)，可得：

$$A'(t) = 0.5\alpha(\gamma_1 - \alpha m)\sigma_0^2 e^{2r(T-t)} - a\alpha\eta_1 e^{r(T-t)} - \sup_{0 \leq q(t) \leq \eta_1/\eta_2} g_1(t, q(t)) -$$

$$\frac{\alpha(b_1-r)^2}{2(m\alpha + \gamma_1)\sigma_1^2} - \frac{(1-\alpha)(b_2-r)^2}{2[\beta(1-\alpha) + \gamma_2]\sigma_2^2}$$

$$(7-35)$$

其中，

$$g_1(t,q) = \left[a\eta_2(1-2\alpha) + \alpha\Delta_3\sigma_0^2 e^{r(T-t)} \right] e^{r(T-t)} q - 0.5\zeta\sigma_0^2 e^{2r(T-t)} q^2$$

根据式(7-18)可知：

$$A^{\theta^*,\pi^*} G_1(t,x,y) = B'(t) + \left[(b_1-r)\pi_1^* + a(\eta_1-\eta_2 q^*) - \sigma_0(1-q^*)\theta_0^* - \sigma_1\pi_1^*\theta_1^* \right] e^{r(T-t)} = 0$$

将式(7-33)代入上式，得：

$$B'(t) = \alpha m\sigma_0^2 e^{2r(T-t)} - a\eta_1 e^{r(T-t)} - \frac{\gamma_1(b_1-r)^2}{(m\alpha+\gamma_1)^2\sigma_1^2} - g_2(t,q^*(t)) \quad (7-36)$$

其中，

$$g_2(t,q) = m(1-2\alpha)\sigma_0^2 e^{2r(T-t)} q^2 - \left[a\eta_2 + m(1-3\alpha)\sigma_0^2 e^{r(T-t)} \right] e^{r(T-t)} q$$

根据式(7-19)可知：

$$A^{\theta^*,\pi^*} G_2(t,x,y) = C'(t) + \left[(b_2-r)\pi_2^* + a\eta_2 q^* - \sigma_0 q^*\theta_0^* - \sigma_2\pi_2^*\theta_2^* \right] e^{r(T-t)} = 0$$

将式(7-33)代入上式，得：

$$C'(t) = -\frac{\gamma_2(b_2-r)^2}{\left[m(1-\alpha)+\gamma_2 \right]^2\sigma_2^2} - g_3(t,q^*(t)) \quad (7-37)$$

其中，

$$g_3(t,q) = \left[a\eta_2 - \alpha m\sigma_0^2 e^{r(T-t)} \right] e^{r(T-t)} q - m(1-2\alpha)\sigma_0^2 e^{2r(T-t)} q^2$$

下面对(1)分情况进行讨论：

若 $\alpha>0.5$，$\Delta_3<0$，$\Delta_0>1$，$e^{rT}>\Delta_1$，则必有 $0<t_0<t_1<T$。式(7-34)表明 $q^0(t) \in [0,\eta_1/\eta_2]$ 等价于 $t_0 \leqslant t \leqslant t_1$。

当 $t_1 \leqslant t \leqslant T$ 时，有 $q^0(t) \leqslant 0$，故 $q^*(t)=0$。将 $q^*(t)=0$ 代入式(7-35)～式(7-37)，有：

$$A'_1(t) = 0.5\alpha(\gamma_1-\alpha m)\sigma_0^2 e^{2r(T-t)} - a\alpha\eta_1 e^{r(T-t)} - \frac{\alpha(b_1-r)^2}{2(m\alpha+\gamma_1)\sigma_1^2} - \frac{(1-\alpha)(b_2-r)^2}{2\left[m(1-\alpha)+\gamma_2 \right]\sigma_2^2}$$

$$B'_1(t) = \alpha m\sigma_0^2 e^{2r(T-t)} - a\eta_1 e^{r(T-t)} - \frac{\gamma_1(b_1-r)^2}{(m\alpha+\gamma_1)^2\sigma_1^2}$$

$$C'_1(t) = -\frac{\gamma_2(b_2-r)^2}{\left[m(1-\alpha)+\gamma_2 \right]^2\sigma_2^2}$$

由边界条件 $A_1(T)=B_1(T)=C_1(T)=0$，可得：

$$A_1(t) = \frac{a\alpha\eta_1}{r}(e^{r(T-t)}-1) - \frac{\alpha(\gamma_1-\alpha m)\sigma_0^2}{4r}(e^{2r(T-t)}-1) + \tag{7-38}$$

$$\frac{\alpha(b_1-r)^2}{2(m\alpha+\gamma_1)\sigma_1^2}(T-t) + \frac{(1-\alpha)(b_2-r)^2}{2[\beta(1-\alpha)+\gamma_2]\sigma_2^2}(T-t)$$

$$B_1(t) = \frac{a\eta_1}{r}(e^{r(T-t)}-1) - \frac{\alpha m\sigma_0^2}{2r}(e^{2r(T-t)}-1) + \tag{7-39}$$

$$\frac{\gamma_1(b_1-r)^2}{(m\alpha+\gamma_1)^2\sigma_1^2}(T-t)$$

$$C_1(t) = \frac{\gamma_2(b_2-r)^2}{[m(1-\alpha)+\gamma_2]^2\sigma_2^2}(T-t) \tag{7-40}$$

当 $t_0 \leqslant t \leqslant t_1$ 时，有 $q^0(t) \in [0, \eta_1/\eta_2]$，故 $q^*(t) = q^0(t)$。将它代入式（7-35）~式（7-37），可得：

$$A'_2(t) = 0.5\alpha(\gamma_1-\alpha m)\sigma_0^2 e^{2r(T-t)} - a\alpha\eta_1 e^{r(T-t)} - g_1(t,q^0(t)) -$$

$$\frac{\alpha(b_1-r)^2}{2(m\alpha+\gamma_1)\sigma_1^2} - \frac{(1-\alpha)(b_2-r)^2}{2[m(1-\alpha)+\gamma_2]\sigma_2^2}$$

$$B'_2(t) = \alpha m\sigma_0^2 e^{2r(T-t)} - a\eta_1 e^{r(T-t)} - \frac{\gamma_1(b_1-r)^2}{(m\alpha+\gamma_1)^2\sigma_1^2} - g_2(t,q^0(t))$$

$$C'_2(t) = -\frac{\gamma_2(b_2-r)^2}{[m(1-\alpha)+\gamma_2]^2\sigma_2^2} - g_3(t,q^0(t))$$

两边同时积分，可得：

$$\begin{cases} A_2(t) = \widetilde{A}_2(t) + K_1 \\ B_2(t) = \widetilde{B}_2(t) + M_1 \\ C_2(t) = \widetilde{C}_2(t) + N_1 \end{cases} \tag{7-41}$$

其中，

$$\begin{cases} \widetilde{A}_2(t) = A_1(t) + D_1(t) \\ \widetilde{B}_2(t) = B_1(t) + D_2(t) \\ \widetilde{C}_2(t) = C_1(t) + D_3(t) \end{cases} \tag{7-42}$$

$$D_1(t) = \frac{\alpha a\eta_2(1-2\alpha)\Delta_3}{r\zeta}(e^{r(T-t)}-1) + \frac{\alpha^2\sigma_0^2\Delta_3^2}{4r\zeta}(e^{2r(T-t)}-1) + \frac{a^2\eta_2^2(1-2\alpha)^2}{2\zeta\sigma_0^2}(T-t)$$

$$D_2(t) = -\frac{a\eta_2(1-3\alpha)}{2r(1-2\alpha)}(e^{r(T-t)}-1) - \frac{\beta(1-3\alpha)^2\sigma_0^2}{8r(1-2\alpha)}(e^{2r(T-t)}-1) - \frac{a^2\eta_2^2(T-t)}{4m(1-2\alpha)\sigma_0^2}$$

$$D_3(t) = \frac{m\alpha^2\sigma_0^2}{8r(1-2\alpha)}(e^{2r(T-t)}-1) - \frac{a\eta_2\alpha}{2r(1-2\alpha)}(e^{r(T-t)}-1) + \frac{a^2\eta_2^2}{4m(1-2\alpha)\sigma_0^2}(T-t)$$

在 $t=t_1$ 处，$A(t),B(t),C(t)$ 为连续函数，故有：

$$K_1 = A_1(t_1) - \widetilde{A}_2(t_1), M_1 = B_1(t_1) - \widetilde{B}_2(t_1), N_1 = C_1(t_1) - \widetilde{C}_2(t_1)$$

当 $0 \le t < t_0$ 时，有 $q^0(t) \ge \eta_1/\eta_2$，故有 $q^*(t) = \eta_1/\eta_2$。将 $q^*(t) = \eta_1/\eta_2$ 代入式(7-35)～式(7-37)，可得：

$$A'_3(t) = 0.5\alpha(\gamma_1 - \alpha m)\sigma_0^2 e^{2r(T-t)} - a\alpha\eta_1 e^{r(T-t)} - g_1(t,\eta_1/\eta_2)$$
$$- \frac{\alpha(b_1-r)^2}{2(m\alpha+\gamma_1)\sigma_1^2} - \frac{(1-\alpha)(b_2-r)^2}{2[m(1-\alpha)+\gamma_2]\sigma_2^2}$$

$$B'_3(t) = \alpha m\sigma_0^2 e^{2r(T-t)} - a\eta_1 e^{r(T-t)} - \frac{\gamma_1(b_1-r)^2}{(m\alpha+\gamma_1)^2\sigma_1^2} - g_2(t,\eta_1/\eta_2)$$

$$C'_3(t) = -\frac{\gamma_2(b_2-r)^2}{[m(1-\alpha)+\gamma_2]^2\sigma_2^2} - g_3(t,\eta_1/\eta_2)$$

两边同时积分，可得：

$$\begin{cases} A_3(t) = \widetilde{A}_3(t) + K_2 \\ B_3(t) = \widetilde{B}_3(t) + M_2 \\ C_3(t) = \widetilde{C}_3(t) + N_2 \end{cases} \tag{7-43}$$

其中，

$$\begin{cases} \widetilde{A}_3(t) = A_1(t) + \overline{D}_1(t) \\ \widetilde{B}_3(t) = B_1(t) + \overline{D}_2(t) \\ \widetilde{C}_3(t) = C_1(t) + \overline{D}_3(t) \end{cases} \tag{7-44}$$

$$\overline{D}_1(t) = \frac{a\eta_1(1-2\alpha)}{r}(e^{r(T-t)}-1) + \frac{\eta_1(2\alpha\Delta_3\eta_2-\zeta\eta_1)\sigma_0^2}{4r\eta_2^2}(e^{2r(T-t)}-1)$$

$$\overline{D}_2(t) = \frac{m\eta_1[(1-2\alpha)\eta_1-(1-3\alpha)\eta_2]\sigma_0^2}{2r\eta_2^2}(e^{2r(T-t)}-1) - \frac{a\eta_1}{r}(e^{r(T-t)}-1)$$

$$\overline{D}_3(t) = \frac{a\eta_1}{r}(e^{r(T-t)}-1) - \frac{m\eta_1[(1-2\alpha)\eta_1+\alpha\eta_2]\sigma_0^2}{2r\eta_2^2}(e^{2r(T-t)}-1)$$

在 $t=t_0$ 处，$A(t)$、$B(t)$、$C(t)$ 为连续的函数，故有：

$K_2=A_2(t_0)-\widetilde{A}_3(t_0)$，$M_2=B_2(t_0)-\widetilde{B}_3(t_0)$，$N_2=C_2(t_0)-\widetilde{C}_3(t_0)$。

综上所述，(1)得证。(2)~(21)的证明类似可得。

上述定理给出了时间不一致的鲁棒优化问题的均衡策略的显式表达式，它不仅符合再保险双方的共同利益，还消除了决策者对于模型参数估计有误导致最优策略选择错误的担忧。求解它所得到的最优投资—再保险策略对于各种不稳定因素引发的模型不确定性有着很强的稳健性。

第三节
敏感性分析

定理7.2给出了时间不一致框架下的鲁棒最优资产配置方式的显式表达式。在模型参数确定的情况下，可以很容易确定当前状态属于哪一种情况，进而得出对应的最优策略取值。然而由于模型极其复杂，最优解的形式也很复杂。为了更深入地研究最优策略，本节对最优投资—再保险策略 $(q^*(t), \pi_1^*(t), \pi_2^*(t))$ 进行敏感性分析。通过数值例子，进一步研究模型各参数对最优策略的影响。

一、最优再保险策略的敏感性分析

定理7.2中关于最优再保险策略表达式的形式非常复杂，它不仅在不同时间段有不同的形式，同时它跟各参数的大小及参数相互间的关系都有关联，这既体现了金融活动的复杂性，也凸显出本章研究的意义所在——面对复杂多变的金融环境及市场波动，能够为决策者提供明确的策略依据，使资产配置效用最大化。为进一步研究最优策略与各参数的关系，本节利用如下数值例子进行各参数对最优再保险策略的敏感性分析。

观察定理 7.2 中最优再保险策略 $q^*(t)$ 的取值，可知它在不同情形及不同时间阶段有三种可能取值：0、$q^0(t)$，η_1/η_2，相关参数及取值如表 7-1 和表 7-2 所示。在本节的敏感性分析中，均是改变表 7-1 和表 7-2 中某一参数对应的取值，其余参数取表中的数值，以此来分析某一参数的变化对最优策略的影响。

表 7-1　敏感性分析中模型各参数取值（$\alpha>0.5$ 时）

参数	α	a	σ_0	σ_1	σ_2	η_1	η_2	b_1	b_2	r	γ_1	γ_2	m	T
取值	0.6	1.8	1	1.1	1	0.8	2	0.08	0.08	0.06	0.5	0.2	2	10

表 7-2　敏感性分析中模型各参数取值（$\alpha<0.5$ 时）

参数	α	a	σ_0	σ_1	σ_2	η_1	η_2	b_1	b_2	r	γ_1	γ_2	m	T
取值	0.4	1.8	1	1.1	1	0.8	2	0.08	0.08	0.06	0.4	0.2	3	40

图 7-1（a）和图 7-1（b）分别展示了 $\alpha>0.5$ 和 $\alpha<0.5$ 时参数 α 与最优再保险策略 $q^*(t)$ 的关系。参数 α 为问题（7-10）中的加权系数。观察图 7-1 可知，当 $\alpha>0.5$ 时，比例再保险水平随时间推移而降低，即保险公司将越来越倾向于选择尽可能少的再保险份额。反之，当 $\alpha<0.5$ 时，情况相反。这是因为在其他参数确定的情况下，随着时间的推移，保险公司和再保险公司都会获得其投资所带来的收益。而当 $\alpha>0.5$ 时意味着在进行决策时保险公司占有优势，他们在初期为转移风险，会尽可能多地进行再保险，而当投资的回报慢慢显露时则可以选择尽可能少的再保险份额，将更多的保费用于投资。

此外，图 7-1（a）还给出了再保险比例水平具体的变化情况，$q^*(t)$ 由初期恒定的比例 η_1/η_2 转变为关于时间 t 的递减函数，最后再变为 0。初期恒定及后期为 0 是因为根据假设，比例再保险水平 $q(t)$ 只能在 0 至 η_1/η_2 之间取值。图 7-1（a）同时还表明，在 $\alpha>0.5$ 的前提下，最优再保险策略 $q^*(t)$ 的取值是随着 α 的增大而减小的，这与之前的分析一致，在参数确

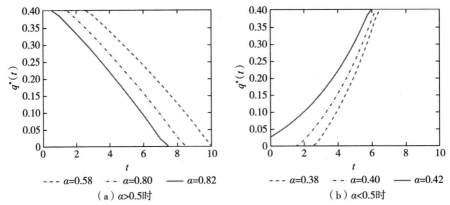

图 7-1　参数 α 对最优再保险策略 $q^*(t)$ 的影响

定的情况下，投资在期望意义下是能够产生利润的，因此当保险公司在与再保险公司组成的联合利益体中所拥有的决策权越大，就越倾向于降低再保险 $q(t)$ 的份额，将保费收入投入至金融市场。图 7-1(b) 表明，在 $\alpha <$ 0.5 的前提下，再保险公司由于在利益共同体中占有优势，它可以保证再保险的份额 $q(t)$ 是随时间推移而增加的，而 α 越小导致 $q(t)$ 越小，看似与 $\alpha > 0.5$ 的情况不相符，但仔细分析图 7-1(b) 可知，这种现象出现在整个区间的起始阶段，这是因为在初期投资的收益没有体现而承保的风险却时刻存在，因此作为决策权较大的一方它选择保守的再保险策略以承担较少的风险。

　　接下来考虑其余参数对最优再保险策略 $q^*(t)$ 的影响。由于模型的净利条件，以及对于风险资产的价格过程参数的假定，可知在期望意义下投资可以产生利润，随着时间的推移，投资收益会慢慢累积，所以在 $\alpha > 0.5$ 时，保险集团会降低再保险比例，即 $q^*(t)$ 关于时间 t 为递减的，以促使保险公司将更多的保费收入投资至金融市场。反之，在 $\alpha < 0.5$ 时，情况相反(见图 7-2~图 7-5)。

　　图 7-2 研究了索赔期望值 a 对最优再保险策略 $q^*(t)$ 的影响。当其他参数固定时，索赔的期望值 a 越大，在保险公司以期望保费原理收取保费时，它获得的保费收入越多。尽管较大的索赔期望意味着较高的赔付风险，但是由于保费的收取必须满足净利条件，在面临大量的保单时，保险公司仍然是可以获取更多的收益的。因此，当保险公司在保险集团中处于

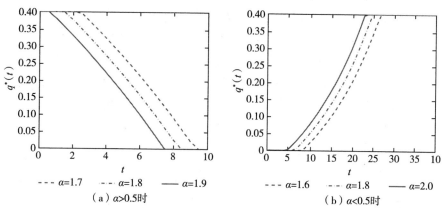

图 7-2　参数 a 对最优再保险策略 $q^*(t)$ 的影响

相对优势时，索赔的期望值 a 越大，保险公司会选择越低的最优再保险策略取值。同样地，由第七章第二节可知，再保险保费的收取也满足净利条件，因此 $\alpha<0.5$ 时，再保险公司会选择随着 a 增大而增大再保险比例。

图 7-3 揭示了不同加权系数下决策者的模糊厌恶系数 m 与最优再保险策略 $q^*(t)$ 的内在联系。模糊厌恶系数能够刻画投资者面临不确定风险时的态度，模糊厌恶系数越高，表明决策者对不确定性风险越"害怕"。这些不确定性风险主要体现在赔付过程或风险资产价格过程的参数不确定性上，所以他们倾向于采取更保守的再保险和投资策略。因此，当 $\alpha>0.5$ 时，模糊厌恶系数越高的决策者倾向于选择更高的再保险比例。此时，由赔付过程的不确定性引发的信用风险被更多地转移至再保险公司。

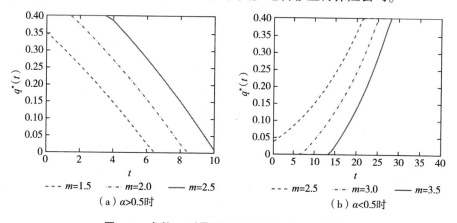

图 7-3　参数 m 对最优再保险策略 $q^*(t)$ 的影响

图 7-4 展示了赔付过程 $C(t)$ 所满足的布朗运动的漂移系数 σ_0 与最优再保险策略 $q^*(t)$ 的关系。观察后发现，当 $\alpha>0.5$ 且模型中其他参数固定时，最优再保险策略 $q^*(t)$ 随着赔付过程的漂移系数 σ_0 的增大而增加。不同于索赔期望值与最优再保险策略的关系，漂移系数 σ_0 越大，意味着赔付额及赔付次数的波动范围越大，也就意味着承保人面临着较大的赔付风险，在期望保费原理下保险公司的保费收入并没有因此增加，所以保险公司为了分担风险，会选取更高的再保险比例水平。

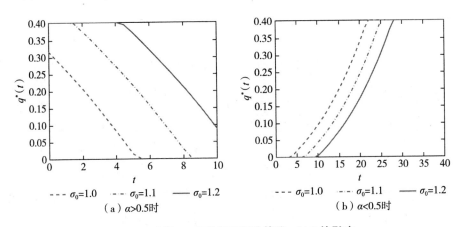

图 7-4　参数 σ_0 对最优再保险策略 $q^*(t)$ 的影响

图 7-5(a)表明当再保险公司的安全负荷 η_2 增加时，最优再保险策略的取值会减少。事实上，由再保险公司的保费收入 $a(1+\eta_2)q(t)$ 的构成可知，在其他参数不变的情况下，再保险公司的安全负荷越高，保险公司应支付的再保险保费也越高，此时保险公司会在自己能承受的风险范围内选取尽量低的再保险比例 $q(t)$。图 7-5(b)则表示当再保险公司在决策中的权重更大时，会选择随安全负荷呈正相关的再保险比例水平。在实际中，安全负荷的选取并非由保险公司或再保险公司随意决定，它受赔付过程的参数、当前的市场状况以及行业政策等多方面因素的影响。

二、最优投资策略的敏感性分析

本节研究并分析模型参数变化对投资策略 $\pi_i^*(t)(i=1,2)$ 的影响。由式(7-26)可知，投资策略与 α、β、b_i、σ_i、γ_i 等参数相关。本节采用表 7-1

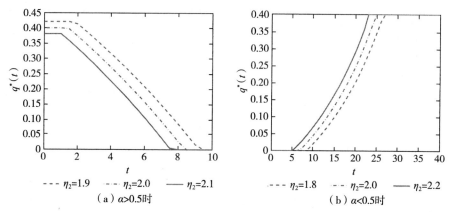

图 7-5　参数 η_2 对最优再保险策略 $q^*(t)$ 的影响

和表 7-2 中各参数的取值，研究当其中某一个参数变化时，最优投资策略 $\pi_i^*(t)(i=1,2)$ 的变化情况。

图 7-6 展示了权重系数 α 与保险公司和再保险公司的风险资产投资策略 $\pi_1^*(t)$ 和 $\pi_2^*(t)$ 的相互关系。它表明不管决策系数 α 的取值是大于 0.5 还是小于 0.5，风险投资的最优投资额 $\pi_1^*(t)$ 和 $\pi_2^*(t)$ 均随时间的推移而递增。这意味着，在保险公司和再保险公司这个利益共同体中，不管谁占据主导地位，对于追加投资额这一决策，都是一致的。这是因为在构建模型的过程中，在参数确定的情况下，风险投资收益会随时间推移慢慢累积，投资者自然会追加投资以获取更大的收益。此外，图 7-6（a）和图 7-6（b）表明随着优化目标中权重系数 α 的增大，保险公司的最优风险投资策略 $\pi_1^*(t)$ 的取值是减小的，同时再保险公司的风险投资策略的取值增大。这是因为再保险公司在保险集团中占据的优势越大，决策者会倾向于为保险公司选取更保守和谨慎的风险投资策略以确保保险集团的收益。

图 7-6 证实了决策系数 α 是否大于 0.5 对于投资策略是否随时间推移而递增或递减的趋势没有受影响，并且保险公司和再保险公司各自在联合收益中的权重对于其风险投资策略的影响是一致的，所以接下来可以直接讨论其他参数对最优投资决策 $\pi_i^*(t)(i=1,2)$ 的影响，并且不会再就 $\alpha>0.5$ 和 $\alpha<0.5$ 分别讨论，权重系数 α 均取值 0.6。

图 7-7~图 7-10 印证了图 7-6 中揭示的规律：不管各参数如何变化，保险公司和再保险公司的最优风险投资策略 $(\pi_1^*(t),\pi_2^*(t))$ 的取值均是随

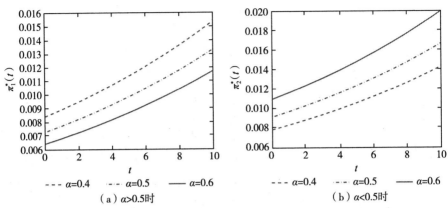

图7-6　参数 α 对最优投资策略 $\pi_1^*(t)$ 和 $\pi_2^*(t)$ 的影响

时间 t 的推移而递增。这是因为在模型构建的过程中，基于合理性等方面的考虑，风险资产的预期收益均大于无风险资产收益（否则投资者会选择风险小、收益高的无风险资产），所以风险投资的收益会随着时间推移慢慢累积，投资者会选择增加风险投资以获取更大的收益。

图7-7揭示了风险资产 $i(i=1,2)$ 的增值率 $b_i(i=1,2)$ 与最优风险投资策略 $\pi_i^*(t)(i=1,2)$ 的取值之间的关系。很显然，风险资产 i 的增值率 b_i 增加会导致最优风险投资策略 $\pi_i^*(t)$ 取值的增加，因为相对于无风险资产来说，风险资产的期望收益较高，投资者为了追求更大的风险收益会选择较高的风险投资水平。

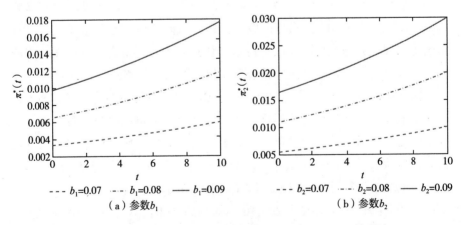

（a）参数b_1　　　　　　　　　（b）参数b_2

图7-7　参数 $b_i(i=1,2)$ 对最优投资策略 $\pi_i^*(t)(i=1,2)$ 的影响

图 7-8 表明决策者的风险厌恶系数 $\gamma_i(i=1,2)$ 越大，则相应采取的最优风险投资策略 $\pi_i^*(t)(i=1,2)$ 的取值越低。在本章研究中，决策者的优化目标是最大化终端财富的均值与方差之差，将风险厌恶系数作为方差项的系数正是体现了决策者对风险的厌恶，因此 γ_i 越大，决策者的投资行为越保守，投资水平 $\pi_i^*(t)$ 越低。

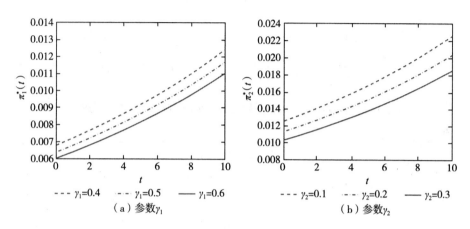

图 7-8　参数 $\gamma_i(i=1,2)$ 对最优投资策略 $\pi_i^*(t)(i=1,2)$ 的影响

图 7-9 表明当风险资产 i $(i=1,2)$ 的价格过程的波动率 $\sigma_i(i=1,2)$ 增大时，最优风险投资策略 $\pi_i^*(t)(i=1,2)$ 的取值会减小。在其他参数固定时，风险资产价格过程的波动率提升，意味着投资风险资产所面临的未知风险也增大，投资者会选择保守的投资策略，降低风险资产的投资额。

图 7-10（a）表明当无风险资产收益率 r 增加时，最优风险投资策略 $(\pi_1^*(t),\pi_2^*(t))$ 的取值会随之减小。尽管风险资产的预期收益大于无风险资产，但是基于对潜在风险的担忧，无风险资产的收益的增加还是会吸引投资者的部分资金，进而导致风险资产的投资额减少。

图 7-10（b）展示了模糊厌恶系数 m 与最优风险投资策略 $(\pi_1^*(t),\pi_2^*(t))$ 的关系。模糊厌恶系数能够刻画决策者面临不确定风险时的态度，模糊厌恶系数越高，表明决策者对不确定性风险越担忧，他们会选择保守、谨慎的风险投资策略。因此，在最优投资策略的选取上，模糊厌恶系数越高的决策者越倾向于选择更低的风险资产投资额以确保收益的稳定。

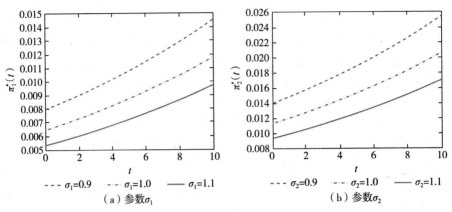

图 7-9　参数 $\sigma_i(i=1,2)$ 对最优投资策略 $\pi_i^*(t)(i=1,2)$ 的影响

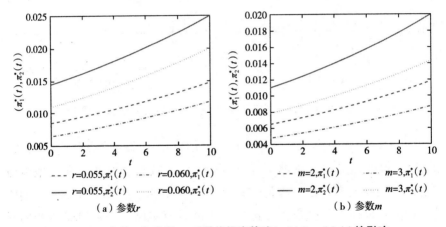

图 7-10　参数 r 和参数 m 对最优投资策略 $(\pi_1^*(t),\pi_2^*(t))$ 的影响

第四节
本章小结

　　本章结合保险实务，在模型不确定框架下研究了再保险双方的联合资产配置问题。主要的创新点在于，对期望效用的优化目标进行改进，转而

研究动态均值—方差准则下的再保险—投资策略。这是一个时间不一致的均值—方差问题，它的难点在于在这个优化准则下动态规划原理并不成立。为解决这个时间不一致的优化问题，引入博弈论的思想定义均衡策略及均衡值函数的概念，在保险公司和再保险公司均投资至金融市场的条件下，确立保险公司和再保险公司联合资产配置的鲁棒优化目标，建立对于保险公司和再保险公司财富过程的扩展的 HJB 方程。优化目标中值函数的变化使前几章的贴现相对熵的形式并不能构造"齐次性鲁棒"问题，因此本章在调整了相对熵的函数形式的情况下推导并得到了扩展 HJB 方程的显式解，再通过数值计算对最优策略进行敏感性分析，分别在权重系数 $\alpha > 0.5$ 和 $\alpha < 0.5$ 时详细分析了各参数变化对投资策略和再保险策略的影响，分析结果表明，所求解的均衡策略准确有效，能为保险实务提供一定的理论指导。

风险相依下再保险双方的联合
最优再保险策略研究

本章结合保险人和再保险人的共同利益，研究了具有两类相依险种风险模型下的最优再保险问题。本章假定再保险公司采用方差保费原理收取保费，利用复合 Poisson 模型和扩散逼近模型两种方式去刻画保险公司和再保险公司的资本盈余过程，在期望效用最大准则下，证明了最优再保险策略的存在性和唯一性，通过求解 HJB 方程，得到了两种模型下相应的最优再保险策略及值函数的明晰解答，并给出了数值算例及分析。

第一节
模型分析

一、复合 Poisson 风险模型下的联合资产盈余过程

假设保险公司有两类具有相关性险种业务，如汽车保险与寿险。令 X_i 为第一类险种第 i 次的索赔额，它们是一列独立同分布的随机变量，其共同的分布函数为 $F_X(x)$。Y_i 为第二类险种第 i 次的索赔额，它们也是一列独立同分布的随机变量，其共同的分布函数 $F_Y(y)$。另外，假定 X_i 和 Y_i 均为正值随机变量，也就是说，当 $x \leq 0$ 时，$F_X(x) = 0$，当 $x > 0$ 时，$0 \leq F_X(x) \leq 1$；当 $y \leq 0$ 时，$F_Y(y) = 0$，当 $y > 0$ 时，$0 \leq F_Y(y) \leq 1$，记其均值分别为 $E(X_i) := \mu_1$、$E(Y_i) := \mu_2$，且它们分别存在矩母函数 $M_X(r)$ 和 $M_Y(r)$。假定随机变量序列 $\{X_i, i \geq 1\}$ 与 $\{Y_i, i \geq 1\}$ 之间是相互独立的。假设存在某个正数 $\zeta \in (0, T]$，对任意的 $0 < r < \zeta$、$M'_X(r) = E(Xe^{rX})$、$M'_Y(r) = E(Ye^{rY})$ 都存在，且有 $\lim_{r \to \zeta} E(Xe^{rX}) = \lim_{r \to \zeta} E(Ye^{rY}) = +\infty$。

到 t 时刻为止，两类险种的索赔额过程分别记为：

$$S_1(t) = \sum_{i=1}^{\widetilde{N}_1(t)} X_i, \quad S_2(t) = \sum_{i=1}^{\widetilde{N}_2(t)} Y_i$$

其中，$\widetilde{N}_1(t) = N_1(t) + N(t)$ 和 $\widetilde{N}_2(t) = N_2(t) + N(t)$ 分别表示两类险种到 t 时刻为止累计的赔付次数。$\{N_1(t), t \geq 0\}$、$\{N_2(t), t \geq 0\}$ 和 $\{N(t), t \geq 0\}$

是参数分别为 λ_1、λ_2、$\lambda(>0)$ 且相互独立的 Poisson 过程。两类险种总索赔额过程为：

$$S(t) = \sum_{i=1}^{N_1(t)+N(t)} X_i + \sum_{i=1}^{N_2(t)+N(t)} Y_i$$

很明显，两类险种因有公共的计数过程 $N(t)$ 而存在相依关系，且这类相依风险模型已经在文献中得到了广泛的研究。通常，保险公司的盈余过程可以由下式给出：

$$R_t = u + ct - S(t)$$

其中，$u>0$ 为保险公司初始资产，c 为单位时间保费的收入。

在保险公司的经营过程中，再保险是保险公司控制风险的一种直接且有效的手段，本章假设保险公司可以向再保险公司购买一定份额的比例再保险来控制它自身的经营风险。针对两种不同的险种，保险公司购买相应的比例再保险后的自留水平分别记为 q_{1t} 和 q_{2t}，其中 $q_{1t}, q_{2t} \in [0,1]$，$t \in [0,T]$。即对于 t 时刻发生的索赔 X_i，保险公司只需赔付 $q_{1t}X_i$，再保险公司赔付 $(1-q_{1t})X_i$，对于 t 时刻发生的索赔 Y_i，保险公司赔付 $q_{2t}Y_i$，再保险公司赔付 $(1-q_{2t})Y_i$。假定再保险公司按照方差保费原理收取保费，其保费率记为 (q_{1t}, q_{2t})。另外，为了有效地利用资金，保险公司和再保险公司均投资利率为 r 的无风险资产。记 $R_{it}^{q_1, q_2}(i=1, 2)$，分别为保险公司和再保险公司在 t 时刻的财富值。因此，采用再保险策略后，保险公司的财富过程满足：

$$dR_{1t}^{q_1, q_2} = [rR_{1t}^{q_1, q_2} + c - \delta(q_{1t}, q_{2t})]dt - q_{1t}dS_1(t) - q_{2t}dS_2(t) \qquad (8-1)$$

相应地，再保险公司的财富过程满足：

$$dR_{2t}^{q_1, q_2} = [rR_{2t}^{q_1, q_2} + \delta(q_{1t}, q_{2t})]dt - (1-q_{1t})dS_1(t) - (1-q_{2t})dS_2(t) \qquad (8-2)$$

为了同时考虑保险公司和再保险公司的利益，受孟辉等（2016）、Gu 等（2017，2018）的启发，笔者将财富过程进行加权和处理：

$$R_t^{q_1, q_2} := \alpha R_{1t}^{q_1, q_2} + (1-\alpha) R_{2t}^{q_1, q_2},$$

其中，α 为加权系数，满足 $\alpha \in [0,1]$。α 越大，则保险公司在寻求最优再保险策略的过程中的地位越重要，最优再保险策略也就更侧重于考虑保险公司的利益。反之，α 越小，最优再保险策略更多地考虑再保险公司的利益。特别地，当 $\alpha=1$ 时，$R_t^{q_1, q_2}$ 退化为保险公司的盈余过程。从另一角度而言，保险公司与再保险公司隶属于同一个保险集团，则 α 和 $1-\alpha$ 可视为保险公司与再保险公司所持有的股份比例，此时 $R_t^{q_1,q_2}$ 为保险集团的盈余过程，则其对应的最优再保险策略为最大化保险集团的利益。对 $R_t^{q_1,q_2}$ 使用伊藤公式，有：

$$dR_t^{q_1,q_2} = \left[rR_t^{q_1,q_2} + \alpha c + (1-2\alpha)\delta(q_{1t},q_{2t}) \right]dt - \sum_{i=1}^{2} \left[1-\alpha-(1-2\alpha)q_{it} \right]dS_i(t)$$

$$(8-3)$$

记初始值为 $R_0^{q_1,q_2} = x_0$。

二、扩散逼近风险模型下的联合资产盈余过程

根据 Bai 等（2013）的研究可知复合 Poisson 过程 $S_1(t)$ 可以由带飘移的布朗运动扩散逼近，其动力学模型为：

$$\widehat{S}_1(t) = a_1 t - \sigma_1 B_{1t}$$

其中，$a_1 = (\lambda_1+\lambda)E(X)$，$\sigma_1^2 = (\lambda_1+\lambda)E(X^2)$。同理，复合 Poisson 过程 $S_2(t)$ 也可以由带飘移的布朗运动扩散逼近，其动力学模型为：

$$\widehat{S}_2(t) = a_2 t - \sigma_2 B_{2t}$$

其中，$a_2 = (\lambda_2+\lambda)E(Y)$，$\sigma_2^2 = (\lambda_2+\lambda)E(Y^2)$。$B_{1t}$ 和 B_{2t} 是两个标准的布朗运动，且 $E(B_{1t}B_{2t}) = \rho t$，其中 ρ 为它们之间的相关系数，即：

$$\rho = \frac{\lambda E(X)E(Y)}{\sqrt{(\lambda_1+\lambda)E(X^2)(\lambda_2+\lambda)E(Y^2)}}$$

用 $\widehat{S}_i(t)(i=1,2)$ 代替 $S_i(t)(i=1,2)$，则保险集团的财富过程的动力学模型为：

$$d\widehat{R}_t^{q_1,q_2} = \left\{ r\widehat{R}_t^{q_1,q_2} + \alpha c + (1-2\alpha)\delta(q_{1t},q_{2t}) - \sum_{i=1}^{2}\left[1-\alpha-(1-2\alpha)q_{it}\right]a_i \right\}dt +$$

$$\sum_{i=1}^{2}\left[1-\alpha-(1-2\alpha)q_{it}\right]\sigma_i dB_{it}$$

或者等价于：

$$d\widehat{R}_t^{q_1,q_2} = \left[r\widehat{R}_t^{q_1,q_2} + \alpha c + (1-2\alpha)\delta(q_{1t},q_{2t}) - \sum_{i=1}^{2}(1-\alpha-(1-2\alpha)q_{it})a_i \right]dt +$$

$$\sqrt{\sum_{i=1}^{2}(1-\alpha-(1-2\alpha)q_{it})^2\sigma_i^2 + 2\lambda\mu_1\mu_2\prod_{i=1}^{2}(1-\alpha-(1-2\alpha)q_{it})}\, dB_t$$

$$(8-4)$$

其中，B_t 是一个标准的布朗运动，$\delta(q_{1t}, q_{2t})$ 的具体表达式在第二节模型求解给出。

注 8.1 从 Grandell(1991)的研究可知，$S(t)$ 是参数为 $\widetilde{\lambda} = \lambda + \lambda_1 + \lambda_2$ 的复合 Poisson 过程，且相应的索赔额随机变量 Z 的分布函数为：

$$F_Z(z) = \frac{\lambda_1}{\widetilde{\lambda}} F_X(z) + \frac{\lambda_2}{\widetilde{\lambda}} F_Y(z) + \frac{\lambda}{\widetilde{\lambda}} F_{X+Y}(z)$$

因此 $S(t)$ 对应的扩散逼近模型为：

$$\widehat{S}(t) = (a_1 + a_2)t - \sqrt{\sigma_1^2 + \sigma_2^2 + 2\lambda\mu_1\mu_2} B_t$$

此外，根据 $\widehat{S}_1(t)$ 和 $\widehat{S}_2(t)$ 的逼近形式，有：

$$\widehat{S}_1(t) + \widehat{S}_2(t) = (a_1 + a_2)t - (\sigma_1 B_{1t} + \sigma_2 B_{2t})$$

其等价于：

$$\widehat{S}_1(t) + \widehat{S}_2(t) = (a_1 + a_2)t - \sqrt{\sigma_1^2 + \sigma_2^2 + 2\sigma_1\sigma_2\rho} B_t$$

显然，当 ρ 满足：$\rho = \dfrac{\lambda E(X)E(Y)}{\sqrt{(\lambda_1 + \lambda)E(X^2)(\lambda_2 + \lambda)E(Y^2)}} = \dfrac{\lambda\mu_1\mu_2}{\sigma_1\sigma_2}$ 时，$\widehat{S}_1(t) +$

$\widehat{S}_2(t)$ 也可作为 $S(t)$ 的一种扩散逼近形式。

三、值函数与验证定理

定义 8.1 称一个策略 (q_{1t}, q_{2t}) 为可允许策略，它满足：①q_{it} 关于 $\mathcal{F}_t$ 循序可测，$i = 1, 2$；②对任意的 $0 \leqslant t < T$ （$i = 1, 2$），有 $0 \leqslant q_{it} \leqslant 1$ 成立；则称策略 (q_{1t}, q_{2t}) 为一个可允许策略。

保险集团的目标是使终端时刻 T 的财富期望效用最大化，假设其采用指数效用函数：

$$u(x) = -\frac{m}{v} e^{-vx}$$

其中，$m > 0, v > 0, u'(x) > 0, u''(x) < 0$，则目标函数为：

$$J^{q_1, q_2}(t, x) = E[u(R_T^{q_1, q_2}) \mid R_t^{q_1, q_2} = x] \tag{8-5}$$

或

$$\widehat{J}^{q_1, q_2}(t, x) = E[u(\widehat{R}_T^{q_1, q_2}) \mid \widehat{R}_t^{q_1, q_2} = x] \tag{8-6}$$

相应的值函数为：

$$J(t,x) = \sup_{q_1,q_2} J^{q_1,q_2}(t,x) \tag{8-7}$$

或

$$\widehat{J}(t,x) = \sup_{q_1,q_2} \widehat{J}^{q_1,q_2}(t,x) \tag{8-8}$$

记 $C^{(1,2)}$ 表示一个函数空间，它满足 $\forall \phi(t,x) \in C^{(1,2)}$，有 ϕ、ϕ_t、ϕ_x、ϕ_{xx} 都是 $[0,T] \times \mathbb{R}$ 上的连续函数，ϕ_t 表示 ϕ 对 t 的一阶偏导数，ϕ_x 和 ϕ_{xx} 分别表示 ϕ 对 x 的一阶偏导数和二阶偏导数。根据 Fleming 和 Soner 等（2006）动态规划原理，值函数 $J(t,x)$ 满足 HJB 方程：

$$\begin{cases} \sup\limits_{q_1,q_2} \mathcal{A}^{q_1,q_2}(t,x) = 0 \\ J(T,x) = u(x) \end{cases} \tag{8-9}$$

其中，

$$\mathcal{A}^{q_1,q_2} J(t,x) = J_t + (rx + \alpha c + (1-2\alpha)\delta(q_1,q_2)) J_x + \lambda_1 E[J(t,x-(1-\alpha-(1-2\alpha)q_1)X) - J(t,x)] + \lambda_2 E[J(t,x-(1-\alpha-(1-2\alpha)q_2)Y) - J(t,x)] + \lambda E[J(t,x-(1-\alpha-(1-2\alpha)q_1)X - (1-\alpha-(1-2\alpha)q_2)Y) - J(t,x)]$$

值函数 $\widehat{J}(t,x)$ 满足 HJB 方程：

$$\begin{cases} \sup\limits_{q_1,q_2} \mathcal{A}^{q_1,q_2}(t,x) = 0 \\ \widehat{J}(T,x) = u(x) \end{cases} \tag{8-10}$$

其中，

$$\mathcal{A}^{q_1,q_2} \widehat{J}(t,x) = \widehat{J}_t + \left[rx + \alpha c + (1-2\alpha)\delta(q_1,q_2) - \sum_{i=1}^{2}(1-\alpha-(1-2\alpha)q_i)a_i \right] \widehat{J}_x +$$
$$\frac{1}{2}\left[\sum_{i=1}^{2}(1-\alpha-(1-2\alpha)q_i)^2 \sigma_i^2 + 2\lambda\mu_1\mu_2 \prod_{i=1}^{2}(1-\alpha-(1-2\alpha)q_i) \right] \widehat{J}_{xx}$$

用 Fleming 等（2006）中的标准方法，有下面的验证定理：

定理 8.1　假设 $V(t,x)$，$\widehat{V}(t,x) \in C^{(1,2)}$ 分别是 HJB 方程（8-9）和方程（8-10）的解，则由式（8-7）和式（8-8）给出的值函数 $J(t,x)$ 和 $\widehat{J}(t,x)$ 分别与 $V(t,x)$ 和 $\widehat{V}(t,x)$ 是等同的，即 $V(t,x) = J(t,x)$，$\widehat{V}(t,x) = \widehat{J}(t,x)$。

若存在 $(q_1^*, q_2^*) \in [0,1] \times [0,1]$，使对所有的 $(t,x) \in [0,T] \times \mathbb{R}$，都有 $\mathcal{A}^{q_1^*,q_2^*} V(t,x) = 0$ 成立，则 (q_1^*, q_2^*) 为复合 Poisson 风险模型下的最优再保

险策略。

若存在 $(q_1^*, q_2^*) \in [0,1] \times [0,1]$，使对所有的 $(t,x) \in [0,T] \times \mathbb{R}$，都有 $\mathscr{A}^{q_1^*, q_2^*} \widehat{V}(t,x) = 0$ 成立，则 (q_1^*, q_2^*) 为扩散逼近风险模型下的最优再保险策略。

第二节
模型求解

一、复合 Poisson 模型下的最优再保险策略

本节研究风险模型（8-3）下的最优再保险策略。根据方差保费的原理，有：

$$\delta(q_1, q_2) = (1-q_1)a_1 + (1-q_2)a_2 + \theta h(q_1, q_2) \tag{8-11}$$

其中，$\theta > 0$ 是再保险公司的安全负荷，且

$$h(q_1, q_2) = (1-q_1)^2 \sigma_1^2 + (1-q_2)^2 \sigma_2^2 + 2(1-q_1)(1-q_2)\lambda\mu_1\mu_2$$

对应的 HJB 方程为：

$$\sup_{q_1, q_2}\{V_t + (rx + \alpha c + (1-2\alpha)\delta(q_1,q_2))V_x + \lambda_1 E[V(t, x-(1-\alpha-(1-2\alpha)q_1)X) -$$
$$V(t,x)] + \lambda_2 E[V(t, x-(1-\alpha-(1-2\alpha)q_2)Y) - V(t,x)] + \lambda E[V(t, x-(1-\alpha-$$
$$(1-2\alpha)q_1)X - (1-\alpha-(1-2\alpha)q_2)Y) - V(t,x)]\} = 0$$

及其边界条件 $V(T,x) = u(x)$。根据 Browne（1995）的研究，猜测方程解的形式为：

$$V(T,x) = -\frac{m}{v}\exp\{-vxe^{r(T-t)} + g(T-t)\} \tag{8-12}$$

其中，$g(\cdot)$ 为一个待定函数，由边界条 $V(T,x) = u(x)$ 可知，$g(0) = 0$。

由式（8-12）可知，

$$\begin{cases} V_t = \left[vxre^{r(T-t)} + g'(T-t) \right] V(t,x) \\ V_x = \left[-ve^{r(T-t)} \right] V(t,x) \\ V_{xx} = \left[v^2 e^{2r(T-t)} \right] V(t,x) \\ E\left[V(t, x-(1-\alpha-(1-2\alpha)q_1)X) - V(t,x) \right] = \left[M_X(\theta_1) - 1 \right] V(t,x) \\ E\left[V(t, x-(1-\alpha-(1-2\alpha)q_2)Y) - V(t,x) \right] = \left[M_Y(\theta_2) - 1 \right] V(t,x) \\ E\left[V(t, x-(1-2\alpha)q_1 X-(1-2\alpha)q_2 Y) - V(t,x) \right] = \left[M_X(\theta_1) M_Y(\theta_2) - 1 \right] V(t,x) \end{cases}$$
$$(8-13)$$

其中，$\theta_i = v(1-\alpha-(1-2\alpha)q_i)e^{r(T-t)}$ $(i=1,2)$。把式(8-13)代入式(8-9)，再由 $V(t,x) < 0$，故有：

$$\inf_{q_1,q_2} \left\{ -g'(T-t) - (\alpha c+(1-2\alpha)\delta(q_1,q_2))ve^{r(T-t)} + \lambda_1 \left[M_X(\theta_1) - 1 \right] + \right.$$
$$\left. \lambda_2 \left[M_Y(\theta_2) - 1 \right] + \lambda \left[M_X(\theta_1) M_Y(\theta_2) - 1 \right] \right\} = 0 \qquad (8-14)$$

记

$$f(q_1,q_2) = (2\alpha-1)\delta(q_1,q_2)ve^{r(T-t)} + \lambda_1 M_X(\theta_1) + \lambda_2 M_Y(\theta_2) + \lambda M_X(\theta_1) M_Y(\theta_2)$$
$$(8-15)$$

则 $\begin{cases} \dfrac{\partial f(q_1,q_2)}{\partial q_1} = \left[\dfrac{\partial \delta(q_1,q_2)}{\partial q_1} + M_X'(\theta_1)(\lambda_1 + \lambda M_Y(\theta_2)) \right] \Delta \\[3mm] \dfrac{\partial f(q_1,q_2)}{\partial q_2} = \left[\dfrac{\partial \delta(q_1,q_2)}{\partial q_2} + M_Y'(\theta_2)(\lambda_2 + \lambda M_X(\theta_1)) \right] \Delta \end{cases}$，其中 $\Delta =$

$v(2\alpha-1)e^{r(T-t)}$。

又由式(8-11)可知，$\begin{cases} \dfrac{\partial \delta(q_1,q_2)}{\partial q_1} = -a_1 - 2\theta((1-q_1)\sigma_1^2 + (1-q_2)\lambda\mu_1\mu_2) \\[3mm] \dfrac{\partial \delta(q_1,q_2)}{\partial q_2} = -a_2 - 2\theta((1-q_2)\sigma_2^2 + (1-q_1)\lambda\mu_1\mu_2) \end{cases}$，故

$\begin{cases} \dfrac{\partial f(q_1,q_2)}{\partial q_1} = \left[-a_1 - 2\theta((1-q_1)\sigma_1^2 + (1-q_2)\lambda\mu_1\mu_2) + M'_X(\Theta_1)(\lambda_1 + \lambda M_Y(\Theta_2)) \right] \Delta \\[3mm] \dfrac{\partial f(q_1,q_2)}{\partial q_2} = \left[-a_2 - 2\theta((1-q_2)\sigma_2^2 + (1-q_1)\lambda\mu_1\mu_2) + M'_Y(\Theta_2)(\lambda_2 + \lambda M_X(\Theta_1)) \right] \Delta \end{cases}$，

且
$$\begin{cases} \dfrac{\partial^2 f(q_1,q_2)}{\partial q_1^2} = M''_X(\Theta_1)(\lambda_1+\lambda M_Y(\Theta_2))\Delta^2+2\theta\sigma_1^2\Delta \\[2mm] \dfrac{\partial^2 f(q_1,q_2)}{\partial q_2^2} = M''_Y(\Theta_2)(\lambda_2+\lambda M_X(\Theta_1))\Delta^2+2\theta\sigma_2^2\Delta \\[2mm] \dfrac{\partial^2 f(q_1,q_2)}{\partial q_1\partial q_2} = \dfrac{\partial^2 f(q_1,q_2)}{\partial q_2\partial q_1}=2\theta\lambda\mu_1\mu_2\Delta+\lambda M'_X(\Theta_1)M'_Y(\Theta_2)\Delta^2 \end{cases} \circ$$

为了方便计算，记

$$A = \begin{pmatrix} \lambda_1 M''_X(\Theta_1) & 0 \\ 0 & \lambda_2 M''_Y(\Theta_2) \end{pmatrix}$$

$$B = \begin{pmatrix} M''_X(\Theta_1)M_Y(\Theta_2) & M'_X(\Theta_1)M'_Y(\Theta_2) \\ M'_X(\Theta_1)M'_Y(\Theta_2) & M''_Y(\Theta_2)M_X(\Theta_1) \end{pmatrix}$$

$$C = \begin{pmatrix} \sigma_1^2 & \lambda\mu_1\mu_2 \\ \lambda\mu_1\mu_2 & \sigma_2^2 \end{pmatrix}$$

引理 8.1 当 $\alpha=\dfrac{1}{2}$ 时，问题（8-7）最优再保险策略为任意值；当 $\dfrac{1}{2}<\alpha<1$ 时，$f(q_1,q_2)$ 是关于 q_1，q_2 的凸函数。

证明： 若 $\alpha=\dfrac{1}{2}$，则：

$$f(q_1,q_2)=\lambda_1 M_X\left(\dfrac{1}{2}ve^{r(T-t)}\right)+\lambda_2 M_Y\left(\dfrac{1}{2}ve^{r(T-t)}\right)+\lambda M_X\left(\dfrac{1}{2}ve^{r(T-t)}\right)M_Y\left(\dfrac{1}{2}ve^{r(T-t)}\right)$$

与 q_1，q_2 无关，故问题（8-7）最优再保险策略为任意值。

若 $\dfrac{1}{2}<\alpha<1$，则 $f(q_1,q_2)$ 的 Hessian 矩阵可以表示为：

$$\begin{pmatrix} \dfrac{\partial^2 f(q_1,q_2)}{\partial q_1^2} & \dfrac{\partial^2 f(q_1,q_2)}{\partial q_1\partial q_2} \\[3mm] \dfrac{\partial^2 f(q_1,q_2)}{\partial q_2\partial q_1} & \dfrac{\partial^2 f(q_1,q_2)}{\partial q_2^2} \end{pmatrix} = (A+\lambda B)\Delta^2+2\theta C\Delta=[(A+\lambda B)\Delta+2\theta C]\Delta$$

显然 A 为非负定矩阵，由 Cauchy–Schwarz 不等式可知，矩阵 B 是非负定的。又

$$\sigma_1^2>0, \sigma_1^2\sigma_2^2-\lambda^2\mu_1^2\mu_2^2>0, 1>\rho^2>0, \rho=\dfrac{\lambda\mu_1\mu_2}{\sigma_1\sigma_2}$$

即 C 为正定矩阵，故其 Hessian 矩阵正定，即 $f(q_1,q_2)$ 是关于 q_1，q_2 的凸函数，引理得证。

由引理 8.1 可知，当 $\frac{1}{2}<\alpha<1$ 时，对任意 $t\in[0,T]$，存在 $f(q_1,q_2)$ 的最小值点 (q_1,q_2) 满足下列方程组：

$$\begin{cases} a_1+2\theta((1-q_1)\sigma_1^2+(1-q_2)\lambda\mu_1\mu_2)=M'_X(\Theta_1)(\lambda_1+\lambda M_Y(\Theta_2)) \\ a_2+2\theta((1-q_2)\sigma_2^2+(1-q_1)\lambda\mu_1\mu_2)=M'_Y(\Theta_2)(\lambda_2+\lambda M_X(\Theta_1)) \end{cases}$$

$$(8-16)$$

注 8.2 当 $\alpha=\frac{1}{2}$ 时，保险公司和再保险公司在集团公司中的权重地位是相等的，无论采取何种再保险策略，都不影响集团公司的财富过程，从而任意的再保险策略都是最优的。

引理 8.2 当 $f(q_1,q_2)$ 的 Hessian 矩阵正定时，方程组 (8-16) 有唯一的解。

证明： 要证方程组 (8-16) 有唯一的解，即证 $\forall t\in[0,T]$，若 (q_{11},q_{21}) 和 (q_{12},q_{22}) 均是方程组 (8-16) 的解，则 $q_{11}=q_{12}$，$q_{21}=q_{22}$。

假设 $q_{11}\neq q_{12}$ 或 $q_{21}\neq q_{22}$，由泰勒定理有：

$$f(q_{11},q_{21})=f(q_{12},q_{22})+\left(h\frac{\partial}{\partial q_1}+k\frac{\partial}{\partial q_2}\right)f(q_{12},q_{22})+$$

$$\frac{1}{2!}\left(h\frac{\partial}{\partial q_1}+k\frac{\partial}{\partial q_2}\right)^2 f(q_{12}+\theta h,q_{22}+\theta k)$$

$$=f(q_{12},q_{22})+\frac{1}{2}\Delta_1$$

其中，$h=q_{11}-q_{12}$，$k=q_{21}-q_{22}$

$$\Delta_1=\left(h^2\frac{\partial^2}{\partial q_1^2}+2hk\frac{\partial^2}{\partial q_1\partial q_2}+k^2\frac{\partial^2}{\partial q_2^2}\right)f(q_{12}+\theta h,q_{22}+\theta k)$$

$$\frac{\partial}{\partial q_1}f(q_{12},q_{22})=0,\frac{\partial}{\partial q_2}f(q_{12},q_{22})=0$$

由引理 8.1 可知，$f(q_1,q_2)$ 的 Hessian 矩阵是正定的，即：

$$\sqrt{\frac{\partial^2 f}{\partial q_1^2}\cdot\frac{\partial^2 f}{\partial q_2^2}}>\left|\frac{\partial^2 f}{\partial q_1\partial q_2}\right|$$

下面分三种情况讨论：

当 $h \neq 0$，$k \neq 0$ 时，$\Delta_1 \geqslant 2 \mid hk \mid \sqrt{\dfrac{\partial^2 f}{\partial q_1^2} \cdot \dfrac{\partial^2 f}{\partial q_2^2}} + 2hk \dfrac{\partial^2 f}{\partial q_1 q_2} > 0$；

当 $h = 0$，$k \neq 0$ 时，$\Delta_1 = k^2 \dfrac{\partial^2 f}{\partial q_2^2} f(q_{12}, q_{22} + \theta k) > 0$；

当 $h \neq 0$，$k = 0$ 时，$\Delta_1 = h^2 \dfrac{\partial^2 f}{\partial q_1^2} f(q_{12} + \theta h, q_{22}) > 0$；

故：

$$f(q_{11}, q_{21}) = f(q_{12}, q_{22}) + \frac{1}{2} \Delta_1 > f(q_{12}, q_{22}) \tag{8-17}$$

同理可证：

$$f(q_{12}, q_{22}) > f(q_{11}, q_{21}) \tag{8-18}$$

显然式（8-17）与式（8-18）相矛盾，故假设不成立，引理得证。

记 $\Theta_i = v(1 - \alpha - (1 - 2\alpha) q_i) e^{r(T-t)}$ $(i = 1, 2)$，知 $1 - q_i = \dfrac{\Theta_i e^{-r(T-t)}}{v(1-2\alpha)} - \dfrac{\alpha}{1-2\alpha}$ $(i = 1, 2)$，则方程组（8-16）可以表示为：

$$
\begin{cases}
a_1 + 2\theta \left(\left(\dfrac{\Theta_1 e^{-r(T-t)}}{v(1-2\alpha)} - \dfrac{\alpha}{1-2\alpha} \right) \sigma_1^2 + \left(\dfrac{\Theta_2 e^{-r(T-t)}}{v(1-2\alpha)} - \dfrac{\alpha}{1-2\alpha} \right) \lambda \mu_1 \mu_2 \right) \\
= M'_X(\Theta_1)(\lambda_1 + \lambda M_Y(\Theta_2)) \\
a_2 + 2\theta \left(\left(\dfrac{\Theta_2 e^{-r(T-t)}}{v(1-2\alpha)} - \dfrac{\alpha}{1-2\alpha} \right) \sigma_2^2 + \left(\dfrac{\Theta_1 e^{-r(T-t)}}{v(1-2\alpha)} - \dfrac{\alpha}{1-2\alpha} \right) \lambda \mu_1 \mu_2 \right) \\
= M'_Y(\Theta_2)(\lambda_2 + \lambda M_X(\Theta_1))
\end{cases} \tag{8-19}
$$

要证方程组（8-19）解的存在性与唯一性，需先证下面两个引理。

引理 8.3 当 $\dfrac{1}{2} < \alpha < 1$ 时，任意 $t \in [0, T]$ 时，下列方程均存在唯一的正解。

$$\lambda \mu_1 M_Y(\Theta_2) = \lambda \mu_1 + 2\theta \frac{\alpha}{2\alpha - 1} \sigma_1^2 + 2\theta \left(\frac{\Theta_2 e^{-r(T-t)}}{v(1-2\alpha)} + \frac{\alpha}{2\alpha - 1} \right) \lambda \mu_1 \mu_2 \tag{8-20}$$

$$(\lambda_1+\lambda)M'_X(\Theta_1)=a_1+2\theta\left(\frac{\Theta_1 e^{-r(T-t)}}{v(1-2\alpha)}+\frac{\alpha}{2\alpha-1}\right)\sigma_1^2+2\theta\frac{\alpha}{2\alpha-1}\lambda\mu_1\mu_2$$

$$(8-21)$$

$$\lambda\mu_2 M_X(\Theta_1)=\lambda\mu_2+2\theta\frac{\alpha}{2\alpha-1}\sigma_2^2+2\theta\left(\frac{\Theta_1 e^{-r(T-t)}}{v(1-2\alpha)}+\frac{\alpha}{2\alpha-1}\right)\lambda\mu_1\mu_2 \quad (8-22)$$

$$(\lambda_2+\lambda)M'_Y(\Theta_2)=a_2+2\theta\left(\frac{\Theta_2 e^{-r(T-t)}}{v(1-2\alpha)}+\frac{\alpha}{2\alpha-1}\right)\sigma_2^2+2\theta\frac{\alpha}{2\alpha-1}\lambda\mu_1\mu_2$$

$$(8-23)$$

证明：先讨论方程$(8-20)$，令$g_1(\Theta_2)=\lambda\mu_1 M_Y(\Theta_2)$，有

$g_1(0)=\lambda\mu_1$，$g'_1(\Theta_2)=\lambda\mu_1 E(Ye^{\Theta_2 Y})>0$，$g''_1(\Theta_2)=\lambda\mu_1 E(Y^2 e^{\Theta_2 Y})>0$

因此，$\forall t\in[0,T]$，$g_1(\Theta_2)$为递增的凸函数。

令：

$$g_2(\Theta_2)=\lambda\mu_1+2\theta\frac{\alpha}{2\alpha-1}\sigma_1^2+2\theta\left(\frac{\Theta_2 e^{-r(T-t)}}{v(1-2\alpha)}+\frac{\alpha}{2\alpha-1}\right)\lambda\mu_1\mu_2$$

显然，对任意$t\in[0,T]$时，$g_2(\Theta_2)$是单调递减的函数，有：

$$g_2(0)=\lambda\mu_1+2\theta\frac{\alpha}{2\alpha-1}\sigma_1^2+2\theta\frac{\alpha}{2\alpha-1}\lambda\mu_1\mu_2>g_1(0)=\lambda\mu_1$$

故方程$(8-20)$存在唯一解$\Theta_{11}(t)>0$。

令$g_3(\Theta_1)=(\lambda_1+\lambda)M'_X(\Theta_1)$

$$g_4(\Theta_1)=a_1+2\theta\left(\frac{\Theta_1 e^{-r(T-t)}}{v(1-2\alpha)}+\frac{\alpha}{2\alpha-1}\right)\sigma_1^2+2\theta\frac{\alpha}{2\alpha-1}\lambda\mu_1\mu_2$$

有$g_3(0)=(\lambda_1+\lambda)\mu_1$，$g'_3(\Theta_1)=(\lambda_1+\lambda)E(Xe^{\Theta_1 X})>0$ 和 $g''_3(\Theta_1)=(\lambda_1+\lambda)\mu_1 E(X^2 e^{\Theta_1 X})>0$。

因此，$\forall t\in[0,T]$，$g_3(\Theta_1)$为递增的凸函数。

当$1>\alpha>\dfrac{1}{2}$，$\forall t\in[0,T]$时，$g_4(\Theta_1)$是单调递减的函数，有：

$$g_4(0)=(\lambda+\lambda_1)\mu_1+2\theta\frac{\alpha}{2\alpha-1}\sigma_1^2+2\theta\frac{\alpha}{2\alpha-1}\lambda\mu_1\mu_2>g_3(0)=(\lambda+\lambda_1)\mu_1$$

故方程$(8-21)$存在唯一的解$\Theta_{21}(t)>0$。同理，可证式$(8-22)$和式$(8-23)$有唯一的正解$\Theta_{12}(t)$，$\Theta_{22}(t)$，引理得证。

下面的引理证明当$\frac{1}{2}<\alpha<1$时，方程组（8-19）解的存在性与唯一性。

引理8.4　由上面的引理8.3可知，$\Theta_{11}(t)$、$\Theta_{21}(t)$、$\Theta_{12}(t)$、$\Theta_{22}(t)$分别是式（8-20）~式（8-23）的唯一正解。相应地，如果有：

$$\begin{cases}\Theta_{11}(t)>\Theta_{12}(t)\\\Theta_{21}(t)<\Theta_{22}(t)\end{cases}或\begin{cases}\Theta_{11}(t)<\Theta_{12}(t)\\\Theta_{21}(t)>\Theta_{22}(t)\end{cases}$$

则$\forall t\in[0,T]$，方程组（8-19）有唯一的正解$(\overline{\Theta}_1(T-t),\overline{\Theta}_2(T-t))$；

如果有：

$$\begin{cases}\Theta_{11}(t)>\Theta_{12}(t)\\\Theta_{21}(t)>\Theta_{22}(t)\end{cases}或\begin{cases}\Theta_{11}(t)<\Theta_{12}(t)\\\Theta_{21}(t)<\Theta_{22}(t)\end{cases}$$

则$\forall t\in[0,T]$，方程组（8-19）不存在解。

证明：记：

$$H_1(\Theta_1,\Theta_2)=a_1+2\theta\left(\left(\frac{\Theta_1 e^{-r(T-t)}}{v(1-2\alpha)}-\frac{\alpha}{1-2\alpha}\right)\sigma_1^2+\left(\frac{\Theta_2 e^{-r(T-t)}}{v(1-2\alpha)}-\frac{\alpha}{1-2\alpha}\right)\lambda\mu_1\mu_2\right)-$$
$$M'_X(\Theta_1)(\lambda_1+\lambda M_Y(\Theta_2))$$

$$H_2(\Theta_1,\Theta_2)=a_2+2\theta\left(\left(\frac{\Theta_2 e^{-r(T-t)}}{v(1-2\alpha)}-\frac{\alpha}{1-2\alpha}\right)\sigma_2^2+\left(\frac{\Theta_1 e^{-r(T-t)}}{v(1-2\alpha)}-\frac{\alpha}{1-2\alpha}\right)\lambda\mu_1\mu_2\right)-$$
$$M'_Y(\Theta_2)(\lambda_2+\lambda M_X(\Theta_1))$$

假设：当$\Theta_2=f_1(\Theta_1)$，$H_1(\Theta_1,\Theta_2)=0$，即$a_1+2\theta\left(\left(\frac{\Theta_1 e^{-r(T-t)}}{v(1-2\alpha)}-\frac{\alpha}{1-2\alpha}\right)\sigma_1^2+\right.$

$\left.\left(\frac{f_1(\Theta_1)e^{-r(T-t)}}{v(1-2\alpha)}-\frac{\alpha}{1-2\alpha}\right)\lambda\mu_1\mu_2\right)-M'_X(\Theta_1)(\lambda_1+\lambda M_Y(f_1(\Theta_1)))=0$；当$\Theta_2=f_2(\Theta_1)$，

$H_2(\Theta_1,\Theta_2)=0$，即$a_2+2\theta\left(\left(\frac{f_2(\Theta_1)e^{-r(T-t)}}{v(1-2\alpha)}-\frac{\alpha}{1-2\alpha}\right)\sigma_2^2+\left(\frac{\Theta_1 e^{-r(T-t)}}{v(1-2\alpha)}-\frac{\alpha}{1-2\alpha}\right)\lambda\mu_1\mu_2\right)-$

$M'_Y(\Theta_2)(\lambda_2+\lambda M_X(\Theta_1))=0$。对$H_1(\Theta_1,\Theta_2)=0$两边关于$\Theta_1$求导，有：

$$2\theta(\sigma_1^2+f'_1(\Theta_1)\lambda\mu_1\mu_2)\frac{e^{-r(T-t)}}{v(1-2\alpha)}=M''_X(\Theta_1)(\lambda_1+\lambda M_Y(\Theta_2))+$$
$$\lambda M'_X(\Theta_1)M'_Y(\Theta_2)f'_1(\Theta_1)$$

故：

$$f'_1(\Theta_1)=-\frac{M''_X(\Theta_1)(\lambda_1+\lambda M_Y(\Theta_2))+2\theta\sigma_1^2\dfrac{e^{-r(T-t)}}{v(2\alpha-1)}}{\lambda M'_X(\Theta_1)M'_Y(\Theta_2)+2\theta\lambda\mu_1\mu_2\dfrac{e^{-r(T-t)}}{v(2\alpha-1)}}<0$$

又由引理 8.3 可知，对于方程 $H_1(0,\Theta_2)=0$ 和 $H_1(\Theta_1,0)=0$，分别有唯一的正解 $\Theta_{21}(t)$ 和 $\Theta_{11}(t)$。因此 $\forall t \in [0,T]$，$f_1(\Theta_1)$ 是递减的函数，且满足：

$$\begin{cases} f_1(0)=\Theta_{21}(t)>0 \\ f_1^{-1}(0)=\Theta_{11}(t)>0 \end{cases}$$

同理，由 $H_2(\Theta_1,\Theta_2)=0$ 可得：

$$f'_2(\Theta_1)=-\frac{\lambda M'_X(\Theta_1)M'_Y(\Theta_2)+2\theta\lambda\mu_1\mu_2\dfrac{e^{-r(T-t)}}{v(2\alpha-1)}}{M''_Y(\Theta_2)(\lambda_2+\lambda M_Y(\Theta_2))+2\theta\sigma_2^2\dfrac{e^{-r(T-t)}}{v(2\alpha-1)}}<0$$

对于方程 $H_2(0,\Theta_2)=0$ 和 $H_2(\Theta_1,0)=0$，分别有唯一的正解 $\Theta_{22}(t)$ 和 $\Theta_{12}(t)$。因此，$\forall t \in [0,T]$，$f_2(\Theta_1)$ 是递减的函数，且满足：

$$\begin{cases} f_2(0)=\Theta_{22}(t)>0 \\ f_2^{-1}(0)=\Theta_{12}(t)>0 \end{cases}$$

其中，$f_i^{-1}(i=1,2)$ 是 f_i 的反函数。$M''_X(r)=E[X^2e^{rX}]$，$M''_Y(r)=E[Y^2e^{rY}]$。因此，$\forall t \in [0,T]$，如果满足不等式组：

$$\begin{cases} f_1(0)>f_2(0) \\ f_1^{-1}(0)<f_2^{-1}(0) \end{cases} \text{或} \begin{cases} f_1(0)<f_2(0) \\ f_1^{-1}(0)>f_2^{-1}(0) \end{cases}$$

则必定存在某 $\overline{\Theta}_1(T-t)>0$ 使 $f_1(\overline{\Theta}_1(T-t))=f_2\overline{\Theta}_1(T-t)$。由引理 8.2 可知，方程组 (8-19) 有唯一的正解 $(\overline{\Theta}_1(T-t),\overline{\Theta}_2(T-t))$，其中 $\overline{\Theta}_2(T-t)=f_1(\overline{\Theta}_1(T-t))=f_2\overline{\Theta}_1(T-t)$。

如果：

$$\begin{cases} \Theta_{11}(t)>\Theta_{12}(t) \\ \Theta_{21}(t)>\Theta_{22}(t) \end{cases} \text{或} \begin{cases} \Theta_{11}(t)<\Theta_{12}(t) \\ \Theta_{21}(t)<\Theta_{22}(t) \end{cases}$$

则 $\forall t \in [0,T]$，不存在使 $f_1(\Theta_1(T-t))=f_2\Theta_1(T-t)$ 的点，故方程组 (8-19) 不存在解。引理得证。

由引理 8.3 可知，$\overline{\Theta}_i(T-t)=v(1-\alpha-(1-2\alpha)q_i(T-t))e^{r(T-t)}(i=1,2)$，故：

$$q_i(T-t)=\frac{\overline{\Theta}_i(T-t)e^{-r(T-t)}}{v(2\alpha-1)}-\frac{1-\alpha}{2\alpha-1},i=1,2 \tag{8-24}$$

假设 $\widehat{q}_1(T-t)$ 和 $\widehat{q}_2(T-t)$ 是下面方程组的唯一正解，则：

$$\begin{cases} a_1 + 2\theta(1-q_1)\sigma_1^2 = M'_X(\upsilon(1-\alpha-(1-2\alpha)q_1(T-t))e^{r(T-t)}) + (\lambda_1 + \lambda M_Y(\upsilon\alpha e^{r(T-t)})) \\ a_2 + 2\theta(1-q_2)\sigma_2^2 = M'_Y(\upsilon(1-\alpha-(1-2\alpha)q_2(T-t))e^{r(T-t)}) + (\lambda_2 + \lambda M_X(\upsilon\alpha e^{r(T-t)})) \end{cases}$$

令 $t_1(t_{01})$ 和 $t_2(t_{02})$ 是使 $q_1(T-t)=1(\widehat{q}_1(T-t)=1)$ 和 $q_2(T-t)=1(\widehat{q}_2(T-t)=1)$ 成立的时间点，则由 $f(q_1,q_2)$ 是凸函数，可得最优再保险策略为：

当 $t_1 > t_2$ 时，

$$(q_1^*(T-t), q_2^*(T-t)) = \begin{cases} (q_1(T-t), q_2(T-t)) & 0 < t < t_2 \\ (\widehat{q}_1(T-t), 1) & t_2 \leqslant t < t_{01} \\ (1, 1) & t \geqslant t_{01} \end{cases} \quad (8-25)$$

当 $t_1 \leqslant t_2$ 时，

$$(q_1^*(T-t), q_2^*(T-t)) = \begin{cases} (q_1(T-t), q_2(T-t)), & 0 < t < t_1 \\ (1, \widehat{q}_2(T-t)), & t_1 \leqslant t < t_{02} \\ (1, 1), & t \geqslant t_{02} \end{cases} \quad (8-26)$$

将最优再保险策略 $(q_1^*(T-t), q_2^*(T-t))$ 代入式（8-14），得：

$$g'(T-t) = -\alpha c \upsilon e^{r(T-t)} - (\lambda_1 + \lambda_1 + \lambda) + f(q_1^*(T-t), q_2^*(T-t))$$

则：

$$g_1(T-t) = -\frac{1}{r}\alpha c \upsilon(e^{r(T-t)} - 1) - (\lambda_1 + \lambda_1 + \lambda)(T-t) + \int_0^{T-t} K(s)ds \quad (8-27)$$

其中，

$$K(s) = (2\alpha-1)\delta(q_1^*(s), q_2^*(s))\upsilon e^{rs} + \lambda_1 M_X(\upsilon(1-\alpha-(1-2\alpha)q_1^*(s))e^{rs}) +$$
$$\lambda_2 M_Y(\upsilon(1-\alpha-(1-2\alpha)q_2^*(s))e^{rs}) + \lambda M_X(\upsilon(1-\alpha-(1-2\alpha)q_1^*(s))e^{rs})$$
$$M_Y(\upsilon(1-\alpha-(1-2\alpha)q_2^*(s))e^{rs})$$

下面对 $0 < \alpha < \dfrac{1}{2}$ 时，讨论问题（8-7）的最优再保险策略。

引理 8.5 当 $0 < \alpha < \dfrac{1}{2}$ 时，

（1）若 $f(q_1, q_2)$ 的 Hessian 矩阵 $[(A+\lambda B)\Delta + 2\theta C]\Delta$ 是正定的，$q_1^* = q_2^* = 1$。

（2）若 $f(q_1, q_2)$ 的 Hessian 矩阵 $[(A+\lambda B)\Delta + 2\theta C]\Delta$ 是负定的，有：

当 $f(0,0) = \min\{f(0,0), f(0,1), f(1,0), f(1,1)\}$ 时，$q_1^* = q_2^* = 0$；

当 $f(0,1) = \min\{f(0,0), f(0,1), f(1,0), f(1,1)\}$ 时，$q_1^* = 0, q_2^* = 1$；

当 $f(1,0) = \min\{f(0,0), f(0,1), f(1,0), f(1,1)\}$ 时，$q_1^* = 1, q_2^* = 0$；

当 $f(1,1)=\min\{f(0,0),f(0,1),f(1,0),f(1,1)\}$ 时，$q_1^*=q_2^*=1$。

(3)若 $f(q_1,q_2)$ 的 Hessian 矩阵 $[(A+\lambda B)\Delta+2\theta C]\Delta$ 不定，则再保险策略没有最优解。

证明： 当 $0<\alpha<\dfrac{1}{2}$ 时，

(1)若 $f(q_1,q_2)$ 的 Hessian 矩阵 $[(A+\lambda B)\Delta+2\theta C]\Delta$ 是正定的，则 $f(q_1,q_2)$ 是关于 q_1，q_2 的凸函数，有极小值点。由引理 8.2 可知，方程组 (8-16)有唯一的解。从引理 8.3 的证明过程中可知，当 $0<\alpha<\dfrac{1}{2}$ 时，$g_1(\Theta_2)$ 是递增的凸函数，$g_2(\Theta_2)$ 是单调递增的函数，有：

$$g_2(0)=\lambda\mu_1+2\theta\frac{\alpha}{2\alpha-1}\sigma_1^2+2\theta\frac{\alpha}{2\alpha-1}\lambda\mu_1\mu_1<g_1(0)=\lambda\mu_1$$

则方程(8-20)无正根；$g_3(\Theta_1)$ 是递增的凸函数，$g_4(\Theta_1)$ 是单调递增的，有：

$$g_4(0)=(\lambda+\lambda_1)\mu_1+2\theta\frac{\alpha}{2\alpha-1}\sigma_1^2+2\theta\frac{\alpha}{2\alpha-1}\lambda\mu_1\mu_1<g_3(0)=(\lambda+\lambda_1)\mu_1$$

则方程(8-21)无正根；同理，方程(8-22)和方程(8-23)均无正根，即极小值点 $\Theta_i^0<0(i=1,2)$。

由 $1-q_i=\dfrac{\Theta_i e^{-r(T-t)}}{v\,(1-2\alpha)}-\dfrac{\alpha}{1-2\alpha}$，$i=1$，$2$ 可知，$1-q_i^0<0$ 即 $q_i^0>1$，故最优再保险策略取 1。

(2)若 $f(q_1,q_2)$ 的 Hessian 矩阵 $[(A+\lambda B)\Delta+2\theta C]\Delta$ 是负定的，则 $f(q_1,q_2)$ 是关于 q_1，q_2 的凹函数，有极大值点。因此最优再保险策略在端点处取最优值，即：

当 $f(0,0)=\min\{f(0,0),f(0,1),f(1,0),f(1,1)\}$ 时，$q_1^*=q_2^*=0$；

当 $f(0,1)=\min\{f(0,0),f(0,1),f(1,0),f(1,1)\}$ 时，$q_1^*=0,q_2^*=1$；

当 $f(1,0)=\min\{f(0,0),f(0,1),f(1,0),f(1,1)\}$ 时，$q_1^*=1,q_2^*=0$；

当 $f(1,1)=\min\{f(0,0),f(0,1),f(1,0),f(1,1)\}$ 时，$q_1^*=q_2^*=1$。

(3)若 $f(q_1,q_2)$ 的 Hessian 矩阵 $[(A+\lambda B)\Delta+2\theta C]\Delta$ 不定，则 $f(q_1,q_2)$ 无极值点，故再保险策略没有最优解。

问题(8-7)的最优解有如下的定理。

定理 8.2 （1）若 $\alpha = \dfrac{1}{2}$，则最优再保险策略为任意值。

（2）若 $0 < \alpha < \dfrac{1}{2}$，则：

当 $f(0,0) = \min\{f(0,0)f(0,1)，f(1,0)，f(1,1)\}$ 时，$q_1^* = q_2^* = 0$；

当 $f(0,1) = \min\{f(0,0)f(0,1)，f(1,0)，f(1,1)\}$ 时，$q_1^* = 0, q_2^* = 1$；

当 $f(1,0) = \min\{f(0,0)f(0,1)，f(1,0)，f(1,1)\}$ 时，$q_1^* = 1, q_2^* = 0$；

当 $f(1,1) = \min\{f(0,0)f(0,1)，f(1,0)，f(1,1)\}$ 时，$q_1^* = q_2^* = 1$。

（3）若 $\dfrac{1}{2} < \alpha < 1$，如果 $(\widehat{q}_1(T-t)，\widehat{q}_2(T-t))$ 是方程组（8-19）的唯一正解，

则 $\forall t \in [0,T]$，模型（8-3）的最优再保险策略为：

当 $t_1 < t_2$ 时，

$$(q_1^*(T-t)，q_2^*(T-t)) = \begin{cases} (q_1(T-t)，q_2(T-t))，0 < t < t_2 \\ (\widehat{q}_1(T-t)，1)，t_2 \leqslant t < t_{01} \\ (1，1)，t \geqslant t_{01} \end{cases}$$

当 $t_1 \leqslant t_2$ 时，

$$(q_1^*(T-t)，q_2^*(T-t)) = \begin{cases} (q_1(T-t)，q_2(T-t))，0 < t < t_1 \\ (\widehat{q}_2(T-t)，1)，t_2 \leqslant t < t_{02} \\ (1，1)，t \geqslant t_{02} \end{cases}$$

其中，$(q_1(T-t)，q_2(T-t))$ 由式（8-14）给出，相应的值函数为：

$$V(t,x) = -\frac{m}{v} e^{-vxe^{r(T-t)} + g_1(T-t)}$$

其中，$g_1(T-t)$ 由式（8-27）给定。

注 8.3 若复合 Poisson 过程 $S_1(t)$ 和 $S_2(t)$ 是同分布的，即有 $\lambda_1 = \lambda_2$，$\mu_1 = \mu_2, E(X^2) = E(Y^2)$，由式（8-20）~式（8-23）易知 $\Theta_{21}(t) = \Theta_{12}(t)$，$\Theta_{22}(t) = \Theta_{11}(t)$，所以 $\overline{\Theta}_1(T-t) = \overline{\Theta}_2(T-t)$，此时有 $\widehat{q}_1(T-t) = \widehat{q}_2(T-t)$。

注 8.4 当 $\alpha = 1$ 时，结论与 Liang 和 Yuen（2016）中结果一致。

二、扩散模型的最优解

本节解决问题(8-8)的最优解问题，对应的财富过程为

$$d\,\widehat{R}_t^{q_1,q_2} = \Big[\, r\,\widehat{R}_t^{q_1,q_2} + \alpha c + (1-2\alpha)\delta(q_{1t},q_{2t}) - \sum_{i=1}^{2}(1-\alpha-(1-2\alpha)q_{it})a_i\,\Big]dt +$$

$$\sqrt{\sum_{i=1}^{2}(1-\alpha-(1-2\alpha)q_{it})^2\sigma_i^2 + 2\lambda\mu_1\mu_2\prod_{i=1}^{2}(1-\alpha-(1-2\alpha)q_{it})}\;dB_t$$

相应的 HJB 方程为：

$$\sup_{q_1,q_2}\Big\{\,\widehat{V}_t + \Big[\,rx + \alpha c + (1-2\alpha)\delta(q_1,q_2) - \sum_{i=1}^{2}(1-\alpha-(1-2\alpha)q_i)a_i\,\Big]\widehat{V}_x +$$

$$\frac{1}{2}\Big[\,\sum_{i=1}^{2}(1-\alpha-(1-2\alpha)q_i)^2\sigma_i^2 +$$

$$2\lambda\mu_1\mu_2\prod_{i=1}^{2}(1-\alpha-(1-2\alpha)q_i)\,\Big]\widehat{V}_{xx}\Big\} = 0$$

$$(8-28)$$

且边界条件为 $\widehat{V}(T,x) = u(x)$。

为解决式(8-28)，笔者猜测式(8-28)的解具有式(8-12)的形式，将式(8-13)代入式(8-28)，有：

$$\inf_{q_1,q_2}\Big\{-g'(T-t) + \Big[\,\alpha c + (1-2\alpha)\delta(q_1,q_2) - \sum_{i=1}^{2}(1-\alpha-(1-2\alpha)q_i)\alpha_i\,\Big]ve^{r(T-t)} +$$

$$\frac{1}{2}\Big[\,\sum_{i=1}^{2}(1-\alpha-(1-2\alpha)q_i)^2\sigma_i^2 + 2\lambda\mu_1\mu_2\prod_{i=1}^{2}(1-\alpha-(1-2\alpha)q_i)\,\Big]v^2e^{2r(T-t)}\Big\}$$

$$= 0$$

$$(8-29)$$

令：

$$\widehat{f}(q_1,q_2) = \Big[\,(2\alpha-1)\delta(q_1,q_2) + \sum_{i=1}^{2}(1-\alpha-(1-2\alpha)q_i)a_i\,\Big]ve^{r(T-t)} +$$

$$\frac{1}{2}\Big[\,\sum_{i=1}^{2}(1-\alpha-(1-2\alpha)q_i)^2\sigma_i^2 +$$

$$2\lambda\mu_1\mu_2\prod_{i=1}^{2}(1-\alpha-(1-2\alpha)q_i)\,\Big]v^2e^{2r(T-t)}$$

$$\begin{cases} \dfrac{\partial \widehat{f}(q_1,q_2)}{\partial q_1} = -2\theta\big[(1-q_1)\sigma_1^2+(1-q_2)\lambda\mu_1\mu_2\big]v(2\alpha-1)e^{r(T-t)}+\big[(1-\alpha-(1-2\alpha)q_1)\sigma_1^2+ \\ \quad \lambda\mu_1\mu_2(1-\alpha-(1-2\alpha)q_2)\big]v^2(2\alpha-1)^2e^{2r(T-t)} \\[2mm] \dfrac{\partial \widehat{f}(q_1,q_2)}{\partial q_2} = -2\theta\big[(1-q_2)\sigma_2^2+(1-q_1)\lambda\mu_1\mu_2\big]v(2\alpha-1)e^{r(T-t)}+\big[(1-\alpha-(1-2\alpha)q_2)\sigma_2^2+ \\ \quad \lambda\mu_1\mu_2(1-\alpha-(1-2\alpha)q_1)\big]v^2(2\alpha-1)^2e^{2r(T-t)} \end{cases}$$

且：

$$\begin{cases} \dfrac{\partial^2 \widehat{f}(q_1,q_2)}{\partial q_1^2} = 2\theta\sigma_1^2 v(2\alpha-1)e^{r(T-t)}+\sigma_1^2 v^2(2\alpha-1)^3 e^{2r(T-t)} \\[2mm] \dfrac{\partial^2 \widehat{f}(q_1,q_2)}{\partial q_2^2} = 2\theta\sigma_2^2 v(2\alpha-1)e^{r(T-t)}+\sigma_2^2 v^2(2\alpha-1)^3 e^{2r(T-t)} \\[2mm] \dfrac{\partial^2 \widehat{f}(q_1,q_2)}{\partial q_1 \partial q_2} = \dfrac{\partial^2 \widehat{f}(q_1,q_2)}{\partial q_2 \partial q_1} = 2\theta\lambda\mu_1\mu_2 v(2\alpha-1)e^{r(T-t)}+\lambda\mu_1\mu_2 v^2(2\alpha-1)^3 e^{2r(T-t)} \end{cases}$$

在这种情况下，$\widehat{f}(q_1,q_2)$ 的 Hessian 矩阵是：

$$\begin{pmatrix} \dfrac{\partial^2 \widehat{f}(q_1,q_2)}{\partial q_1^2} & \dfrac{\partial^2 \widehat{f}q_1,q_2)}{\partial q_1 \partial q_2} \\[3mm] \dfrac{\partial^2 \widehat{f}(q_1,q_2)}{\partial q_2 \partial q_1} & \dfrac{\partial^2 \widehat{f}(q_1,q_2)}{\partial q_2^2} \end{pmatrix} = C(2\theta+(2\alpha-1)\Delta)\Delta$$

由 C 的定义可知，C 为正定矩阵，所以，

(1) 若 $\alpha=-1$，问题 (8-8) 最优再保险策略为任意值。

(2) 若 $\dfrac{1}{2}<\alpha<1$，则 $\widehat{f}(q_1,q_2)$ Hessian 矩阵正定，因此 $\widehat{f}(q_1,q_2)$ 是关于 q_1,q_2 的凸函数。

(3) 若 $0<\alpha<\dfrac{1}{2}$，则 $\widehat{f}(q_1,q_2)$ Hessian 矩阵是不定的，因此再保险策略无最优解。

下面考虑 $\dfrac{1}{2}<\alpha<1$，$\widehat{f}(q_1,q_2)$ Hessian 矩阵式正定的情况。

设 $(\bar{q}_1(T-t),\bar{q}_2(T-t))$ 是 $\widehat{f}(q_1,q_2)$ 的最小值点，满足下面的方程组：

$$
\begin{cases}
-2\theta\big[\,(1-q_1)\sigma_1^2+(1-q_2)\lambda\mu_1\mu_2\,\big]+\big[\,(1-\alpha-(1-2\alpha)q_1)\sigma_1^2+ \\
\lambda\mu_1\mu_2(1-\alpha-(1-2\alpha)q_2)\,\big]v(2\alpha-1)e^{r(T-t)}=0 \\[2mm]
-2\theta\big[\,(1-q_2)\sigma_2^2+(1-q_1)\lambda\mu_1\mu_2\,\big]+\big[\,(1-\alpha-(1-2\alpha)q_2)\sigma_2^2+ \\
\lambda\mu_1\mu_2(1-\alpha-(1-2\alpha)q_1)\,\big]v^2(2\alpha-1)e^{r(T-t)}=0
\end{cases}
$$

此方程组可变为：

$$
\begin{cases}
q_1\sigma_1^2+q_2\lambda\mu_1\mu_2=\dfrac{(\sigma_1^2+\lambda\mu_1\mu_2)\big[\,2\theta-(1-\alpha)v(2\alpha-1)e^{r(T-t)}\,\big]}{2\theta+v(2\alpha-1)^2e^{r(T-t)}} \\[4mm]
q_2\sigma_2^2+q_1\lambda\mu_1\mu_2=\dfrac{(\sigma_2^2+\lambda\mu_1\mu_2)\big[\,2\theta-(1-\alpha)v(2\alpha-1)e^{r(T-t)}\,\big]}{2\theta+v(2\alpha-1)^2e^{r(T-t)}}
\end{cases}
$$

此方程组的解为：

$$
\begin{cases}
\bar q_1(T-t)=\dfrac{2\theta-(1-\alpha)v(2\alpha-1)e^{r(T-t)}}{2\theta+v(2\alpha-1)^2e^{r(T-t)}} \\[4mm]
\bar q_2(T-t)=\dfrac{2\theta-(1-\alpha)v(2\alpha-1)e^{r(T-t)}}{2\theta+v(2\alpha-1)^2e^{r(T-t)}}
\end{cases}
$$

如果 $0<\bar q_i(T-t)<1,i=1,2,$ 则 $q_{it}^*=\bar q_i(T-t),i=1,2$；如果 $\bar q_i(T-t)<0,i=1,2,$ 则 $q_{it}^*=0$；如果 $1<\bar q_i(T-t),i=1,2,$ 则 $q_{it}^*=1$；下面讨论问题(8-8)的最优再保险策略。

情形 I：$ve^{r(T-t)}\geq16\theta$，

$$
q_{it}^*=\begin{cases}
\bar q_1(T-t), & \alpha\in\left(\dfrac12,\dfrac34-\dfrac14\sqrt{1-\dfrac{16\theta}{ve^{r(T-t)}}}\,\right]\cup\left[\dfrac34+\sqrt{1-\dfrac{16\theta}{ve^{r(T-t)}}},1\right) \\[4mm]
0, & \alpha\in\left[\dfrac34-\dfrac14\sqrt{1-\dfrac{16\theta}{ve^{r(T-t)}}},\dfrac34+\sqrt{1-\dfrac{16\theta}{ve^{r(T-t)}}},1\right)
\end{cases}
$$

情形 II：$ve^{r(T-t)}<16\theta$，$q_{it}^*=\bar q_i(T-t),i=1,2$，令 $q_{1t}^*=q_{2t}^*=q^*(T-t)$，并代入式(8-29)，得：

$$
g'(T-t)=-\alpha cve^{r(T-t)}+\widehat f(q_{1t}^*,q_{2t}^*)
$$

则：

$$
g_2(T-t)=\frac1r\alpha(a_1+a_2-c)v(e^{r(T-t)}-1)+\int_0^{T-t}\widehat K(s)\,ds \tag{8-30}
$$

其中，

$$
\widehat K(s)=(2\alpha-1)\theta(1-q^*(s))^2(\sigma_1^2\sigma_2^2+2\lambda\mu_1\mu_2)ve^{rs}+
$$

$$\frac{1}{2}(1-\alpha-(1-2\alpha)q^*(s))^2(\sigma_1^2+\sigma_2^2+2\lambda\mu_1\mu_2)v^2e^{2rs}$$

定理 8.3 （1）若 $\alpha=\dfrac{1}{2}$，问题（8-8）的最优再保险策略为任意值。

（2）若 $\dfrac{1}{2}<\alpha<1$，问题（8-8）的最优再保险策略为：

情形 I ： $ve^{r(T-t)}\geqslant 16\theta$，

$$q_{it}^*=\begin{cases}\overline{q}_i(T-t), & \alpha\in\left(\dfrac{1}{2},\dfrac{3}{4}-\dfrac{1}{4}\sqrt{1-\dfrac{16\theta}{ve^{r(T-t)}}}\right]\cup\left[\dfrac{3}{4}+\sqrt{1-\dfrac{16\theta}{ve^{r(T-t)}}},1\right)\\[4mm]0, & \alpha\in\left[\dfrac{3}{4}-\dfrac{1}{4}\sqrt{1-\dfrac{16\theta}{ve^{r(T-t)}}},\dfrac{3}{4}+\sqrt{1-\dfrac{16\theta}{ve^{r(T-t)}}},1\right)\end{cases}$$

情形 II ： $ve^{r(T-t)}<16\theta,q_{it}^*=\overline{q}_i(T-t),i=1,2,$

$$\overline{q}_1(T-t)=\overline{q}_2(T-t)=\frac{2\theta-(1-\alpha)v(2\alpha-1)e^{r(T-t)}}{2\theta+v(2\alpha-1)^2e^{r(T-t)}}$$

相应的值函数为：

$$V(t,x)=-\frac{m}{v}e^{-vxe^{r(T-t)}}+g_2(T-t)$$

其中，$g_2(T-t)$ 由式（8-30）给定。

第三节

数值分析

本节假设索赔额 X_i、Y_i 服从参数分别为 β_1、β_2 的指数分布，相应地，有：

$$\begin{cases}M_X(v(1-\alpha-(1-2\alpha)q_1)e^{r(T-t)})=\dfrac{\beta_1}{\beta_1-v(1-\alpha-(1-2\alpha)q_1)e^{r(T-t)}}\\[4mm]M_Y(v(1-\alpha-(1-2\alpha)q_2)e^{r(T-t)})=\dfrac{\beta_1}{\beta_1-v(1-\alpha-(1-2\alpha)q_2)e^{r(T-t)}}\end{cases}$$

$f(q_1,q_2)$ 的最小值点 (q_1,q_2) 满足下列方程组：

$$
\begin{cases}
a_1+2\theta((1-q_1)\sigma_1^2+(1-q_2)\lambda\mu_1\mu_2) \\
=\dfrac{\beta_1}{(\beta_1-v(1-\alpha-(1-2\alpha)q_1)e^{r(T-t)})^2}\left(\lambda_1+\dfrac{\lambda\beta_2}{\beta_2-v(1-\alpha-(1-2\alpha)q_2)e^{r(T-t)}}\right) \\
a_2+2\theta((1-q_2)\sigma_2^2+(1-q_1)\lambda\mu_1\mu_2) \\
=\dfrac{\beta_2}{(\beta_2-v(1-\alpha-(1-2\alpha)q_2)e^{r(T-t)})^2}\left(\lambda_2+\dfrac{\lambda\beta_1}{\beta_1-v(1-\alpha-(1-2\alpha)q_1)e^{r(T-t)}}\right)
\end{cases}
$$

且 $\mu_i=\dfrac{1}{\beta_i}$，$\alpha_i=\dfrac{\lambda_i+\lambda}{\beta_i}$，$\sigma_i^2=\dfrac{2(\lambda_i+\lambda)}{\beta_i^2}$，$i=1$，$2$。

各个参量对最优再保险策略的影响，具体数据如表8-1~表8-8所示。

表8-1 时间 t 对最优再保险策略的影响

t	1	2	3	4	5	6	7	8
q_1^*	0.8570	0.8635	0.8697	0.8755	0.8810	0.8863	0.8913	0.8960
q_2^*	0.8736	0.8788	0.8838	0.8885	0.8930	0.8974	0.9015	0.9054

表8-2 参数 v 对最优再保险策略的影响

v	0.1	0.2	0.3	0.4	0.5	0.6	0.7	0.8
q_1^*	0.9811	0.9600	0.9365	0.9103	0.8810	0.8486	0.8128	0.7734
q_2^*	0.9815	0.9616	0.9403	0.9175	0.8930	0.8669	0.8391	0.8095

表8-3 再保险公司的安全负荷 θ 对最优再保险策略的影响

θ	1	2	3	4	5	6	7	8
q_1^*	0.7740	0.8810	0.9193	0.9389	0.9508	0.9589	0.9647	0.9690
q_2^*	0.7974	0.8930	0.9276	0.9453	0.9561	0.9633	0.9684	0.9723

表8-4 险种一索赔额的指数分布参数 β_1 对最优再保险策略的影响

β_1	1	2	3	4	5	6	7	8
q_1^*	0.8322	0.8810	0.8982	0.9015	0.9037	0.9054	0.9068	0.9690
q_2^*	0.8987	0.8930	0.8935	0.8939	0.8943	0.8945	0.8947	0.8949

表 8-5　险种二索赔额的指数分布参数 β_2 对最优再保险策略的影响

β_2	1	2	3	4	5	6	7	8
q_1^*	0.8793	0.8795	0.8810	0.8820	0.8826	0.8830	0.8833	0.8835
q_2^*	0.8309	0.8807	0.8930	0.8990	0.9028	0.9055	0.9077	0.9097

表 8-6　复合 Poisson 过程的参数 λ 对最优再保险策略的影响

λ	1	2	3	4	5	6	7	8
q_1^*	0.8826	0.8810	0.8800	0.8793	0.8788	0.8784	0.8781	0.8778
q_2^*	0.8941	0.8930	0.8925	0.8921	0.8919	0.8917	0.8916	0.8915

表 8-7　复合 Poisson 过程的参数 λ_1 对最优再保险策略的影响

λ_1	1	2	3	4	5	6	7	8
q_1^*	0.8779	0.8799	0.8810	0.8818	0.8823	0.8827	0.8830	0.8833
q_2^*	0.8938	0.8933	0.8930	0.8928	0.8927	0.8926	0.8925	0.8924

表 8-8　加权系数 α 对最优再保险策略的影响

α	0.60	0.65	0.70	0.75	0.80	0.85	0.90	0.95
q_1^*	0.8810	0.8709	0.8610	0.8512	0.8416	0.8323	0.8232	0.8144
q_2^*	0.8930	0.8845	0.8761	0.8679	0.8599	0.8520	0.8443	0.8368

例 8.1　假设 $\lambda = 2$，$\lambda_1 = 3$，$\lambda_2 = 4$，$\beta_1 = 2$，$\beta_2 = 3$，$T = 10$，$r = 0.035$，$\alpha = 0.6$。

表 8-1 表示固定 $v = 0.5$，$\theta = 2$，时间 t 对最优再保险策略的影响，即最优再保险策略的值随着时间的推移而增大，随着时间的推移，不考虑其他因素的情况下保险公司会增加两种风险的再保险的投入；表 8-2 表示固定 $t = 2$，$\theta = 2$，v 对最优再保险策略的影响，即最优再保险策略的值随着 v 的增加而减小；表 8-3 表示固定 $v = 0.5$，$t = 5$，θ 对最优再保险策略的影响，即随着 θ 的增加，最优再保险策略的值不断增大，即市场随着安全负荷的增加，保险公司在较安全的市场中，会选择增加投入。从图 8-1～图 8-3 可以直观地看到这些参数对最优再保险策略的影响。

例 8.2　假设 $\lambda = 2$，$\lambda_1 = 3$，$\lambda_2 = 4$，$\theta = 2$，$T = 10$，$r = 0.035$，$\alpha = 0.6$，$v = 0.5$，$t = 5$。

表 8-4 表示固定 $\beta_2 = 3$，β_1 对最优再保险策略的影响，即 q_1^* 随着 $\beta_1 =$

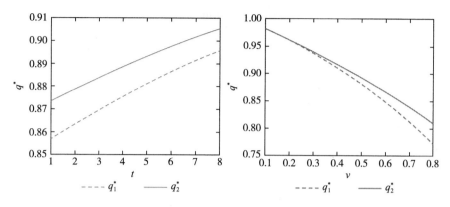

图 8-1　$v=0.5$，$\theta=2$，时间 t 对
最优再保险策略的影响

图 8-2　$t=2$，$\theta=2$，v 对
最优再保险策略的影响

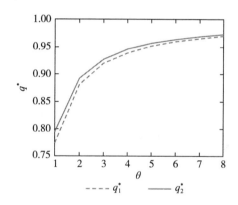

图 8-3　$v=0.5$，$t=5$，θ 对最优再保险策略的影响

$\dfrac{1}{\mu_1}$ 的增加而增大，而 β_1 对 q_2^* 的影响不显著，即第一种风险的均值影响第一种风险的再保险投入，但是对第二种风险影响不显著；表 8-5 表示固定 $\beta_1=2$，β_2 对最优再保险策略的影响，即 β_2 对 q_1^* 的影响不明显，而 q_2^* 随 β_2 的增加而增大。这和表 8-4 对应，即第二种风险的均值影响第二种风险的再保险投入，但是对第一种风险影响不显著。从图 8-4 和图 8-5 可以直观地看到这些参数对最优再保险策略的影响。

例 8.3　假设 $\lambda_2=4$，$\beta_1=2$，$\beta_2=3$，$T=10$，$r=0.035$，$v=0.5$，$t=5$。

表 8-6 表示固定 $\lambda_1=3$，$\alpha=0.6$，参数 λ 对最优再保险策略的影响，即最优再保险策略的值随着 λ 的增加而减小。由于考虑保险公司和再保险

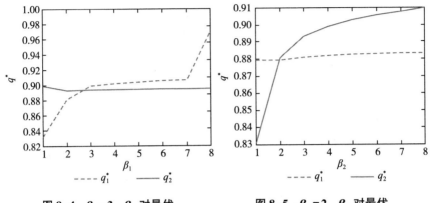

图 8-4 $\beta_2 = 3$，β_1 对最优
再保险策略的影响

图 8-5 $\beta_1 = 2$，β_2 对最优
再保险策略的影响

公司的共同利益，保险公司的索赔量增加，再保险公司就不会接受保险公司大量的再保险的投入；表 8-7 表示固定 $\lambda = 4$，$\alpha = 0.6$，λ_1 对最优再保险策略的影响，即 q_1^* 随着 λ_1 的增加而增大，但 λ_1 对 q_2^* 的影响不显著。相应地，若考虑 λ_2 对最优再保险策略的影响，则 λ_2 对 q_1^* 的影响不显著，q_2^* 随 λ_2 的增加而增大。即第一种风险索赔强度提升影响第一种风险的再保险，但是对第二种风险影响不大；表 8-8 表示固定 $\lambda = 2$，$\lambda_1 = 3$，α 对最优再保险策略的影响，即当 α 增加时，保险公司的财富所占的权重增加，则投入再保险公司的比重降低。从图 8-6~图 8-8 可以直观地看到这些参数对最优再保险策略的影响。

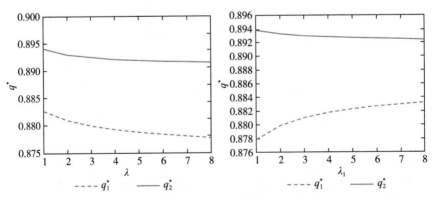

图 8-6 $\lambda_1 = 3$，$\alpha = 0.6$，参数 λ
对最优再保险策略的影响

图 8-7 $\lambda = 4$，$\alpha = 0.6$，λ_1 对
最优再保险策略的影响

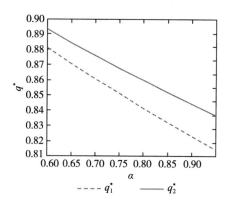

图 8-8　$\lambda=2$，$\lambda_1=3$，α 对

最优再保险策略的影响

第四节
本章小结

　　本章以保险公司中的两个相关保险业务为背景，研究了二元相依索赔的复合 Poisson 风险模型及扩散风险模型下，使保险和再保险公司财富加权和的期望效用达到最大的最优比例再保险问题，其中再保险公司采用方差保费原理收取保费。运用动态规划原理，证明了最优比例再保险策略的存在性与唯一性，并求得了复合 Poisson 风险模型下最优再保险策略隐函数表达式，以及扩散风险模型下最优再保险策略和值函数的显示解。此外，本章还对复合 Poisson 风险模型下最优再保险策略进行了数值分析，分别讨论了各个常系数对最优再保险策略的影响，发现了复合 Poisson 风险模型的最优再保险策略与扩散模型的不同，前者与加权系数、安全附加系数、时间和利率及索赔额的分布有关，而后者只与加权系数、安全负荷、时间和利率有关。

研究结论

在保险精算领域，对保险公司再保险与投资问题的研究是时下非常热门的研究内容。保险公司进行投资的主要目的是维持流动性并产生投资收益，为将来的理赔和到期给付提供资金，因此它不同于普通的投资组合问题。而再保险是保险业独有的经营现象，在研究中也是独树一帜的。本书在总结当前保险精算领域已有研究成果的基础上，以解决模型不确定性引发的最优策略不稳健等问题为研究切入点，结合随机控制理论与鲁棒优化方法，构建不同优化目标或者不同风险资产过程下的鲁棒优化理论框架，研究同时考虑保险公司和再保险公司双方共同利益的投资—再保险问题，通过对再保险双方的联合最优投资—再保险问题的求解，寻求能够保证再保险公司收益进而提升再保险双方经营稳定性的策略。研究的主要贡献和结论如下：

（1）构建了不同条件下的鲁棒优化理论框架。鲁棒优化是解决带有不确定参数的决策问题的一种强有力的方法，它在工程设计、投资组合优化、供应链管理等方面已有非常广泛的应用。在保险风险领域，随着研究内容的多样化和研究角度的全面化，学者们认为决策者对于所选取模型时参数的不确定性的看法也应纳入寻求最优决策时所考虑的因素。而本书结合行为金融学的思想，将保险公司和再保险公司视为模糊厌恶偏向的决策者，并且结合测度理论这样强大的理论工具，引入一系列备选模型用以逼近理想模型，将模型的不确定性通过测度变换进行巧妙刻画，以此量化模型不确定性这一影响因素，将普通资产分配问题转化为鲁棒最优资产分配问题来寻找稳健的最优策略。鲁棒最优控制策略由于考虑了保险人的模糊厌恶偏向，对于参数的估计误差、市场的异常波动等导致的模型不确定都有着很强的稳健性。

（2）考虑到保险公司开展的再保险业务涉及再保险公司的利益，故本书立足于解决保险公司和再保险公司的联合最优资产配置问题。在绝大部分关于保险公司投资—再保险策略的研究中，尽管优化目标各种各样，有最小化破产概率、最大化调节系数、最大化终端财富的期望效用、终端财富效用的均值—方差问题等，风险资产的价格过程层出不穷，有 B-S 模型、CEV 模型、Heston 模型等，用以刻画保险公司财富过程的风险模型也千变万化，有经典风险模型、扩散逼近模型、跳跃扩散模型等，但研究的角度始终基于保险公司单方面的利益最大化的立场。此外，考虑保险公司和再保险公司共同收益的想法虽然早在 20 世纪 60 年代就有学界权威学者提出来，但对它进行系统的研究却略显不足，本书在一定程度上弥补了这一点。

(3)研究了基于 Black-Scholes 模型的再保险双方联合鲁棒优化资产配置问题。保险公司为转移风险采取比例再保险的再保险策略，保险公司和再保险公司均可投资至金融市场的风险资产，并且保险集团的决策者是模糊厌恶的投资者，同时，由于指数效用函数不仅具有可加性、光滑性等优良性质，而且将之应用至保险风险模型时，在保险公司盈余波动较大的情形下也能很好地体现其效用变化，因此，本书以最大化加权和盈余过程终端财富的最小期望效用为优化目标，寻求鲁棒最优的投资—再保险策略。本书利用随机控制理论，分别推导保险公司和再保险公司的鲁棒最优投资—再保险策略，并通过数值例子对最优策略进行敏感性分析，并对鲁棒优化框架下的效用损失进行研究，证实鲁棒策略以牺牲小部分期望效用为代价寻求到了更为稳健的投资—再保险策略。

(4)研究了基于 Heston 随机波动模型的终端资产效用最大化问题。当风险资产的价格过程服从具有随机波动率的 Heston 模型时，构建了保险公司和再保险公司的投资—再保险模型，确立保险公司和再保险公司联合资产配置的鲁棒优化目标，通过运用动态规划原理，得到了最优的投资—再保险策略，并对此最优策略进行了深入研究、分析，分析结果表明最优投资—再保险策略符合经济规律，能够为保险实践提供理论指导。

(5)在指数乘积效用下对再保险双方的联合投资—再保险问题进行模型构建和研究。由一个全新的角度来研究再保险双方的投资—再保险问题，即在模型不确定框架下研究使保险公司和再保险公司终端财富在指数乘积效用函数下最大化的投资—再保险策略。利用动态规划原理得到指数乘积效用下的财富过程满足的扩展 HJB 方程，并求解出最优策略，通过数值分析深入研究了各参数变化对最优策略的影响，它表明求解的最优策略与实践相符，因此能够为保险公司的决策者提供一定的理论依据。

(6)对期望效用的优化目标进行了改进，转而研究使终端财富期望与方差之差最大的投资—再保险策略。通过引入博弈论的思想定义均衡策略及均衡值函数的概念，在保险公司和再保险公司均投资至金融市场的条件下，确立保险公司和再保险公司联合资产配置的鲁棒优化目标，建立对保险公司和再保险公司财富过程的扩展的 HJB 方程，求解扩展 HJB 方程的解并验证它确实为最优策略，最后再通过数值例子使结论更形象、丰富。

（7）研究了二元相依索赔的复合 Poisson 风险模型及扩散风险模型，使保险和再保险公司财富加权和的期望效用达到最大的最优比例再保险问题。其中，再保险公司采用方差保费原理收取保费，在期望效用最大准则下，证明了最优再保险策略的存在性和唯一性，然后通过求解 HJB 方程，得到两种模型下相应的最优再保险策略及值函数的解析解，最后结合数值分析讨论了加权系数、安全附加系数、时间和利率等参数对复合 Poisson 风险模型与扩散模型最优策略的不同影响。

由于模型不确定性所涵盖的内容极其广泛，时间不一致理论也在不断地完善和发展，此外，风险理论本身也包含各种值得深入研究的切入点，因此，立足于本书研究，还可以从以下几方面对保险公司的投资—再保险问题进行进一步探讨：

（1）对风险资产价格过程、索赔过程等方面进行推广，使构建的风险模型能够更好地刻画保险公司的资产变化。为了从多个不同角度研究联合资产配置问题，本书对风险模型本身的推广只选取了较有代表性的一种，不足以展现保险风险理论的宽广的应用范围。

（2）对优化目标进行多样化处理。为保证研究内容的深入性和一致性，本书从不同的角度研究了最大化终端财富期望效用的联合资产配置问题。事实上，其他优化目标下的资产配置问题也具有十分重要的现实意义。

（3）由于模型不确定性的影响，在构建鲁棒优化的理论框架时，用以刻画理想模型和备选模型的测度之间相对熵的具体形式会根据优化目标的不同有所变化，可以调整惩罚项的函数形式进而求解不同目标下的最优策略的显式表达式。

参考文献

［1］ Albrecher H, Azcue P, Muler N. Optimal dividends under a drawdown constraint and a curious square-root rule［J］. Finance and Stochastics, 2023 (27): 341-400.

［2］ Anderson E W, Hansen L P, Sargent T. Robustness, detection and the price of risk［R］. Working Paper, 1999.

［3］ Angoshtari B, Bayraktar E, Young V R. Optimal investment to minimize the probability of drawdown［J］. Stochastics, 2016, 88(6): 946-958.

［4］ Arrow K J. Uncertainty and the welfare economics of medical care［J］. The American Economic Review, 1963, 53(5): 941-973.

［5］ Asmussen S, Rolski T. Risk theory in a periodic enviroment: The Cramér-Lundberg approximation and Lundberg's inequality［J］. Mathematics of Operations Research, 1994, 19(2): 410-433.

［6］ Azcue P, Liang X, Muler N, et al. Optimal reinsurance to minimize the probability of drawdown under the mean-variance premium principle: Asymptotic analysis［J］. SIAM Journal on Financial Mathematics, 2023, 14(1): 279-313.

［7］ Azcue P, Muler N. Optimal investment strategy to minimize the ruin probability of an insurance company under borrowing constraints［J］. Insurance: Mathematics and Economics, 2009, 44(1): 26-34.

［8］ Bai L, Cai J, Zhou M. Optimal reinsurance policies for an insurer with a bivariate reserve risk process in a dynamic setting［J］. Insurance: Mathematics and Economics, 2013, 53(3): 664-670.

［9］ Bai L, Guo J. Optimal proportional reinsurance and investment with multiple risky assets and no-shorting constraint［J］. Insurance: Mathematics and Economics, 2008, 42(3): 968-975.

［10］ Basak S, Chabakauri G. Dynamic mean-variance asset allocation［J］.

The Review of Financial Studies, 2010, 23(8): 2970-3016.

[11] Bates D S. Jumps and stochastic volatility: Exchange rate processes implicit in deutsche mark options[J]. The Review of Financial Studies, 1996, 9(1): 69-107.

[12] Beard R E, Pentikäinen T, Pesonen E. Risk theory: The stochastic basis of insurance(Third Edition)[M]. London: Chapman and Hall, 1984.

[13] Beckers S. The constant elasticity of variance model and its implications for option pricing[J]. The Journal of Finance, 1980(35): 661-673.

[14] Ben-Tal A, Ghaoui L E, Nemirovski A. Robust optimization[M]. Princeton: Princeton University Press, 2009.

[15] Bertsekas D P, Shreve S E. Stochastic optimal control: The discrete-time case[M]. New York: Academic Press, 1978.

[16] Bertsimas D, Sim M. The price of robustness[J]. Operations Research, 2004, 52(1): 35-53.

[17] Bi J, Guo J. Optimal mean-variance problem with constrained controls in a jump-diffusion financial market for an insurer[J]. Journal of Optimization Theory and Applications, 2013(157): 252-275.

[18] Björk T, Murgoci A, Zhou X Y. Mean-variance portfolio optimization with state-dependent risk aversion[J]. Mathematical Finance, 2014, 24(1): 1-24.

[19] Björk T, Murgoci A. A general theory of Markovian time inconsistent stochastic control problems[R]. Working Paper, 2010.

[20] Bo L, Capponi A. Robust optimization of credit portfolios[J]. Mathematics of Operations Research, Forthcoming, 2016, 42(1): 30-56.

[21] Borch K. An attempt to determine the optimum amount of stop loss reinsurance[J]. Transactions of the 16th International Congress of Actuaries, 1960(1): 597-610.

[22] Borch K. The optimal reinsurance treaty[J]. ASTIN Bulletin, 1969, 5(2): 293-297.

[23] Borch K. The theory of risk[J]. Journal of the Royal Statistical Society: Series B (Methodological), 1967, 29(3): 432-452.

[24] Branger N, Schlag C, Schneider E. Optimal portfolios when volatility

can jump[J]. Journal of Banking and Finance, 2008, 32(6): 1087-1097.

[25] Browne S. Optimal investment policies for a firm with a random risk process: Exponential utility and minimizing the probability of ruin[J]. Mathematics of Operations Research, 1995, 20(4): 937-958.

[26] Cai J, Fang Y, Li Z, et al. Optimal reciprocal reinsurance treaties under the joint survival probability and the joint profitable probability[J]. Journal of Risk and Insurance, 2013, 80(1): 145-168.

[27] Cao Y, Wan N. Optimal proportional reinsurance and investment based on Hamilton-Jacobi-Bellman equation[J]. Insurance: Mathematics and Economics, 2009, 45(2): 157-162.

[28] Cao Y, Zeng X. Optimal proportional reinsurance and investment with minimum probability of ruin [J]. Applied Mathematics and Computation, 2012, 218(9): 5433-5438.

[29] Chen L, Shen Y. On a new paradigm of optimal reinsurance: A stochastic stackelberg differential game between an insurer and a reinsurer[J]. ASTIN Bulletin, 2018, 48(2): 905-960.

[30] Chen W, Tan S, Yang D. Worst-case VaR and robust portfolio optimization with interval random uncertainty set[J]. Expert Systems with Applications, 2011, 38(1): 64-70.

[31] Chen W, Tan S. Robust portfolio selection based on asymmetric measures of variability of stock returns[J]. Journal of Computational and Applied Mathematics, 2009, 232(2): 295-304.

[32] Chen X, Landriault D, Li B, et al. On minimizing drawdown risks of lifetime investments[J]. Insurance: Mathematics and Economics, 2015(65): 46-54.

[33] Chen X, Zhuo W Y. Martingale and duality methods for optimal investment and reinsurance problem in a Lévy model[J]. Communications in Statistics-Theory and Methods, 2020, 49(23): 5738-5764.

[34] Chen Z, Yang P. Robust optimal reinsurance-investment strategy with price jumps and correlated claims[J]. Insurance: Mathematics and Economics, 2020(92): 27-46.

［35］ Cox J C, Ross S A. The valuation of options for alternative stochastic processes［J］. Journal of Financial Economics, 1976, 3(1-2): 145-166.

［36］ Cox J C. The constant elasticity of variance option pricing model［J］. The Journal of Portfolio Management, 1996, 23(5): 15-17.

［37］ Davydov D, Linetsky V. Pricing and hedging path-dependent options under the CEV process［J］. Management Science, 2001, 47(7): 949-965.

［38］ De Finetti B. Su un'impostazione alternativa della teoria collettiva del rischio［J］. Transactions of the XVth international Congress of Actuaries, 1957, 2(1): 433-443.

［39］ Dimitrova D S, Kaishev V K. Optimal joint survival reinsurance: An efficient frontier approach［J］. Insurance: Mathematics and Economics, 2010, 47(1): 27-35.

［40］ Duffie D, Pan J, Singleton K. Transform analysis and asset pricing for affine jump-diffusions［J］. Econometrica, 2000, 68(6): 1343-1376.

［41］ Ekeland I, Lazrak A. Being serious about non-commitment: Subgame perfect equilibrium in continuous time［D］. University of British Columbia, 2006.

［42］ Ekeland I, Mbodji O, Pirvu T A. Time-consistent portfolio management［J］. SIAM Journal on Financial Mathematics, 2012, 3(1): 1-32.

［43］ Ekeland I, Pirvu T A. Investment and consumption without commitment［J］. Mathematics and Financial Economics, 2008(2): 57-86.

［44］ Elliott R J, Siu T K. A stochastic differential game for optimal investment of an insurer with regime switching［J］. Quantitative finance, 2011, 11(3): 365-380.

［45］ Emanuel D C, MacBeth J D. Further results on the constant elasticity of variance call option pricing model［J］. Journal of Financial and Quantitative Analysis, 1982, 17(4): 533-554.

［46］ Fang Y, Qu Z. Optimal combination of quota-share and stop-loss reinsurance treaties under the joint survival probability［J］. IMA Journal of Management Mathematics, 2014, 25(1): 89-103.

［47］ Ferguson T S. Betting systems which minimize the probability of ruin［J］. Journal of the Society for Industrial and Applied Mathematics, 1965, 13

(3): 795-818.

[48] Fleming W H, Soner H M. Controlled Markov processes and viscosity solutions[M]. New York: Springer-Verlag, 2006.

[49] Flor C R, Larsen L S. Robust portfolio choice with stochastic interest rates[J]. Annals of Finance, 2014(10): 243-265.

[50] Gao J. Optimal investment strategy for annuity contracts under the constant elasticity of variance(CEV)model[J]. Insurance: Mathematics and Economics, 2009a, 45(1): 9-18.

[51] Gao J. Optimal portfolios for DC pension plans under a CEV model[J]. Insurance: Mathematics and Economics, 2009b, 44(3): 479-490.

[52] Gerber H U. Entscheidungskriterien für den zusammengesetzten Poisson-Prozess[Z]. Zürich: ETH Zürich, 1969.

[53] Ghaoui L E, Oks M, Oustry F. Worst-case value-at-risk and robust portfolio optimization: A conic programming approach[J]. Operations Research, 2003, 51(4): 543-556.

[54] Goel A, Mehra A. A bivariate Markov modulated intensity model: Applications to insurance and credit risk modelling[J]. Stochastics, 2021, 93(4): 555-574.

[55] Goh J W, Lim K G, Sim M, et al. Portfolio value-at-risk optimization for asymmetrically distributed asset returns[J]. European Journal of Operational Research, 2012, 221(2): 397-406.

[56] Goldfarb D, Iyengar G. Robust portfolio selection problems [J]. Mathematics of Operations Research, 2003, 28(1): 1-38.

[57] Goldman S M. Consistent plans[J]. The Review of Economic Studies, 1980, 47(3): 533-537.

[58] Grandell J. Aspects of risk theory[M]. New York: Springer, 1991.

[59] Gu A, Chen S, Li Z, et al. Optimal reinsurance pricing with ambiguity aversion and relative performance concerns in the principal-agent model[J]. Scandinavian Actuarial Journal, 2022, 2022(9): 749-774.

[60] Gu A, Guo X, Li Z, et al. Optimal control of excess-of-loss reinsurance and investment for insurers under a CEV model[J]. Insurance: Mathe-

matics and Economics, 2012, 51(3): 674-684.

[61] Gu A, Viens F G, Yao H. Optimal robust reinsurance-investment strategies for insurers with mean reversion and mispricing[J]. Insurance: Mathematics and Economics, 2018(80): 93-109.

[62] Gu A, Viens F G, Yi B. Optimal reinsurance and investment strategies for insurers with mispricing and model ambiguity[J]. Insurance: Mathematics and Economics, 2017(72): 235-249.

[63] Gu M, Yang Y, Li S, et al. Constant elasticity of variance model for proportional reinsurance and investment strategies[J]. Insurance: Mathematics and Economics, 2010, 46(3): 580-587.

[64] Guan G, Liang Z. Optimal reinsurance and investment strategies for insurer under interest rate and inflation risks[J]. Insurance: Mathematics and Economics, 2014(55): 105-115.

[65] Hamilton J D. A new approach to the economic analysis of nonstationary time series and the business cycle[J]. Econometrica, 1989(57): 357-384.

[66] Han X, Liang Z, Young V R. Optimal reinsurance to minimize the probability of drawdown under the mean-variance premium principle[J]. Scandinavian Actuarial Journal, 2020, 2020(10): 879-903.

[67] Han X, Liang Z, Yuan Y, et al. Optimal per-loss reinsurance and investment to minimize the probability of drawdown[J]. Journal of Industrial and Management Optimization, 2022, 18(6): 4011-4041.

[68] Han X, Liang Z, Yuen K C. Optimal proportional reinsurance to minimize the probability of drawdown under thinning-dependence structure[J]. Scandinavian Actuarial Journal, 2018, 2018(10): 863-889.

[69] Han X, Liang Z. Optimal reinsurance and investment in danger-zone and safe-region[J]. Optimal Control Applications and Methods, 2020, 41(3): 765-792.

[70] Hao Z H, Chang H. Robust time-consistent strategy for the defined contribution pension plan with a minimum guarantee under ambiguity[J]. Computational and Applied Mathematics, 2023(42): 335.

[71] Harris C, Laibson D. Dynamic choices of hyperbolic consumers[J].

Econometrica, 2001, 69(4): 935-957.

[72] Hata H, Yasuda K. Expected power utility maximization with delay for insurers under the 4/2 stochastic volatility model[J]. Mathematical Control and Related Fields, 2024, 14(1): 16-50.

[73] Heston S L. A closed - form solution for options with stochastic volatility with applications to bond and currency options[J]. The Review of Financial Studies, 1993(6): 327-343.

[74] Hipp C, Plum M. Optimal investment for insurers[J]. Insurance: Mathematics and Economics, 2000, 27(2): 215-228.

[75] Hipp C, Taksar M. Optimal non-proportional reinsurance control[J]. Insurance: Mathematics and Economics, 2010, 47(2): 246-254.

[76] Hipp C, Vogt M. Optimal dynamic XL reinsurance[J]. ASTIN Bulletin, 2003, 33(2): 193-207.

[77] Hsu Y L, Lin T I, Lee C F. Constant elasticity of variance(CEV) option pricing model: Integration and detailed derivation[J]. Mathematics and Computers in Simulation, 2008, 79(1): 60-71.

[78] Hu D, Wang H. Optimal proportional reinsurance with a loss - dependent premium principle[J]. Scandinavian Actuarial Journal, 2019, 2019(9): 752-767.

[79] Hu Y, Jin H, Zhou X Y. Time-inconsistent stochastic linear-quadratic control[J]. SIAM Journal on Control and Optimization, 2012, 50(3): 1548-1572.

[80] Huang D, Fabozzi F J, Fukushima M. Robust portfolio selection with uncertain exit time using worst-case VaR strategy[J]. Operations Research Letters, 2007, 35(5): 627-635.

[81] Huang D, Zhu S, Fabozzi F J, et al. Portfolio selection under distributional uncertainty: A relative robust CVaR approach[J]. European Journal of Operational Research, 2010, 203(1): 185-194.

[82] Huang D, Zhu S, Fabozzi F J, et al. Portfolio selection with uncertain exit time: A robust CVaR approach[J]. Journal of Economic Dynamics and Control, 2008, 32(2): 594-623.

［83］ Huang Y, Ouyang Y, Tang L, et al. Robust optimal investment and reinsurance problem for the product of the insurer's and the reinsurer's utilities ［J］. Journal of Computational and Applied Mathematics, 2018(344): 532-552.

［84］ Huang Y, Yang X, Zhou J. Optimal investment and proportional reinsurance for a jump-diffusion risk model with constrained control variables［J］. Journal of Computational and Applied Mathematics, 2016(296): 443-461.

［85］ Huang Y, Yang X, Zhou J. Robust optimal investment and reinsurance problem for a general insurance company under Heston model［J］. Mathematical Methods of Operations Research, 2017(85): 305-326.

［86］ Hull J, White A. The pricing of options on assets with stochastic volatilities［J］. The Journal of Finance, 1987, 42(2): 281-300.

［87］ Irgens C, Paulsen J. Optimal control of risk exposure, reinsurance and investments for insurance portfolios［J］. Insurance: Mathematics and Economics, 2004, 35(1): 21-51.

［88］ Jeon J, Park K. Portfolio selection with drawdown constraint on consumption: A generalization model［J］. Mathematical Methods of Operations Research, 2021, 93(2): 243-289.

［89］ Jiang W, Ren J. The effect of risk constraints on the optimal insurance policy［J］. European Actuarial Journal, 2022, 12(5): 529-558.

［90］ Jonsson M, Sircar R. Optimal investment problems and volatility homogenization approximations ［M］//Bourlioux A, Gander M J, Sabidussi G. Modern Methods in Scientific Computing and Applications(NATO Science Series). Dordrecht: Springer, 2002: 255-281.

［91］ Kaishev V K, Dimitrova D S. Excess of loss reinsurance under joint survival optimality［J］. Insurance: Mathematics and Economics, 2006, 39(3): 376-389.

［92］ Kaishev V K. Optimal retention levels, given the joint survival of cedent and reinsurer［J］. Scandinavian Actuarial Journal, 2004(6): 401-430.

［93］ Kaluszka M. Optimal reinsurance under mean-variance premium principles［J］. Insurance: Mathematics and Economics, 2001, 28(1): 61-67.

［94］ Kang J-H, Gou Z, Huang N-J. Robust equilibrium strategies for time-inconsistent stochastic optimal control problems with applications[J]. Communications in Nonlinear Science and Numerical Simulation, 2023(123): 107270.

[95] Korn R, Menkens O, Steffensen M. Worst-case-optimal dynamic reinsurance for large claims[J]. European Actuarial Journal, 2012(2): 21-48.

[96] Krusell P, Smith Jr A A. Consumption-savings decisions with quasi-geometric discounting[J]. Econometrica, 2003, 71(1): 365-375.

[97] Kötter M, Bäuerle N. The Markov-modulated risk model with investment[M]//Waldmann K-H, Stocker U M. Operations Research Proceedings 2006. Berlin: Springer, 2006: 575-580.

[98] Kötter M, Bäuerle N. The periodic risk model with investment[J]. Insurance: Mathematics and Economics, 2008, 42(3): 962-967.

[99] Li D, Rong X, Wang Y. Equilibrium excess-of-loss reinsurance and investment strategies for an insurer and a reinsurer[J]. Communications in Statistics-Theory and Methods, 2022a, 51(21): 7496-7527.

[100] Li D, Rong X, Zhao H. Optimal reinsurance and investment problem for an insurer and a reinsurer with jump-diffusion risk process under the Heston model[J]. Computational and Applied Mathematics, 2016a(35): 533-557.

[101] Li D, Rong X, Zhao H. Optimal reinsurance-investment problem for maximizing the product of the insurer's and the reinsurer's utilities under a CEV model[J]. Journal of Computational and Applied Mathematics, 2014(255): 671-683.

[102] Li D, Rong X, Zhao H. The optimal investment problem for an insurer and a reinsurer under the constant elasticity of variance model[J]. IMA Journal of Management Mathematics, 2016b, 27(2): 255-280.

[103] Li D, Rong X, Zhao H. Time-consistent reinsurance-investment strategy for an insurer and a reinsurer with mean-variance criterion under the CEV model[J]. Journal of Computational and Applied Mathematics, 2015(283): 142-162.

[104] Li D, Young V R. Optimal reinsurance to minimize the discounted probability of ruin under ambiguity[J]. Insurance: Mathematics and Economics, 2019(87): 143-152.

［105］Li J, Liu H. Optimal investment for the insurers in Markov-modulated jump-diffusion models［J］. Computational Economics, 2015(46): 143-156.

［106］Li P, Zhou M, Yao D. Optimal time for the excess of loss reinsurance with fixed costs［J］. International Review of Economics and Finance, 2022b (79): 466-475.

［107］Li Z, Zeng Y, Lai Y. Optimal time-consistent investment and reinsurance strategies for insurers under Heston's SV model［J］. Insurance: Mathematics and Economics, 2012, 51(1): 191-203.

［108］Liang X, Young V R. Minimizing the discounted probability of exponential Parisian ruin via reinsurance［J］. SIAM Journal on Control and Optimization, 2020a, 58(2): 937-964.

［109］Liang X, Young V R. Minimizing the probability of lifetime exponential Parisian ruin［J］. Journal of Optimization Theory and Applications, 2020b, 184(3): 1036-1064.

［110］Liang X, Young V R. Minimizing the probability of ruin: Optimal per-loss reinsurance［J］. Insurance: Mathematics and Economics, 2018(82): 181-190.

［111］Liang Z, Bayraktar E. Optimal reinsurance and investment with unobservable claim size and intensity［J］. Insurance: Mathematics and Economics, 2014(55): 156-166.

［112］Liang Z, Guo J. Optimal proportional reinsurance and ruin probability［J］. Stochastic Models, 2007, 23(2): 333-350.

［113］Liang Z, Luo X, Yuan F. Consumption-investment decisions with endogenous reference point and drawdown constraint［J］. Mathmatics and Financial Economics, 2023, 17(2): 285-334.

［114］Liang Z, Song M. Time-consistent reinsurance and investment strategies for mean-variance insurer under partial information［J］. Insurance: Mathematics and Economics, 2015(65): 66-76.

［115］Liang Z, Yuen K C, Cheung K C. Optimal reinsurance-investment problem in a constant elasticity of variance stock market for jump-diffusion risk model［J］. Applied Stochastic Models in Business and Industry, 2011, 28(6):

585-597.

[116] Liang Z, Yuen K C. Optimal dynamic reinsurance with dependent risks: Variance premium principle[J]. Scandinavian Actuarial Journal, 2016, 2016(1): 18-36.

[117] Lin X, Li Y. Optimal reinsurance and investment for a jump diffusion risk process under the CEV model[J]. North American Actuarial Journal, 2011, 15(3): 417-431.

[118] Lin X, Yang P. Optimal investment and reinsurance in a jump diffusion risk model[J]. The ANZIAM Journal, 2011, 52(3): 250-262.

[119] Lin X, Zhang C, Siu T K. Stochastic differential portfolio games for an insurer in a jump-diffusion risk process[J]. Mathematical Methods of Operations Research, 2012(75): 83-100.

[120] Liu H. Robust consumption and portfolio choice for time varying investment opportunities[J]. Annals of Finance, 2010, 6(4): 435-454.

[121] Liu J, Longstaff F A, Pan J. Dynamic asset allocation with event risk[J]. The Journal of Finance, 2003, 58(1): 231-259.

[122] Liu J, Yiu K F C, Siu T K, et al. Optimal investment-reinsurance with dynamic risk constraint and regime switching[J]. Scandinavian Actuarial Journal, 2013, 2013(4): 263-285.

[123] Lo C F, Yuen P H, Hui C H. Constant elasticity of variance option pricing model with time-dependent parameters[J]. International Journal of Theoretical and Applied Finance, 2000, 3(4): 661-674.

[124] Lobo M S, Vandenberghe L, Boyd S, et al. Applications of second-order cone programming[J]. Linear Algebra Application, 1998, 284(1-3): 193-228.

[125] Lu Z. A computational study on robust portfolio selection based on a joint ellipsoidal uncertainty set[J]. Mathematical Programming, 2011a, 126(1): 193-201.

[126] Lu Z. Robust portfolio selection based on a joint ellipsoidal uncertainty set[J]. Optimization Methods and Software, 2011b, 26(1): 89-104.

[127] Luo S, Taksar M, Tsoi A. On reinsurance and investment for large

insurance portfolios [J]. Insurance: Mathematics and Economics, 2008, 42 (1): 434-444.

[128] Luo S, Wang M, Zeng X. Optimal reinsurance: Minimize the expected time to reach a goal [J]. Scandinavian Actuarial Journal, 2016, 2016 (8): 741-762.

[129] Luo S, Wang M, Zhu W. Maximizing a robust goal-reaching probability with penalization on ambiguity [J]. Journal of Computational and Applied Mathematicsm, 2019(348): 261-281.

[130] MacBeth J D, Merville L J. Tests of the Black-Scholes and Cox call option valuation models [J]. The Journal of Finance, 1980(35): 285-301.

[131] Maenhout P J. Robust portfolio rules and asset pricing [J]. The Review of Financial Studies, 2004, 17(4): 951-983.

[132] Maenhout P J. Robust portfolio rules and detection-error probabilities for a mean-reverting risk premium [J]. Journal of Economic Theory, 2006, 128 (1): 136-163.

[133] Markowitz H. Portfolio selection [J]. The Journal of Finance, 1952, 7(1): 77-91.

[134] Meng H, Liao P, Siu T K. Continuous-time optimal reinsurance strategy with nontrivial curved structures [J]. Applied Mathematics and Computation, 2019(363): 124585.

[135] Merton R C. Financial intermediation in the continuous-time model [M]//Merton R C. Continuous-Time Finance. Oxford: Basil Blackwell, 1990: 428-471.

[136] Munk C, Rubtsov A. Portfolio management with stochastic interest rates and inflation ambiguity [J]. Annals of Finance, 2014, 10(3): 419-455.

[137] Munk C, Sørensen C, Vinther T N. Dynamic asset allocation under mean-reverting returns, stochastic interest rates, and inflation uncertainty: Are popular recommendations consistent with rational behavior? [J]. International Review of Economics and Finance, 2004, 13(2): 141-166.

[138] Neufeld A, Nutz M. Robust utility maximization with Lévy processes [J]. Mathematical Finance, 2018(28): 82-105.

［139］ Peleg B, Yaari M E. On the existence of a consistent course of action when tastes are changing［J］. The Review of Economic Studies, 1973, 40 (3): 391-401.

［140］ Promislow S D, Young V R. Minimizing the probability of ruin when claims follow Brownian motion with drift［J］. North American Actuarial Journal, 2005, 9(3): 110-128.

［141］ Pun C S, Wong H Y. Robust investment-reinsurance optimization with multiscale stochastic volatility［J］. Insurance: Mathematics and Economics, 2015(62): 245-256.

［142］ Schmidli H. On minimizing the ruin probability by investment and reinsurance［J］. The Annals of Applied Probability, 2002(12): 890-907.

［143］ Shreve S E, Lehoczky J P, Gaver D P. Optimal consumption for general diffusions with absorbing and reflecting barriers［J］. SIAM Journal on Control and Optimization, 1984, 22(1): 55-75.

［144］ Soyster A L. Convex programming with set-inclusive constraints and applications to inexact linear programming［J］. Operations Research, 1973, 21 (5): 1154-1157.

［145］ Stein E M, Stein J C. Stock price distributions with stochastic volatility: An analytic approach［J］. The Review of Financial Studies, 1991(4): 727-752.

［146］ Strotz R H. Myopia and inconsistency in dynamic utility maximization ［J］. The Review of Economic Studies, 1955, 23(3): 165-180.

［147］ Tan K S, Wei P, Wei W, et al. Optimal dynamic reinsurance policies under a generalized Denneberg's absolute deviation principle［J］. European Journal of Operational Research, 2020, 282(1): 345-362.

［148］ Tütüncü R H, Koenig M. Robust asset allocation［J］. Annals of Operations Research, 2004(132): 157-187.

［149］ Uppal R, Wang T. Model misspecification and underdiversification ［J］. The Journal of Finance, 2003, 58(6): 2465-2486.

［150］ Vallejo-Jiménez B, Venegas-Martínez F, De la Torre-Torres O V, et al. Simulating portfolio decisions under uncertainty when the risky asset and short rate are modulated by an inhomogeneous and asset–dependent Markov chain [J]. Mathematics, 2022(10): 2926.

[151] Vallejo–Jiménez B, Venegas–Martínez F. Optimal consumption and portfolio rules when the asset price is driven by a time inhomogeneous Markov modulated fractional Brownian motion with multiple Poisson jumps[J]. Economics Bulletin, 2017, 37(1): 314–326.

[152] Von Neumann J, Morgenstern O. Theory of games and economic behavior[M]. Princeton: Princeton University Press, 1944.

[153] Wang J, Forsyth P A. Continuous time mean variance asset allocation: A time–consistent strategy[J]. European Journal of Operational Research, 2011, 209(2): 184–201.

[154] Wang N. Optimal investment for an insurer with exponential utility preference[J]. Insurance: Mathematics and Economics, 2007, 40(1): 77–84.

[155] Wang W, Bi J. Markov–modulated mean–variance problem for an insurer[J]. Acta Mathematica Scientia, 2011, 31(3): 1051–1061.

[156] Wang W, Zhou X. General drawdown–based de Finetti optimization for spectrally negative Lévy risk processes[J]. Journal of Applied Probability, 2018, 55(2): 513–542.

[157] Wang Z, Xia J, Zhang L. Optimal investment for an insurer: The martingale approach[J]. Insurance: Mathematics and Economics, 2007, 40(2): 322–334.

[158] Xiao J, Hong Z, Qin C. The constant elasticity of variance(CEV) model and the Legendre transform–dual solution for annuity contracts[J]. Insurance: Mathematics and Economics, 2007, 40(2): 302–310.

[159] Xu L, Wang R, Yao D. Optimal stochastic investment games under Markov regime switching market[J]. Journal of Industrial and Management Optimization, 2014, 10(3): 795–815.

[160] Xu L, Xu S, Yao D. Maximizing expected terminal utility of an insurer with high gain tax by investment and reinsurance[J]. Computers and Mathematics with Applications, 2020, 79(3): 716–734.

[161] Xu W, Wu C, Li H. Robust general equilibrium under stochastic

volatility model[J]. Finance Research Letters, 2010, 7(4): 224-231.

[162] Yang H, Zhang L. Optimal investment for insurer with jump - diffusion risk process[J]. Insurance: Mathematics and Economics, 2005, 37 (3): 615-634.

[163] Ye K, Parpas P, Rustem B. Robust portfolio optimization: A conic programming approach[J]. Computational Optimization and Applications, 2012 (52): 463-481.

[164] Yi B, Li Z, Viens F G, et al. Robust optimal control for an insurer with reinsurance and investment under Heston's stochastic volatility model[J]. Insurance: Mathematics and Economics, 2013, 53(3): 601-614.

[165] Yi B, Viens F, Li Z, et al. Robust optimal strategies for an insurer with reinsurance and investment under benchmark and mean-variance criteria[J]. Scandinavian Actuarial Journal, 2015, 2015(8): 725-751.

[166] Yong J, Zhou X Y. Stochastic controls: Hamiltonian systems and HJB equations[M]. New York: Springer, 1999.

[167] Yong J. A deterministic linear quadratic time - inconsistent optimal control problem[J]. Mathmatical Control and Related Fields, 2011, 1(1): 83-118.

[168] Yong J. Deterministic time-inconsistent optimal control problems— an essentially cooperative approach[J]. Acta Mathematicae Applicatae Sinica (English Series), 2012(28): 1-30.

[169] Young V R. Optimal insurance under Wang's premium principle[J]. Insurance: Mathematics and Economics, 1999, 25(2): 109-122.

[170] Young V R. Premium principles[M]//Teugels J L, Sundt B. Encyclopedia of Actuarial Science. New York: John Wiley and Sons, Ltd, 2004.

[171] Yu H, Zhang Y, Wang X. Minimization of ruin probability with joint strategies of investment and reinsurance[J]. Communications in Statistics-Theory and Methods, 2023, 52(15): 5451-5469.

[172] Yuan Y, Wang K X, Zhang C B. Stochastic differential reinsurance game for two competitive insurers with ambiguity-aversion under mean-variance premium principle[J]. Annals of Operations Research, 2024(335): 441-467.

[173] Yuan Y, Liang Z, Han X. Minimizing the penalized probability of

drawdown for a general insurance company under ambiguity aversion[J]. Mathematical Methods of Operations Research, 2022a, 96(2): 259-290.

[174] Yuan Y, Liang Z, Han X. Robust optimal reinsurance in minimizing the penalized expected time to reach a goal[J]. Journal of Computational and Applied Mathematics, 2023(420): 377-427.

[175] Yuan Y, Liang Z, Han X. Robust reinsurance contract with asymmetric information in a stochastic Stackelberg differential game[J]. Scandinavian Actuarial Journal, 2022b, 2022(4): 328-355.

[176] Yuan Y, Wang K, Zhang C. Stochastic differential reinsurance game for two competitive insurers with ambiguity-aversion under mean-variance premium principle[J]. Annals of Operations Research, 2024(335): 441-467.

[177] Yuen K C, Liang Z, Zhou M. Optimal proportional reinsurance with common shock dependence[J]. Insurance: Mathematics and Economics, 2015(64): 1-13.

[178] Zeng X, Taksar M. A stochastic volatility model and optimal portfolio selection[J]. Quantitative Finance, 2013, 13(10): 1547-1558.

[179] Zeng Y, Li D, Gu A. Robust equilibrium reinsurance-investment strategy for a mean-variance insurer in a model with jumps[J]. Insurance: Mathematics and Economics, 2016(66): 138-152.

[180] Zeng Y, Li Z, Lai Y. Time-consistent investment and reinsurance strategies for mean-variance insurers with jumps[J]. Insurance: Mathematics and Economics, 2013, 52(3): 498-507.

[181] Zeng Y, Li Z. Optimal time-consistent investment and reinsurance policies for mean-variance insurers[J]. Insurance: Mathematics and Economics, 2011, 49(1): 145-154.

[182] Zhang N, Jin Z, Qian L, Fan K. Stochastic differential reinsurance games with capital injections[J]. Insurance: Mathematics and Economics, 2019(88): 7-18.

[183] Zhang Q. Robust optimal proportional reinsurance and investment strategy for an insurer and a reinsurer with delay and jumps[J]. Journal of Industrial and Management Optimization, 2023, 19(11): 8207-8244.

［184］ Zhang X, Meng H, Zeng Y. Optimal investment and reinsurance strategies for insurers with generalized mean-variance premium principle and no-short selling［J］. Insurance: Mathematics and Economics, 2016(67): 125-132.

［185］ Zhang X, Siu T K. On optimal proportional reinsurance and investment in a Markovian regime-switching economy［J］. Acta Mathematica Sinica, 2012, 28(1): 67-82.

［186］ Zhang X, Siu T K. Optimal investment and reinsurance of an insurer with model uncertainty［J］. Insurance: Mathematics and Economics, 2009, 45(1): 81-88.

［187］ Zhao H, Rong X, Zhao Y. Optimal excess-of-loss reinsurance and investment problem for an insurer with jump-diffusion risk process under the Heston model［J］. Insurance: Mathematics and Economics, 2013, 53(3): 504-514.

［188］ Zhao H, Weng C G, Shen Y, et al. Time-consistent investment-reinsurance strategies towards joint interests of the insurer and the reinsurer under CEV models［J］. Science China Mathematics, 2017(60): 317-344.

［189］ Zhao Y, Ziemba W T. Mean-variance versus expected utility in dynamic investment analysis［Z］. Vancouver: University of British Columbia, 2000.

［190］ Zheng X, Zhou J, Sun Z. Robust optimal portfolio and proportional reinsurance for an insurer under a CEV model［J］. Insurance: Mathematics and Economics, 2016(67): 77-87.

［191］ Zhou J, Deng Y, Huang Y, et al. Optimal proportional reinsurance and investment for a constant elasticity of variance model under variance principle［J］. Acta Mathematica Scientia, 2015, 35(2): 303-312.

［192］ Zhou J, Yang X, Huang Y. Robust optimal investment and proportional reinsurance toward joint interests of the insurer and the reinsurer［J］. Communication in Statistics-Theory and Methods, 2017, 46(21): 10733-10757.

［193］ Zhou M, Cai J. Optimal dynamic risk control for insurers with state-dependent income［J］. Journal of Applied Probability, 2014, 51(2): 417-435.

［194］ Zhou Q. Optimal investment for an insurer in the Lévy market: The martingale approach［J］. Statistics and Probability Letters, 2009, 79(14):

1602-1607.

［195］Zhu H, Huang Y, Zhou J, et al. Optimal proportional reinsurance and investment problem with constraints on risk control in a general jump-diffusion financial market［J］. The ANZIAM Journal, 2016, 57(3)：352-368.

［196］Zhu S, Cui X, Sun X, et al. Factor-risk-constrained mean-variance portfolio selection：Formulation and global optimization solution approach［J］. The Journal of Risk, 2011, 14(2)：51-89.

［197］Zhu S, Fukushima M. Worst-case conditional value-at-risk with application to robust portfolio management［J］. Operations Research, 2009, 57(5)：1155-1168.

［198］Zhuang S C, Weng C, Tan K S, et al. Marginal indemnification function formulation for optimal reinsurance［J］. Insurance：Mathematics and Economics, 2016(67)：65-76.

［199］陈凤娥, 季锟鹏, 彭幸春. 部分信息和损失厌恶下的最优投资与再保险［J］. 系统工程理论与实践, 2024, 44(3)：932-949.

［200］郭文旌, 李心丹. 最优保险投资决策［J］. 管理科学学报, 2009, 12(1)：118-124.

［201］郭文旌, 赵成国, 袁建辉. 跳跃扩散市场的最优保险投资决策［J］. 系统工程理论与实践, 2011, 31(4)：749-760.

［202］黄晴, 马世霞, 李国柱. 基于损失规避行为的带有错误定价和VaR约束的最优投资和再保险问题［J］. 系统科学与数学, 2020, 40(10)：1790-1804.

［203］季锟鹏, 彭幸春. 考虑通胀风险与最低绩效保障的损失厌恶型保险公司的最优投资与再保险策略［J］. 数学物理学报, 2022, 42(4)：1265-1280.

［204］李国柱, 马世霞, 黄晴. 在 CEV 模型下带跳的非零和再保险投资博弈［J］. 数学的实践与认识, 2023, 53(7)：29-39.

［205］李仲飞, 袁子甲. 参数不确定性下资产配置的动态均值—方差模型［J］. 管理科学学报, 2010, 13(12)：1-9.

［206］罗琰, 杨招军. 最小化破产概率的最优投资［J］. 管理科学学报, 2011, 14(5)：77-85+96.

［207］孟辉，董纪昌，周县华．最优再保险及投资组合策略问题［J］．数学的实践与认识，2015，45（7）：79-85．

［208］孟辉，郭冬梅，周明．有再保险控制下的非线性脉冲注资问题［J］．中国科学：数学，2016，46（2）：235-246．

［209］慕蕊，马世霞，张欣茹．相依风险模型下保险公司和再保险公司的鲁棒最优再保险和投资策略［J］．工程数学学报，2024，41（2）：245-265．

［210］荣喜民，范立鑫．常弹性方差模型下保险人的最优投资策略［J］．系统工程理论与实践，2012，32（12）：2619-2628．

［211］孙庆雅，荣喜民，赵慧．S 型效用下比例再保险的最优投资策略［J］．系统工程理论与实践，2020，40（2）：284-297．

［212］王川妹．带跳及禁止卖空市场下的最优保险投资决策［J］．现代经济信息，2016（1）：303．

［213］王雨薇．破产概率最小化目标下的保险人最优投资再保险问题研究［D］．天津：天津大学硕士学位论文，2020．

［214］奚晓军．基于跳跃扩散过程的保险资金最优投资模型研究［J］．财经理论与实践，2013，34（5）：31-36．

［215］杨鹏．具有索赔相依的最优再保险与投资策略［J］．系统科学与数学，2022，42（6）：1566-1579．

［216］杨鹏程．均值方差准则下保险集团的最优投资再保险问题研究［D］．成都：西南财经大学硕士学位论文，2022．

［217］曾燕，李仲飞．线性约束下保险公司的最优投资策略［J］．运筹学学报，2010，14（2）：106-118．

［218］张彩斌，梁志彬，袁锦泉．Markov 调节中基于时滞和相依风险模型的最优再保险与投资［J］．中国科学：数学，2021，51（5）：773-796．

［219］郑梦佳．多维风险资产及模糊厌恶下最小化破产概率的最优投资再保险策略［D］．南京：南京师范大学硕士学位论文，2018．